TEXTBOOKS

TSUKAMU

財政学を
つかむ

【第3版】

畑農鋭矢・林 正義・吉田 浩───著

有 斐 閣
YUHIKAKU

　2023 年の大学院の授業で，オリヴィエ・ブランシャール著『21 世紀の財政政策——低金利・高債務下の正しい経済戦略』（田代毅訳，日本経済新聞出版，2023 年）を受講生たちと輪読した。この書籍は，現代の経済学界を代表するマクロ経済学者の 1 人であるブランシャールの最新著作で，一見すると一般向けだが，背景にある経済理論や付録の数式展開は難易度が高く，詳しく読解しながら進めると 1 回の講義時間で 1 章が終わらない。

　この本の根底にある重要なコンセプトは，財政赤字（政府債務）の持続可能性が金利と経済成長率の大小関係に影響を受けるということである（第 7 章 unit 27 参照）。わが国でも，かつて金利と経済成長率の大小比較が経済論壇を巻き込んで論争となったことがある。2005 年末，第 3 次小泉純一郎内閣の経済財政諮問会議において竹中平蔵総務大臣（当時）と与謝野馨経済財政・金融担当大臣（当時）の間で勃発した「名目金利対経済成長率論争」である。わが国の財政学界隈では，金利と経済成長率の大小関係が財政赤字の持続可能性と関係があることは 1980 年代半ばから「ドーマー条件」として知られていた。経済成長理論のハロッド＝ドーマー・モデルで知られる経済学者エブセイ・ドーマーの 1944 年公刊論文がオリジナルと考えられたからである。ところが，ブランシャールの前掲書にドーマーの論文は出現しない。

　実は，第 7 章 unit 27 で触れるようにドーマー条件はドーマーの発案ではない。1980 年頃に広島大学の米原淳七郎と一橋大学の荒憲治郎が初めて考察した。それゆえ，ドーマー条件は欧米の経済学・財政学では知られていない。ブランシャールのように金利と経済成長率の大小関係を議論しても，それはドーマーとは関係のない議論として扱われるのである。この点を明確に記述した財政学の教科書は知りうる限り（現時点では）本書だけである。海外の翻訳テキストには（日本で生まれた）ドーマー条件の記述すら見当たらない。ただし，新版までの記述には不十分な点があり，第 3 版では修正・追記を施した。

　ひるがえって，財政赤字が課題となっているのは国の財政だけではない。地方債残高の累増に象徴されるように，多くの地方公共団体が財政状況の悪化に苦しんでいる。その健全化判断の指標の 1 つとして登場するのが「実質赤字」である（第 4 章 unit 14 参照）。ところが，この赤字は（ドーマー条件が議論するよ

うな）いわゆる財政赤字とは異なる概念である。気になる読者は，第4章 unit 14 後半ならびに第7章 unit 26 冒頭に目を通してほしい。この点は担当者の間で議論となり，その違いに配慮した記述は第3版で初めて導入された。

　ところで，財政状況の悪化にあえぐ地方公共団体の声は「ふるさと納税」という制度を作り出した。2008年度から始まった制度は，2015年度に制約が大幅に緩和され，それと前後して便利な納税サイトが雨後の 筍 のごとく出現した。2008年は本書の初版が出版された年であり，2015年は新版が出版された年である。初版の出版年に誕生した「ふるさと納税」制度は，新版の出版年を境として急速に拡大したのである。「ふるさと納税」は初版および新版執筆時には必ずしも注目されていなかったが，いまでは地方財政を語るうえで無視できないものとなった。その功罪についてはさまざまな議論があるが，財政学や経済学の視点から見た解説が必要であると考え，第3版では第4章 unit 14 の最後に長めのコラムを掲載した。

　ほかにも，多くの章・unit でアップデートを行った。データを利用した図表や記述については可能な限り最新の情報を採用し，最近までの動向を追えるように努めた。制度の変更があった事柄についても，最新の制度を踏まえて記述を修正した。しかし，経済学的な理解をもとに財政について見ていくという本書の基本的なスタイルは変わらない。理論的な説明はこれまでの版の記述に準じているが，わかりにくい箇所や不十分な箇所については修正・追記を行った。

　最後になったが，多くの方々から頂戴したコメントにも感謝申し上げたい。とりわけ，本書を教科書として採用していただいている先生方，講義の教科書や副読本として読んでいただいた学生の皆さんからのコメントは貴重であった。また，第3版の出版にあたっては，編集担当の柴田守さんと藤澤秀彰さんにお世話になった。細部まで丁寧に校正していただき，細部の不具合をずいぶん修正できた。いまだに残る誤りがあるとすれば，それらはすべて筆者らの責任である。

　　2024年1月

著 者 一 同

早いもので，初版の刊行から7年あまりが過ぎようとしている。ありがたいことに，たくさんの大学の講義で教科書・参考書として採用していただき，多くの読者の目に触れる機会を得た。もちろん，講義以外の用途で読んでくださった方も多いと思う。読者の方々に厚く御礼を申し上げたい。

古今東西，時間の経過とともに，教科書の内容が古くなることは避けられない。とくに，財政学という学問の性質上，制度の変更にともなって本書の記述が現実に合わない面が目立ってきた。もちろんのこと，図表に使われているデータはずいぶん古くなってしまった。このたび新版を刊行することになった一番の理由はこれらの点にある。全編を通して，制度に関する記述のアップデートと図表のアップデートを行った。

しかし，せっかくの機会にアップデートだけではもったいない。そこで，unit 0 は大幅に書き換えた。とくに，日本のさまざまな課題を図表で解説しながら，本書のスタートラインを概観できるように工夫した。また，第1章のunit 3 では，ミクロ経済学の基礎に加えて，マクロ経済学の基礎に関する記述を加えた。基礎理論を概観する第2章と第3章に大きな変更はないが，第4章以降については現在の制度に合わせた大幅な改変が行われている箇所もある。とりわけ，unit 25 には「負の所得税」と「給付付き税額控除」の記述を加えた。ただし，第7章で単独の unit として解説を加えていた世代会計については，本書の範囲を超えると判断し，unit 28 に補足として残す形とした。

また，コラムの半分程度を新たに書き下ろしている。新しい話題として楽しんでいただけると幸いである。差し替えられた古いコラムについては，ウェブ上に用意した本書のサポートページに残すように配慮している（詳細は x ページ参照）。

新版の出版にあたっては，編集担当の柴田守さんと尾崎大輔さんに大変お世話になった。多くの方々から頂戴したコメントにも感謝申し上げたい。これらのコメントは新版の改訂作業に大きな貢献を果たしている。いまだに残る誤りがあったとすれば，それらはすべて筆者らが責めを負うべきものである。

2015年8月

著 者 一 同

🔲 本書のねらい

　財政学はきわめて実践的な学問である。その分析対象が租税や社会保障といった政府の経済活動であることから，さまざまな経済政策に対して財政学が及ぼす影響はかなり大きい。当然，経済政策について理解を深めようと思えば，自ずと財政学の知識は不可欠なものとなる。それでは，財政学を学ぶことによって，われわれは何をつかむのだろうか。

　19世紀に活躍したイギリスの経済学者マーシャルは，国の政策を背負って立つケンブリッジ大学の卒業生がクール・ヘッド（冷静な頭脳）とウォーム・ハート（温かい心）を会得することを切望した。現代社会では，すべての人々が民主主義的決定に参画するのであるから，クール・ヘッドとウォーム・ハートはより広範に必要とされるはずである。そこで，本書は財政学のクール・ヘッドに寄与するために執筆された。どのような経済政策が優れているのかを考えるにあたって，ウォーム・ハートだけでは十分ではないからである。たとえば，生活保護を充実させることは一見望ましいが，その背後には費用負担の問題があるし，生活保護の充実による弊害もある（unit 25 参照）。政策のメリットとデメリットを比較考量できるクール・ヘッドが何としても必要なのである。

　本書は財政学を初めて学ぶ読者を対象として，財政学のクール・ヘッドを体感（脳感？）し，その神髄をつかんでもらうことを目的としている。経済学的方法を多用していることから，大学学部レベルで経済学の基礎を学んでいることが望ましいが，経済学の素人でも十分に読み進めることは可能である。そのために必要な最低限の経済学の知識は本書中でも解説した。また，入門書の例に漏れず，可能な限り数式による説明を排し，図による視覚的な説明を試みた。

🔲 本書の構成と特徴

　このテキストの構成は［つかむ］シリーズの他書と同様に，大学の講義1回分を想定した unit を最小単位としており，大学での1年間の講義に対応している。これらの unit 構成とその上位の章構成は筆者全員によって丹念に練られた。執筆は unit 単位で分担しているが，各 unit で説明する基本項目の取捨

選択については全員で相談し，記述についても全体を通じての整合性に十分配慮した。その意味では全編が共同執筆といってよい。しかし，一方で，担当部分の説明方法や具体的な話題の選択については各担当者の裁量に任せた。unitによって雰囲気が多少異なるとすれば，それは担当者の個性を尊重したためであると考えてほしい。

　各自の担当 unit は以下のとおりである。畑農は導入部分である unit 0〜3，政府の失敗に関連する unit 9〜12，財政赤字の解説である unit 26〜28 を担当した。林は市場の失敗を中心とした unit 4〜8，地方財政に関する unit 13〜16，さらに生活保護を取り上げた unit 25 を担当している。吉田は租税全般をカバーする unit 17〜21，社会保障を中心とする unit 22〜24，世代会計について解説した unit 29 を担当した。

　各 unit で取り上げたトピックは財政学の基本から大きく逸脱するものではないが，医療・介護（unit 23），育児・教育（unit 24），生活保護（unit 25），世代会計（unit 29）などは同レベルのテキストではあまり触れられることがない。少子高齢化の進行や格差社会についての議論が盛んなことを考えれば，これらの unit の重要性は高いと思われる。また，地方財政や財政赤字など，現時点での最重要課題と目されているトピックについても，入門レベルのテキストとしては，かなり進んだ内容まで解説できたと自負している。

　もちろん，この本は入門書であるから，財政学の基本となる項目をおろそかにしてはいない。市場の失敗と政府の役割については前半部で，伝統的な財政学の主要トピックである租税についても第 5 章で詳しく解説した。トピックの選定に当たっては，公務員試験や資格試験の過去問にも配慮したので，これらの試験勉強のテキストとしても十分に耐えるはずである。また，初学者の理解を助けるために，unit によって差はあるが，可能な限り理論・制度・データをバランスよく組み込んだ。したがって，特定のトピックのみに興味がある読者にとっては，該当する unit だけを拾い読みすることも有益であろう。

　本書の特性をうまく利用して，読者が財政学のクール・ヘッドをつかむことを期待してやまない。

謝　辞

　本書の執筆について有斐閣編集部からお話をいただいたのは，去る 2006 年

の夏真っ盛りの頃であった。当初の予定よりも幾分遅れながら，何とか出版にこぎつけたのは編集担当の柴田守さんと尾崎大輔さんのご尽力の賜である。とりわけ，尾崎さんには遅々として進まない原稿執筆を辛抱強く待っていただき，時間のないなかで面倒な編集作業をお願いした。この場を借りて感謝申し上げたい。

　また，筆者らが未熟ながらも教育者として自立できたのは，これまで教えを請うてきた多くの先生方のお蔭であることはいうまでもない。ご指導いただいた先生があまりに多いため，御一方ずつお名前を挙げることは控えるが，ここに記してご厚情に感謝するものである。さらに，教育者として自立していく過程で，学生諸君からも多くを学んだ。畑農は千葉大学から明治大学へ，林は明治学院大学から一橋大学へ，吉田は明海大学から東北大学へと職場を移っているが，そのなかで多数の受講生とのやりとりから教育内容や方法についてたくさんの示唆を得たことに感謝したい。

　最後に，私事にわたり恐縮だが，いつも見守ってくれる家族に感謝の言葉を捧げたい。執筆作業は通常の勤務時間外に及ぶこともめずらしくない。おそらく，家族には，筆者らが日頃感じているよりもずっと多くの負担や心配をかけているに違いない。本書が世に出ることで少しでも家族の苦労が報われれば望外の幸いである。

　　　2008 年 4 月

著 者 一 同

畑農 鋭矢（はたの・としや）　　　　　　　【unit 0, 第 1 章, 第 3 章, 第 7 章】

現職：明治大学商学部教授，博士（経済学）

略歴：1966 年生まれ。1991 年，一橋大学経済学部卒業。1998 年，一橋大学大学院経済
　　　学研究科博士課程単位取得退学。2004 年，一橋大学より博士号取得。一橋大学大
　　　学院経済学研究科助手，千葉大学教育学部講師および助教授，財務省財務総合政策
　　　研究所主任研究官，明治大学商学部准教授などを経て現職。

主著：『財政赤字と財政運営の経済分析』（有斐閣，2009 年）；「パネルデータにおける
　　　回答者の脱落要因──幸福な人ほど脱落するか？」（共著，『社会と調査』26，65-
　　　77 頁，2021 年）；『データ分析をマスターする 12 のレッスン（新版）』（共著，有斐
　　　閣，2022 年）；"What is Fiscal Sustainability?: Transversality Condition, Do-
　　　mar Condition, the Fiscal Theory of the Price Level," （共著，*Public Policy Re-
　　　view*, 19 (3), 1-29, 2023）。

researchmap URL：https://researchmap.jp/hatano1113

林　　正義（はやし・まさよし）　　　　　【第 2 章, 第 4 章, 第 6 章（unit 25）】

現職：東京大学大学院経済学研究科教授，Ph. D.（経済学）

略歴：1965 年生まれ。1989 年，青山学院大学国際政治経済学部卒業。1998 年，クイー
　　　ンズ大学より Ph. D. 取得。三和総合研究所（現三菱 UFJ リサーチ＆コンサルテ
　　　ィング）研究員，明治学院大学経済学部講師および助教授，財務省財務総合政策研
　　　究所総括主任研究官，一橋大学大学院経済学研究科／国際公共政策大学院准教授な
　　　どを経て現職。

主著："An Empirical Analysis of Intergovernmental Tax Interaction," （共著，*Cana-
　　　dian Journal of Economics*, 34 (2) 481-503, 2001）；"Should the Japanese Tax
　　　System Be More Progressive?" （共著，*International Tax and Public Finance*, 22
　　　(1), 144-175, 2015）；『生活保護の経済分析』（共著，東京大学出版会，2008 年，第
　　　51 回日経・経済図書文化賞受賞）；『公共経済学』（共著，有斐閣，2010 年）；『地方
　　　債の経済分析』（共編，有斐閣，2018 年）。

researchmap URL：https://researchmap.jp/read0206919

吉田　　浩（よしだ・ひろし）　　　　　　【第 5 章, 第 6 章（unit 22〜24）】

現職：東北大学大学院経済学研究科教授（高齢経済社会研究センター長）

略歴：1964 年生まれ。1987 年，一橋大学経済学部卒業。1995 年，一橋大学大学院経済
　　　学研究科博士課程単位取得退学。明海大学経済学部講師などを経て現職。

主著：「少子化・晩産化の経済分析」（野口悠紀雄編『公共政策の新たな展開』第 8 章，
　　　東京大学出版会，217-250 頁，2005 年）；「世代間不均衡と財政改革」（高山憲之・
　　　斎藤修編『少子化の経済分析』第 7 章，東洋経済新報社，166-189 頁，2006 年）；
　　　「少子・高齢社会の進行と地域社会」（樋口美雄・財務省財務総合政策研究所編著
　　　『少子化と日本の経済社会』第 11 章，日本評論社，307-333 頁，2006 年）。

researchmap URL：https://researchmap.jp/hyoshida.econ.tohoku

x

付　記

・本書では，図の三角形の面積を本文で示す場合，△ABC，⊿ABC，◺ABC，▷ABC，◸ABC など，図の形に合わせて記号を付した。
・練習問題の解答ほか，追加コンテンツを有斐閣のウェブサイトにて提供しています。ご希望の方は以下の QR コード，もしくは URL からアクセスして下さい。

https://www.yuhikaku.co.jp/books/detail/9784641177338#websupport

財政学とは

🔲 財政学の方法と対象

財政学の歴史　　　財政学という学問の流れを遡っていくと，まず経済学の姿が見えてくる。その源流は 18 世紀後半から 19 世紀前半にかけて**アダム・スミス**や**リカード**らによって確立された**古典派経済学**にある。しかし，財政学の流れは経済学のみから派生したわけではない。さらに遡ると，16 世紀から 18 世紀にかけて神聖ローマ帝国（現在のドイツ，オーストリア，イタリア北部など）で展開した**官房学**の姿が見えてくる。官房とは事務一般を意味する言葉であり，官房学は領主（王室）の家計（＝国庫）管理の学問であった。当時の神聖ローマ帝国では諸国が割拠して自治を行っており，各領主は国力増強のために国家経営（＝領主の家計管理）に並々ならぬ関心をもっていたのである。

　しかし，領主の経営学としての官房学は絶対王政の終焉と近代市民社会の勃興とともに限界に直面し，財政学のほか行政学や経営学などに継承されていく。19 世紀後半には官房学の伝統に古典派経済学の思想を取り込みながら，**シュタイン**や**ワグナー**が**ドイツ財政学**を確立した。このような歴史的経緯から，財政学は必ずしも経済学の川下に位置するとはいえず，とりわけドイツ財政学の流れを受け継ぐ**財政社会学**ではそのような意識が強い。

　他方，19 世紀後半のイギリスでは，古典派経済学の流れから**マーシャル**やその弟子**ピグー**によって**厚生経済学**が確立された。厚生経済学は**社会厚生**という概念によって社会の状態を評価し，経済政策の効果を考えようという試みであり，現在の財政学にとっても重要な一部をなしている（unit 7 を参照）。また，同じくマーシャルの弟子である**ケインズ**は古典派経済学の批判的継承によって

マクロ経済学の礎を築き，やはり現代の財政学に大きな影響を残した（unit 9 を参照）。このように経済学の支流に位置する財政学を**公共経済学**と呼ぶことがある。上で見たように財政学には多様な流れがあるので，とくに経済学の影響下にあることを強調したい場合には公共経済学という語は便利である。

財政学の対象　財政学の分析対象を大胆に分ければ，以下のようになるだろう。

　1つめは，政府部門や財政の制度それ自体である。政府の構造や政府の範囲・規模についての議論はここに含まれる。また，租税制度や予算制度，財政赤字などのトピックも挙げることができる。伝統的な財政学の分析対象に最も近いだろう。

　2つめは，政府の政策の経済的影響やその評価に関するものである。公共財や公共サービスの経済分析，租税の経済効果，財政政策の効果，財政赤字の経済的帰結など，公共経済学の中心的なトピックが並ぶ。

　3つめは，**政策決定過程**の問題である。民主主義社会においては政府が勝手に政策決定を行うことはできず，何らかの形で民意を反映することになる。むろん，政府内部の官僚制などの問題も含まれる。この分野は政治学や行政学と重なる部分でもあり，経済学においては**ブキャナン**を中心とした**公共選択**（ヴァージニア）**学派**が有名である（unit 12 を参照）。

財政学と公共経済学　財政学とは財政活動について研究する学問である。財政活動の定義については unit 1 で詳しく見るが，ひとまず政府（公共部門）の経済活動と考えて差し支えないだろう。政府の経済活動を分析対象としていることから，一般に財政学は経済学の応用分野の1つに分類されることが多い。しかし，冒頭で述べたように財政学の伝統は経済学よりも古く，そのため経済学の川下に位置づけることは必ずしも正しくない。それにもかかわらず，現在の財政学の主要な議論が経済学に大きく依存していることは否定できない事実である。先述したように，経済学の方法によって財政を研究する分野を公共経済学と呼ぶことがあるが，そこでの分析対象は財政学と基本的には変わらない。財政学のなかには多様な方法論が併存しているが，公共経済学は経済学的手法を用いる点に特徴がある。

本書の特長と構成

経済学的手法の意義　多くの経済学の分析は**モデル**を用いて行われる。モデルとは現実の分析対象の模型のことである。一般に現実は非常に複雑なために，そのまま分析を行うことは難しい。そこで，分析対象の構成要素のうち重要と思われるものだけを取り出して簡略化された模型を作成するのである。どの要素を取り出すのかは問題の設定や分析者の目的によって異なるが，手際のよい簡略化は問題の本質をあぶり出すのに大変有益であることが多い。

経済学において，モデルはほとんど数式によって表現される。数学に多くを依存することは以下のような優位性をもたらすと考えられる。第1に，モデルの前提（仮定）とモデルから導き出される結論の関係が明瞭になる。言い換えると，モデルを数式で表現することによって，数式のどの箇所を変更すれば結論がどのように変わるのかという対応関係が明らかになる。第2に，仮説が数学的に表現されるため，検証の手段としてのデータ分析と相性がよい。実際，経済学の発展にとって，データ分析を扱う計量経済学の果たした役割は非常に大きい。

数学的な分析には多くの問題点があることも事実だが，それを補ってあまりあるほどのメリットを得られるのである。ただし，本書では数学による説明は必要最小限に抑え，可能な限り図による説明を行った。これは，経済学や財政学の初学者にとって数学が最大のハードルとなっていることに配慮したものである。しかし，図による説明であっても，その背後には数学的なモデルが潜んでいることを心にとめてほしい。むろん，数学を用いることが明らかに理解の助けとなる場合や資格試験などに計算問題が出される分野については，数式による説明を加えている。

本書の立場　本書は財政学の教科書であるが，すべての分析は経済学的方法によって行われる。したがって，全編にわたって**ミクロ経済学**と**マクロ経済学**の基本概念が頻出する。それぞれの分野の詳細についてはミクロ経済学とマクロ経済学の教科書に譲るが，最低限の復習は本書のなかで可能なように工夫してある。とりわけ，初学者にとっては第1章から第3章までが入門編として機能するであろう。

このように本書の方法は経済学に多くを依存しており，その意味では公共経

済学の教科書と考えてもよい。ただし，一般に散見される「公共経済学はミクロ経済学の応用である」とか，「公共経済学は理論分析に限定される」といった立場は採用しない。財政政策や財政赤字を中心としたマクロ経済学の応用分野を含み，多くの unit においてデータによる現実の評価を積極的に導入した。

本書の概要　　本書は 7 つの章から構成される。各章の関係を表した構造は次頁の**図 0-1** に示した。

　第 1 章から第 3 章までは入門編となっており，市場経済における財政の役割についての総論である。まず第 1 章では，unit 1 で財政の役割について，unit 2 で財政の仕組みについて概観する。また，本書で使用する経済学的な手法について unit 3 で簡潔に説明を加えている。第 2 章では財政の役割についてミクロ経済学的な視点から解説している。まず unit 4 で市場の役割について確認し，それを受けて unit 5 と unit 6 では市場の失敗について学ぶ。unit 7 と unit 8 では再分配の視点から財政の役割について議論している。第 3 章では財政の役割を批判的に再検討していく。unit 9 は景気安定化機能の考え方と限界について，unit 10 は公共投資の役割と政策実行上の困難について，unit 11 は政府による規制の意義とその負の側面について解説したものである。これらの議論を受けて，unit 12 では政策決定過程における失敗の可能性について理解を深める。

　第 4 章から第 7 章は応用編であり，いくつかのトピックについての各論となっている。各章は並立関係にあり，入門編を終えた後，どのように読み進めるかは読者の裁量に任される。第 4 章は地方財政に関わる制度と経済分析についての解説である。4 つの unit から構成されており，入門レベルの教科書としては大きな分量を割いている。本書の特徴の 1 つといえるだろう。第 5 章では租税に関わる制度と経済分析について学習する。租税は財政学の根幹をなす部分であることからオーソドックスな構成とし，可能な限り平易な解説を試みた。第 6 章は政府の支出サイドの議論であり，社会保障に関わるトピックを中心に取り上げた。社会保障の代表格である公的年金だけでなく，入門レベルではあまり見ない医療・介護についても解説している。また，これまでの教科書では取り上げられることの少なかった「子育て・教育」（unit 24）と「生活保護と公的扶助」（unit 25）の 2 つは本書の特徴となっている。最後の第 7 章では財政赤字に関わる国民の負担について論じた。ここでは財政赤字のとらえ方や中立命題といったオーソドックスな議論に加えて，持続可能性に関する新しいト

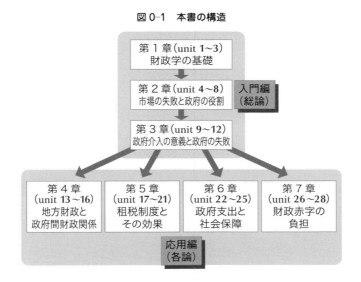

図 0-1 本書の構造

第 1 章(unit 1〜3)
財政学の基礎

第 2 章(unit 4〜8)
市場の失敗と政府の役割

入門編
(総論)

第 3 章(unit 9〜12)
政府介入の意義と政府の失敗

第 4 章
(unit 13〜16)
地方財政と
政府間財政関係

第 5 章
(unit 17〜21)
租税制度と
その効果

第 6 章
(unit 22〜25)
政府支出と
社会保障

第 7 章
(unit 26〜28)
財政赤字の
負担

応用編
(各論)

ピックも紹介している。

🔲 財政の課題

　このテキストを読み進めるうえで，現代日本における財政の主要な課題について確認しておくことは有益であろう。ここでは，財政赤字，高齢化，少子化，税制，地方財政，経済格差のトピックについて概観する。これらの課題をふまえて第 1 章から順に読み進めるのもよし，より深く学びたい章へ進んでもかまわない。

財 政 赤 字　　高齢化の進展に伴って社会保障費の急増が予想されるのにもかかわらず，わが国の財政状況は芳しくない。国際的に見て政府債務残高の対 GDP 比は最悪の水準に達しており（**図 0-2**），世論調査によると何らかの対策が必要であると考える国民は少なくない。しかし，財政再建の道は遠く，いまのところ財政状況が好転する兆しは見えない。いかなる経済的条件のもとで財政再建が成功するのか，財政破綻の危険性についてどのような議論があるのか，経済学的に整理しておくことは有用であろう（第 7 章）。

　また，政府の債務は将来世代の負担になるともいわれ，社会保障費の負担の

図 0-2　政府債務残高の対 GDP 比

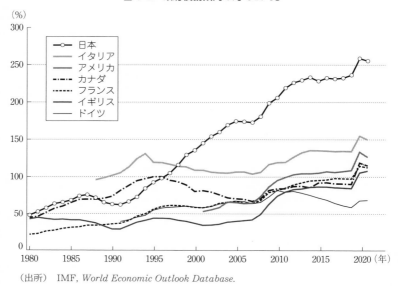

（出所）　IMF, *World Economic Outlook Database.*

問題と同様に世代間の公平性の議論を誘発する。ただし，世代間の公平性について議論するには，公債の負担の性質について正しく理解することが不可欠である（第6章，第7章）。

高　齢　化　　財政状況を悪化させている最大の要因は高齢化に伴う社会保障費の膨張である。わが国の高齢者（65歳以上）人口の総人口に占める割合（高齢化率）は30％近くに達し，すでに世界最高水準にある（**図0-3**）。一般に高齢化が進んでいると考えられているヨーロッパの先進諸国より高いのである。しかも，高齢化率は今後も確実に上昇し，21世紀半ばには40％に迫ると予想されている。したがって，かなり長い期間にわたり莫大な社会保障給付が必要となり，その財源をどこに求めるのかは大きな課題である（第6章）。

少　子　化　　このように人口の年齢構成が歪んでしまった主要因は1970年代以降の少子化に求めることができる。わが国の出生率は多くの国と比較してきわめて低く，いまのところ劇的な回復傾向は見いだせない（**図0-4**）。長期的な少子化の原因として，女性の社会進出に

図 0-3　高齢化率（65 歳以上人口の総人口に占める割合）

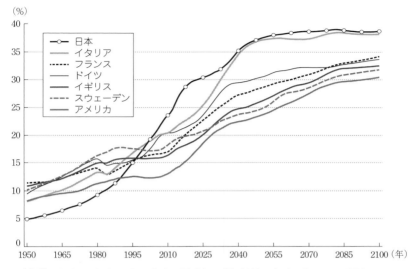

（出所）　United Nations, Population Division, *World Population Prospects 2022*.

図 0-4　合計特殊出生率

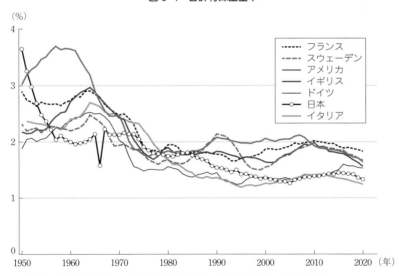

（出所）　国立社会保障・人口問題研究所『人口統計資料集 2023 年改訂版』。

図 0-5 国税の主要税目シェア

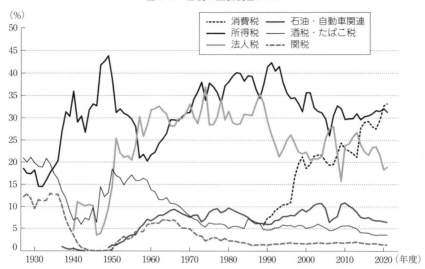

（注） 法人税には地方法人税なども含む。
（出所） 財務省『財政統計』。

伴う機会費用の増大，核家族化に伴う家庭内の育児支援の減少，財としての子どもに対する欲求の低下などが指摘されている。これらの問題に対処するため，政府による保育施設の整備や育児に対する経済的支援などを期待する声は大きい。

　しかし，一方で，結婚した夫婦の出生率は大きく低下していないという統計データもあり，問題の本質は婚姻率の減少であるという指摘もなされている。確かに戦後 2% 未満であった生涯未婚率（50 歳時の未婚率）は 1970 年代以降上昇し続け，2020 年には男性で 30% に迫り，女性で 20% 近くに達した。婚外子がまれなわが国の状況を考えると，婚姻率の低下と少子化とは切っても切り離せない。ただし，婚姻や出産というきわめて個人的な意思決定に対して政府がどの程度介入すべきかについてはさまざまな議論があり，政府の役割について整理したうえで議論を進めるべきである（第 6 章）。

　　　　　　　税　　制　　社会保障費の膨張をできるだけ抑制するとしても，それにはおのずと限界がある。そうだとすれば，財政再建や社会保障の財源問題を考えるうえで税制改革の議論は避けて通れない。税

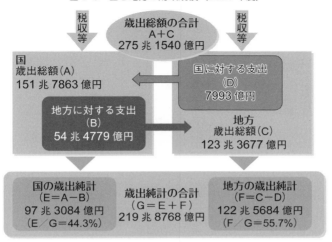

図 0-6 国と地方の財政規模（2021 年度）

歳出総額の合計
A＋C
275 兆 1540 億円

税収等

税収等

国
歳出総額（A）
151 兆 7863 億円

国に対する支出
（D）
7993 億円

地方に対する支出
（B）
54 兆 4779 億円

地方
歳出総額（C）
123 兆 3677 億円

国の歳出純計
（E＝A－B）
97 兆 3084 億円
（E／G＝44.3%）

歳出純計の合計
（G＝E＋F）
219 兆 8768 億円

地方の歳出純計
（F＝C－D）
122 兆 5684 億円
（F／G＝55.7%）

（注）　これらの数字には一部の特別会計（国民健康保険や介護保険など）
　　　が含まれていない。1 億円未満を四捨五入しているため，数字と計算値
　　　が一致しない場合がある。
（出所）　総務省『令和 3 年度 地方財政統計年報』。

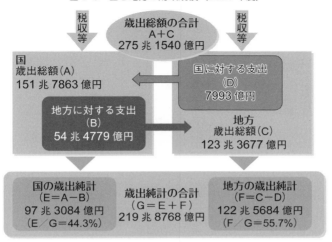

制改革の方向性を見定めるためには，課税が経済主体に対して及ぼす影響につ
いて理解することは必須である。

　データを眺めてもわかるように，政府の税収源は時代とともに大きく変わる
（**図 0-5**）。消費税の増税ばかりがクローズアップされるが，所得税や法人税，
相続税など，どのような組合せで課税が行われ，それぞれの税制度がどのよう
に構築されるべきかを考えるために経済学の知見は欠かせない（第 5 章）。

地方財政　　財政的に疲弊しているのは国だけではない。多くの地
方自治体の財政状況は必ずしも芳しくない。少子高齢
化による社会保障費の増大はいうまでもなく，人口減少・過疎化の悩みも大き
い。これら地方自治体の多くは国による財政支援なしには立ちいかない。**図
0-6** は 2021 年度の国（中央政府）と地方（地方政府，地方自治体，地方公共団体）
の歳出規模を見たものだが，国の歳出およそ 152 兆円のうち 54 兆円あまりは
地方に移転される。このような財政移転があって初めて地方の歳出およそ 123
兆円を維持できるのである。実際，公共サービスや社会保障の多くが地方を通
じてなされることは強調してよいだろう。

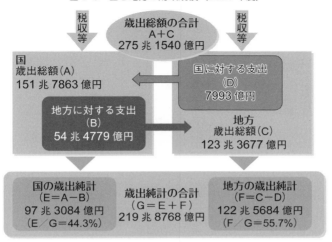

9

このような国と地方の間の財政移転を無視して財政について理解することは難しい。**図 0-6** の例でいえば、政府の歳出規模は歳出総額の合計（約 275 兆円）で考えるのではなく、歳出純計の合計（約 220 兆円）で考えるべきである。地方固有の問題はもちろんのこと、財政全体や国と地方の財政関係について理解を深めるために地方財政の制度と理論を学ぶことは大変重要である（第 4 章）。

経済格差　　　人口減少が進む一方で、東京一極集中は止まらない。放置すれば、過疎化する地方と東京の格差は拡大する可能性がある。地域間の経済格差に対してどのように対処すべきだろうか。同様に、個人間の格差も見過ごせない。21 世紀に入り、貧富の格差が拡大したという統計的証拠はいくつか存在する。データにもとづいて格差拡大に警鐘をならしたフランスの経済学者トマ・ピケティの『21 世紀の資本』（山形浩生ほか訳、みすず書房、2014 年）が注目されたことは偶然ではないだろう。ほかにも多くの著名な経済学者が格差についての書籍を出版している（アンガス・ディートン『大脱出──健康、お金、格差の起原』〔松本裕訳、みすず書房、2014 年〕、アンソニー・B. アトキンソン『21 世紀の不平等』〔山形浩生ほか訳、東洋経済新報社、2015 年〕、オリヴィエ・ブランシャール／ダニ・ロドリック編『格差と闘え──政府の役割を再検討する』〔月谷真紀訳・吉原直毅解説、慶應義塾大学出版会、2022 年〕、オッド・ガロー『格差の起源──なぜ人類は繁栄し、不平等が生まれたのか』〔柴田裕之監訳・森内薫訳、NHK 出版、2022 年〕）。

格差に対する議論の過熱を反映してか、財政においても生活保護や公的扶助に関する議論が盛んになっており、セーフティネットをどのように整備するかは重大な課題である（unit 25）。また、理論的に見ても、再分配制度をどのように構築するのかは経済学に残された大きな課題である（第 2 章）。

コラム①

ローレンツ曲線とジニ係数

　不平等（格差）を測る指標には多くの種類があり、1 つの指標で誰もが納得するわけではない。たとえば、ピケティが『21 世紀の資本』のなかで提示したのは、国民の総所得のうち所得上位の人々が獲得している割合であった。すなわち、所得上位 $x\%$ の人々が獲得している総所得に占める所得の割合を $y\%$ とすると、y が格差を測る指標となる。完全に平等であれば $y=x\left(\dfrac{y}{x}=1\right)$ となるが、通常は $y>x\left(\dfrac{y}{x}>1\right)$ であり、格差が拡大するほど $\dfrac{y}{x}$ は大きくなる。

　相対的貧困率という指標もよく用いられる。所得の中位値（順位がちょうど真ん

中の人の所得）の半分を貧困ラインと定義し，それ以下の所得の人数が総人口に占める割合を相対的貧困率と呼んでいる。格差が拡大するほど相対的貧困率は高くなると考えられるが，OECD（経済協力開発機構）の国際比較によると日本はOECD諸国のなかで相対的貧困率が高いグループに属している。

ただし，指標 $\frac{y}{x}$ も相対的貧困率も格差のすべてを反映できるわけではない。指標 $\frac{y}{x}$ は所得上位 $x\%$ 以外の人々の所得分布を反映しないし，相対的貧困率は貧困ラインを超える人々の所得分布を反映しない。そこで，所得分布をより広範にとらえるために，イタリアの統計学者ジニによって提案されたのが**ジニ係数**である。ジニ係数は，分布を幾何学的に表現する**ローレンツ曲線**と対応しており，現代においてもさまざまな場面で利用される。

家計調査（2022年）の5分位階級別年間収入のデータを用いて，ローレンツ曲線の図示とジニ係数の計算を行ってみよう。**表0-1**のA行には世帯数，B行には年間収入の階級平均値が示してある。AとBを掛け合わせると，階級別の総収入（C行）が得られる。世帯数の合計に占める各階級の構成比がD行，総収入の合計に占める各階級の構成比がE行である。さらに，D行とE行の値を下位階級から順に累積して計算したものが，それぞれF行とG行にあたる。

ここで，F行を横軸，G行を縦軸にして散布図（**図0-7**）を描くと，ローレンツ曲線が得られる。年間収入の分布が完全に平等であれば，ローレンツ曲線は45度線に一致するが，現実のローレンツ曲線は45度線より下側に膨らんだ形状となる。しかも，不平等の程度が大きいほど，ローレンツ曲線は下側へ大きく膨らむ。つまり，45度線とローレンツ曲線に挟まれた領域の面積（**図0-7**の①〜⑤の合計）が大きいほど，より不平等な状態と判断することが可能となる。

ジニ係数は**図0-7**の①〜⑤の面積の合計を2倍したものとして定義される。①と⑤は三角形の面積を，②〜④は台形の面積を計算すればよい。F行の値からG行の値を引いた値が，三角形の底辺および台形の上辺と下辺に相当すると考えれば，

表 0-1　家計調査（2022年）の年間収入の分布

	I	II	III	IV	V	計
A 世帯数	2,000	2,000	2,000	2,000	2,000	10,000
B 年間収入（万円）	174	305	436	628	1083	
C（＝A×B）総収入（億円）	34.8	61.0	87.2	125.6	216.6	525.2
D 世帯数（A）の構成比	0.20	0.20	0.20	0.20	0.20	1.00
E 総収入（C）の構成比	0.07	0.12	0.17	0.24	0.41	1.00
F 世帯数（D）の累積比	0.20	0.40	0.60	0.80	1.00	
G 総収入（E）の累積比	0.07	0.18	0.35	0.59	1.00	

（注）　総務省統計局『家計調査』の「総世帯」データを利用した。

高さは 0.2 で共通なので面積を計算することは容易である。このケースでは，面積が 0.164，ジニ係数はその 2 倍の 0.328 と計算できる（計算過程はウェブ上に用意した本書のサポートページで確認できる）。

図 0-7　ローレンツ曲線とジニ係数

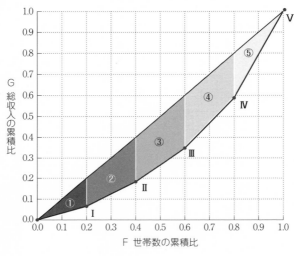

第 **1** 章

財政学の基礎

▷ 2023 年度予算が賛成多数で可決，成立した参院本会議（提供：時事）

この章の位置づけ

　本章の目的は次章以降の内容を理解するための準備を整えることにある。具体的には，unit 1 で経済学的な視点にもとづく財政の役割の理解，unit 2 で財政の仕組みの大まかな理解，unit 3 で経済分析のための基本ツールの理解の 3 つが目的である。いずれの unit も必要最小限の内容に抑えてあるので，財政学を学ぶうえでぜひとも身につけておいてほしい。また，次章以降を読み進めるなかで理解が不足していると感じた場合には，必要に応じて本章に戻って復習することも有益であろう。

　初学者は unit 1 から unit 3 までを順番にすべて読むことが望ましい。すでにミクロ経済学で最適化や余剰分析の基礎を習得している場合には unit 3 を読み飛ばしてもよい。その場合には，必要に応じて unit 3 を参照する方法をとることができる。市場の失敗についての基本的な議論を必要としない場合には unit 1 も読み飛ばすことが可能である。この場合，unit 2 で現実の財政の仕組みを概観することに集中することとなる。逆に，unit 1 と unit 3 の理論的な議論をしっかりと読み，unit 2 は後回しにすることも可能であろう。この場合でも，第 4 章以降の各論を読み進める前に unit 2 を読み終えるか，必要に応じて参照するように努めてほしい。

財政の役割

財 政 と は

　古今東西，数多（あまた）の国において政府の経済活動が占める比重は非常に大きい。経済活動の多くを市場に委ねている現代の先進資本主義国といえども，その国の経済にとって政府は最大の経済活動主体であり，莫大なモノやカネが政府を通じて流れている。この政府を通じたモノやカネの流れが財政である。政府の経済活動といってもよい。すなわち，政府は税金や社会保険料といった形で収入を得て，その資金をさまざまな支出——外交，軍事，教育，福祉など——に充てる。また，政府は公務員という形で労働力を雇い，多様な公共サービスを提供している。

　現代において，これらの財政活動は多くを貨幣に依存している。しかし，それは現代社会が貨幣経済として成立しているからにすぎず，概念上は財政のすべてが貨幣的であるわけではない。たとえば，江戸時代までのように米によって税を徴収することもできる。また，兵役に代表される労働の提供という形式の負担もある。そうはいっても，現代では相続税の物納などを例外として，ほとんどの財政活動は貨幣を媒介としてなされるものと考えてよいだろう。

　このように貨幣を媒介として行われる財政活動は，収入を獲得する側面と支出を実行する側面に大別できる。したがって，この2つの側面から財政を考えることが理解の早道であろう。政府収入の第1はいうまでもなく租税であるが，国債発行などの借金による資金調達もある。政府支出は多岐にわたるが，公共事業，公共サービス，社会保障などが挙げられる。しかし，財政の役割を考える際には，このような資金の流れのみに注目しても十分とはいえない。収入や支出の流れを制御している制度的な枠組みを知ることも重要である。たとえば，

地方財政制度や社会保障制度の理解がこれにあたる。また，財政のあり方や制度設計について考えるためには，財政活動が経済に及ぼす影響についても知っておく必要がある。

🔲 財政の規模

**大きな政府か
小さな政府か**

財政の役割をどの程度重く見るのかは経済学者や財政学者の間でも意見が大きく分かれる。このような意見の相違は，大きな政府と小さな政府の論争として端的に表れ，古くから議論の的となってきた。

アダム・スミス以前には重商主義の考え方が盛んであり，国内産業保護や植民地主義が推し進められた。しかし，古典派経済学の確立により市場メカニズムの優位性が強調され，政府の役割は限定的にとらえられるようになった。古典派経済学の考え方に従う小さな政府のことを**夜警国家**と呼ぶが，その守備範囲は外交や司法・警察，公共財の提供など最低限の施策に限られる。

小さな政府の流れが大きく変わったのはイギリスの経済学者**ケインズ**の活躍によってである。ケインズは景気の安定のために政府が市場に対して積極的に介入することを支持した。この考え方は大きな政府の潮流を生み出し，弱者保護や社会保障を重視する**福祉国家**の考え方と相まって1960年代の先進諸国の財政運営に大きな影響を及ぼした。

しかし，1970年代に入るとケインズ経済学の神通力は低下した。低成長期に入り，財政による積極的な介入政策は以前ほどの効力を発揮せず，また巨額の財政赤字を残す結果となったのである。入れ替わって力を得たのが，政府の失敗を強調する**公共選択（ヴァージニア）学派**や裁量的な介入政策を否定する**マネタリスト**である。マネタリストの流れは政策の無効性を強調する**合理的期待形成学派**へ連なり，小さな政府への揺り戻しを見せた。

1980年代にイギリスのサッチャー政権やアメリカのレーガン政権が自由主義経済を標榜したのは，このような経済学の潮流と無縁ではあるまい。その後，日本においても小泉政権などが規制緩和や民営化を推進した。他方で，福祉国家の考え方もヨーロッパを中心に根強く，とりわけスウェーデンを中心とした北欧諸国は高負担ではあるが，高福祉を実現し，大きな政府を標榜する人々の範となっている。

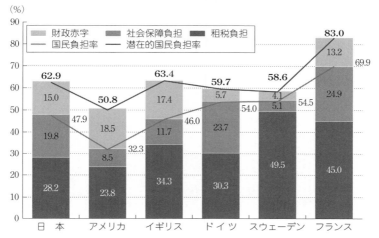

図 1-1　国民負担率の国際比較（2020 年）

（注）　小数点第 2 位以下を四捨五入しているため，合計が一致しない場合がある。
（出所）　財務省資料より作成。

国民負担率　　政府の大きさを測るための指標としては**国民負担率**がよく用いられる。国民負担率とは，税収（租税負担）や社会保険料（社会保障負担）など財政収入（国民から見れば負担）の国民所得に対する比率のことを意味する（コラム②も参照）。2020 年の国民負担率を欧米主要国と比較した**図 1-1** によると，日本の国民負担率はアメリカやイギリスに比べると高いが，他のヨーロッパ主要国よりは低い。

　しかし，日本の国民負担率が国際的に見て低いと考えるのは早計である。第 1 に，国民負担として借金による財源調達（財政赤字）が含まれていない。第 7 章で見るように，財政赤字は将来に課税を繰り延べるだけと考えれば，国民負担に含める必要がある。財政赤字を含む概念である**潜在的国民負担率**を見ると，日本の水準はドイツやスウェーデンより高い。第 2 に，高齢化が進むため，国民負担率はさらに上昇すると予想されることである。**図 1-2** は国民負担率の推移を示したものであるが，1970 年度から 2021 年度にかけて国民負担率は 24.3％ から 48.1％ に，潜在的国民負担率は 24.9％ から 57.4％ に上昇した。長期で見ると，租税負担率の変化が緩やかであるのに対して，高齢化の進行に伴って社会保障負担率は 3 倍以上になった。

図1-2　国民負担率の推移

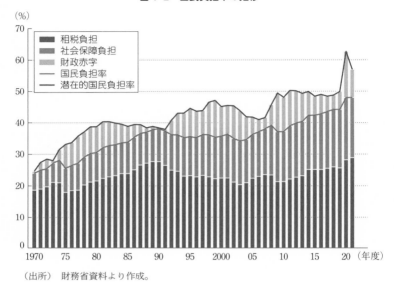

（出所）　財務省資料より作成。

🔲 公的介入とその根拠

　なぜ財政の活動が必要なのだろうか。私的な市場取引だけでは十分ではない
のだろうか。この点について経済学の基本的な結論は，価格情報を媒介とした
市場取引が望ましい結果をもたらすというものである。しかし，このような**市
場メカニズム**の円滑な運行はいくつかの仮定に依存している。現実に直面する
多くの状況下で市場取引はうまく機能せず，政府の役割がしばしばクローズア
ップされる。

　ドイツ出身の財政学者**マスグレイブ**は財政の役割を，①資源配分機能，②再
分配機能，③景気安定化機能の3つに分けて説明した。**資源配分機能**とは，第
2章 unit 4 で議論する市場の失敗が存在するときに，財政が介入することで状
況が改善されることを意味する。**再分配機能**とは，市場取引の結果として具現
化する所得分配に大きな格差があるとき，財政を通じた是正を行おうというも
のである。**景気安定化機能**とは，市場が不可避的に景気循環を繰り返すものと
して，財政出動によって景気変動の振幅を小さくしようという考え方であり，
ケインズによって強調された。

国民負担率の計算間違い

専修大学准教授の河野敏鑑氏によると，国民負担率は重大な計算間違いを犯している。本文中で触れたように，国民負担率は「(租税負担＋社会保障負担)/国民所得」と定義される。つまり，国民負担率とは，国民の稼ぎのうち租税や社会保険料の負担がどの程度を占めているのかを計算しようとしていると考えられる。

この計算式のうち，河野氏が問題とするのは分母の国民所得である。国民所得には市場価格表示と要素価格表示の2つがあり，国内総生産（GDP）を基準に各概念を比較すると**図1-3**のようになる。すなわち，GDP に海外からの純受取を加えると国民総所得（GNI）になり，ここから固定資本減耗を差し引いたものが市場価格表示の国民所得（NI）であり，さらに純間接税（間接税−補助金）を差し引いたものが要素価格表示の NI である。

国民負担率の分母は要素価格表示の NI なので，間接税負担は分母に含まれていない。ところが，租税負担には間接税負担が含まれている。真に所得に占める負担を計算したいのであれば，間接税負担の含まれている市場価格表示の NI や GDPで除すべきであるというのが河野氏の見解である。

このことは個人レベルで考えれば理解しやすい。われわれが個人で負担している租税負担率を計算するとき，税額を税引き後の手取り所得で割ることはしないだろう。税引き前の所得で割るはずである。些細なことに思われるかもしれないが，このような計算方法の違いが国際比較に小さくない影響を及ぼすことが河野氏の論説に示されている（参考：河野敏鑑「日本の国民負担率は高いのか，低いのか？」SYNODOS ホームページ OPINION（オピニオン）2014 年 9 月 8 日，https://synodos.jp/opinion/economy/9667/）。

図1-3　GDP を基準とした各概念との比較

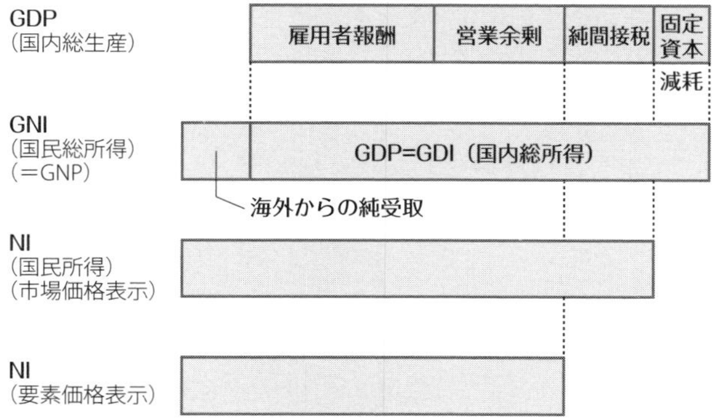

　マスグレイブによる 3 つの機能は長く主流の考え方となったが，次の 2 点からの批判が考えられる。1 つは，3 つに区分された機能の修正・追加の必要性である。もう 1 つは，3 つの機能が不可分であり，相互の関連性について再考することである。しかし，そのような批判にもかかわらず，マスグレイブの考え方は財政の役割の理解を助けるためにきわめて有益なので，以下ではこの 3 つの機能を基礎に財政の役割について概観しよう。

**市場の失敗と
資源配分機能**

　政府の役割が生じる第 1 の根拠は市場の失敗である。**市場の失敗**とは，unit 4 で説明するように厚生経済学の第 1 基本定理が成立しない状況をさす。第 1 基本定理は競争市場によって望ましい（パレート最適な）資源配分が実現することを意味するから，市場の失敗とは市場による資源配分が望ましくないことを意味している。具体的には，unit 5 の**外部性**や unit 6 の**公共財**，unit 11 で議論される**自然独占**などが代表例である。このようなケースでは政府の介入によって状況が改善される可能性がある。

　また，医療サービスのように供給サイド（医者）と需要サイド（患者）の間にサービス内容に関する情報格差（**情報の非対称性**）があると，市場がうまく機能しない（unit 23 を参照）。このような場合には取引を行う当事者のうち情報の少ない側が不利となり，多くの情報をもつ側に有利な状況が生まれてしまうために市場がうまく機能しないのである。情報の非対称性の問題は，アメリカの経済学者アカロフによるレモン市場の議論によって簡潔に説明できる。

　元来，レモンとは粗悪な中古車をさす俗語であり，転じて広く欠陥品を意味する。そこで中古車市場を例に考えてみよう。中古車市場では情報の非対称性があり，売り手は財の品質について十分な情報をもっているが，買い手はそうではない。いま，市場で販売される中古車のうち半分は優良，残りの半分は粗悪だとしよう。売り手は優良な中古車を 150 万円以上，粗悪な中古車を 50 万円以上で売りたいと考えている。このとき，買い手には優良な中古車と粗悪な中古車の区別がつかないので，買い手にとっての中古車の平均的な価値は 100 万円であり，この額が支払意思額となる。買い手の支払意思額が 100 万円であることを売り手が知ると，売り手は希望する額で販売できないため優良な中古車を市場に出さない。結果として市場には粗悪な中古車ばかりが残ってしまう。このような現象は**逆選択**と呼ばれ，市場がうまく機能しない好例となっている。

**再分配機能と
公平性・効率性**

再分配は公平性の確保のために行われるというのが通常の理解である。ただし，どのような状況を公平と考えるのかは難しい。正確を期せば，再分配の目的は公平性ではなく，不平等を是正することにあると考えるべきであろう。ここで問題となるのが効率性と再分配の間のトレードオフである。unit 7で議論されるように，再分配が厚生経済学の第2基本定理に従って実行される限り死荷重損失（unit 3を参照）は生じない。しかし，現実の再分配政策は多かれ少なかれ人々の意思決定に歪みを与えるので，死荷重損失の発生を免れることができない。ここに効率性と再分配の間のトレードオフが起こる。

以上はよく知られている議論であるが，再分配が効率性に資することもある。このことはunit 8で詳しく解説されるが，社会保険の役割を想像すれば理解しやすい。社会保険は不運に見舞われた人々に対する再分配ととらえることができるが，このような事後的な再分配によって事前のリスクが低下するので人々の効用は増すのである。このケースでは，再分配は効率性とトレードオフの関係にあるのではなく，市場の失敗を矯正する政策として機能することになる。

景気安定化機能

ケインズ以来，景気安定化機能は財政の役割のなかでも非常に注目されてきた。しかし，unit 9で見るように，最近では財政による景気安定化政策の限界が強調されるようになってきている。また，合理的期待形成学派や実物景気循環理論のように政府の介入に懐疑的な見方もある。

機能区分に関する本質的な批判として，景気安定化機能が資源配分機能と再分配機能に含まれてしまうという点が重要であろう。すなわち，景気循環が市場の失敗によって生じているとすれば，景気安定化機能は資源配分機能の一部であるし，失業率の抑制などによって所得保障を図ることを主眼に置くのであれば，景気安定化機能とは再分配機能ということになる。景気安定化機能が財政の役割にマクロ的な視点を与えたことは大変重要であり，独立した機能として強調することに意義はあるが，その位置づけは資源配分機能と再分配機能との関連において再度整理されるべきであろう。

将来世代への配慮

政府は世代をまたいで存在するものであり，現在生存している人々（現在世代）だけでなく，これから生ま

れてくる人々（将来世代）にも気を配る必要がある。異なる世代の間でどのようにバランスをとるのかという問題は世代間の再分配と呼ばれる。世代間の再分配も理論的には再分配機能の応用であり，具体的には第6章の各 unit や第7章の unit 28 の議論が関連する。

　世代間の再分配を考える際には，通常の再分配の議論に加えて割引率の問題を考えなければならない。unit 10 の費用便益分析で見るように，意思決定において将来の事象の価値は割り引かれるのが普通である。この将来の事象をどのように割り引くのかということが割引率の問題にほかならない。もし遠い将来のことが大きく割り引かれて十分に勘案されないと，たとえば環境問題への対処などに失敗するおそれがある。多くの人々の時間的視野は自らの世代内に限定される可能性があるので，将来世代を思いやる役割は政府の責任となる（人々が他人や将来世代のことを思いやる可能性については unit 8 や unit 28 を参照）。

　割引の技術的な側面に注目すると，よく用いられるのは単位期間（たとえば年）当たりの割引率を一定とする指数型割引である。指数型割引はアメリカの経済学者サミュエルソンによって本格的に導入され，数学的処理の容易さから広く利用されるに至った。しかし，このような割引率に従うと，世紀をまたいだ遠い将来の事象は現在の意思決定にほとんど影響を及ぼさない。とりわけ，まだ生まれていない将来世代の損得が現在時点では，わずかしか反映されなくなる。

　このような点を考慮して，数百年単位の将来を割り引く場合には近い将来に比べて低い割引率を適用すべきであるという考え方がある。その際には，割引率が逓減していく双曲型割引がよく利用される。たとえば，10年先までは年率4%の割引率であるが，300年以上の将来になると1%の割引率が適用されるといった具合である。ただし，行動（実験）経済学で強調されるように，双曲型割引のもとでは現在に比べて近い将来は軽視される傾向にある。仮に現時点で（低い割引率により）遠い将来が十分に勘案されたとしても，遠い将来が近い将来になってしまった時点では大きく割り引かれるために軽視されてしまう可能性がある。このように意思決定の時点が異なると，当初考えられていた最適な行動が変わってしまうことを**動学的非整合性**（不整合性）と呼ぶ。動学的非整合性については unit 16 や unit 25 で例を交えながら詳しく触れる。

🔲 政府の失敗

以上のように市場メカニズムは万全ではないから，至るところに政府介入の余地はある。現実の経済において財政が大きな役割を演じていることも何ら不思議ではない。しかし，上述の機能を十分に理解したとしても，政府が理論のとおりに行動できるとは限らない。政府の行動が何らかの望ましくない結果をもたらすことを**政府の失敗**と呼ぶ。

政府の失敗として古くから指摘されてきたのは政策ラグの問題である。政策ラグは認知ラグ，実施ラグ，効果ラグの3つからなる。認知ラグとは，政府が経済の状態を把握するまでに要する時間のことである。実施ラグとは，経済状態を認識した後，政策を立案して実施するまでに要する時間のことである。効果ラグとは，政策が実施されてから実際に効果が現れるまでに要する時間のことである。このような時間的遅れがあるために，必要なときに必要な政策の効果が発現するとは限らず，政府は失敗する危険をはらんでいる。

また，民主主義において政府の決定は多数決によりなされるが，そこには多くの歪みが生じる可能性がある。この点は unit 12 で議論するが，たとえば現実の政治過程においてしばしば特定の集団に対する利益誘導が行われることを考えればよいだろう。このような利益誘導は効率性を損ね，政府の失敗をもたらすことになる。

要　約

□　財政とは政府を通じたモノやカネの流れである。概念上の財政は貨幣的であるとは限らないが，現代の財政活動のほとんどは貨幣を媒介として行われる。

□　財政の役割をどの程度重く見るのかは論者によって意見が異なり，大きな政府と小さな政府の論争に端的に表れている。

□　市場経済に政府が介入する根拠として標準的な見解はマスグレイブの3機能（資源配分機能，再分配機能，景気安定化機能）であるが，現在では機能の追加・修正や機能間の関連を考慮する必要があると考えられている。

□　政府介入の根拠が示すように市場がうまく機能しないとしても，政府の政策のすべてが直ちに肯定されるわけではない。政府も失敗するからである。

確 認 問 題 ─────────────────────────────────●─●●

☐ *Check 1*　公的介入に消極的な考え方を2つ説明しなさい。

☐ *Check 2*　公的介入に積極的な考え方を2つ説明しなさい。

☐ *Check 3*　マスグレイブの3機能に当てはまる政策の具体例を3つずつ挙げなさい。

☐ *Check 4*　食品の産地や消費・賞味期限の偽装について，情報の非対称性の考え方を用いて説明しなさい。

●─●●───────────────────────────────

財政の仕組み

政府の範囲

一般政府と公的企業

unit 1 で見たように財政とは政府の経済活動である。では政府とは何をさすのだろうか。政府の構成要素を大きく分けると，霞が関の省庁に代表される**中央政府**（国）と都道府県や市区町村などの**地方政府**（地方公共団体，地方自治体）の２つを考えることができる。財政を考える際にも，この区分に従って中央政府と地方政府に分けることが可能であるが，資金の流れを理解するためには，公的年金・医療保険・介護保険などの**社会保障基金**を別枠として考えることが役に立つ。このような部門区分は GDP を含む**国民経済計算**（SNA）の考え方に準じており，中央政府・地方政府・社会保障基金をあわせたものは**一般政府**と呼ばれる。

国民経済計算において一般政府に含まれない公的な組織として**公的企業**がある。公的企業の多くは一般政府とは別の組織であり，特殊法人や独立行政法人の一部，地方自治体管轄の公社などが該当する。これらの公的企業と一般政府を加えたものは**公共部門**（国民経済計算の分類では公的部門，広義の政府）と呼ばれ，日常生活において公的な組織として認識されるものをほぼ網羅している。

公営企業と公社

公的企業と似た用語として公営企業がある。公営企業は政府によって経営され，水道事業，交通事業，電気事業，ガス事業，港湾整備事業などが代表的である。似た組織として公社もあるが，公営企業が政府の直接経営であるのに対して，公社に対しては出資という間接経営の形をとる。これらの公営企業や公社は，国民経済計算では公的企業に分類されるが，下水道事業は地方政府として扱われる。

公営企業や公社の活動は人々の生活に近く，身近に感じられる財政活動とい

コラム③

大学入試センターは中央政府か？

　公共部門に分類されるのか，民間部門に分類されるのかという判断は意外に難しい。現在の国民経済計算（SNA）の分類によると，同じ JR グループでも，JR 北海道，JR 四国，JR 貨物は公的企業だが，JR 東日本，JR 東海，JR 西日本，JR 九州は民間企業扱いである。この差は「政府支配の有無」として定義されている。JR 各社の場合，民間企業扱いの4社の株式は市場で取引されるが，公的企業扱いの3社の株式は政府保有（正確には鉄道建設・運輸施設整備支援機構の保有）である点が異なる。

　分類の定義としての「政府支配の有無」は 2010 年 SNA 確報（冊子体では 2012 年版）から適用された。2009 年 SNA 確報までは，JR 北海道，JR 四国，JR 貨物の各社も民間企業に分類されていたのである。同様の理由から，2010 年の改訂により，JT（日本たばこ産業）や NTT（日本電信電話株式会社）グループも民間企業から公的企業の仲間入りを果たしている。なお，JR 九州は 2010 年に公的企業になったが，2016 年の法改正により再び民間企業となった。

　公的部門のなかの分類も意外に難しい。同じ組織でも部局によって分類が異なるケースがある。たとえば，国立大学法人は中央政府に分類されるが，その附属病院は公的企業に分類される。同様に，公立大学法人は地方政府に分類されるが，その附属病院は公的企業に分類される。

　政府に分類されるか，公的企業に分類されるかの判定は「市場性の有無」という定義による。2010 年の SNA 改訂により，売上高が生産費用の 50% を上回っている場合に市場性を有するとみなすことになった。この定義に従って，大学入試センターは中央政府からはじき出され，いまでは公的企業に分類されている（参考：内閣府経済社会総合研究所国民経済計算部「国民経済計算における政府諸機関の分類」各年版，「公的部門の分類基準の見直しについて」平成 21 年 11 月 30 日）。

えよう。ただし，交通事業やガス事業などのように民間企業と併存していることも多く，財政の役割に含まれるか否かについては議論の分かれる分野もある。歴史的に見ても，かつて中央政府管轄の公社であった日本専売公社（JT の前身）や日本電信電話公社（NTT の前身）は，1980 年代半ばに特殊会社として民営化され，21 世紀に入って日本郵政公社が民営化された（コラム③も参照）。公営企業の役割に関する議論は unit 11 で見ていく。

🔲 予 算 制 度

予算制度の原則　　政府はさまざまな財・サービスを国民に提供するが，それらの供給にはコストがかかる。ところが，そのコストの多くは利用者によって直接支払われない。公共財（unit 6）のように利用者からの直接的な徴収が難しいケースもあるし，再分配（unit 7, 8）を目的としているため，あえて徴収しないケースもある。そこで，政府は租税という形でコストを国民に対して強制的に課すことになる。

　むろん，民主主義国家において，為政者が無制限に課税を行い，自由に支出できるわけはない。国会を通じて国民の監視のもとで予算が決定され，それにもとづいて財政が運営される。このことを**財政民主主義**という。日本国憲法の第 7 章「財政」は財政民主主義にもとづいており，ここには課税が法律に従うという**租税法律主義**の考え方も見られる。財政について具体的に規定した法律としては，基本となる財政法のほかに，租税関連の規程として租税法，地方財政の規程として地方財政法などがある。

　このように民主主義国家における財政運営の原則は関連する法律に細かく規定されているが，代表的には以下のような原則に従う。第 1 に，国の収入と支出は全額予算に計上するという**総計予算主義**（完全性）の原則である。第 2 に，できるだけ予算は 1 つに統合するという**統一性**（単一予算主義）の原則である。第 3 に，政府は予算を 1 年ごとに作成し，そのつど国会の議決を受ける必要がある。これを**単年度原則**という。この原則のもとで予算編成は基本的に会計年度ごとに完結しなければならず，このことを会計年度独立の原則と呼ぶ。日本の場合には 4 月 1 日から翌年の 3 月 31 日までの 1 年間を単位とし，この期間を会計年度としている。第 4 に，予算執行の前にあらかじめ国会の議決を受けるという**事前議決**（事前性）の原則である。第 5 に，内閣は少なくとも毎年 1 回，財政状況を国会および国民に報告しなければならない。これが**公開性**（透明性）の原則である。

　ただし，これらの原則は完全に守られているわけではない。後述するように，特別会計や政府関係機関予算が存在する現状は，統一性の原則に反していると理解することもできる。また，支出項目によっては単年度で計画することが望ましくないケースもある。複数年にまたがって実施される社会資本整備や長期にわたる科学研究などがその例である。このようなケースでは単年度主義では

表 2-1 一般会計

年　度	総　額 （10億円）	歳　出 構成比（％）						
		社会保障 関係費	文教・科 学振興費	地方財政 関連	公共事業 関係費	防衛関係 費	国債費	その他
1980	43,681	18.9	10.5	17.9	15.6	5.2	12.6	19.3
1985	53,223	18.5	9.2	18.2	13.0	6.0	19.1	16.0
1990	69,651	16.6	7.7	22.9	10.1	6.1	20.7	15.9
1995	78,034	18.6	8.7	15.8	18.2	6.1	16.5	16.1
2000	89,770	22.8	7.4	17.7	10.9	5.5	23.9	12.6
2005	86,705	25.6	6.7	20.2	8.7	5.7	22.6	10.4
2010	96,728	30.3	5.7	19.4	6.4	5.0	20.9	12.3
2015	99,663	32.3	5.5	16.9	6.6	5.2	23.0	10.6
2020	175,688	25.1	5.3	9.3	5.3	3.2	13.1	38.7
2023	114,381	32.3	4.7	14.3	5.3	8.9	22.1	12.4

年　度	総　額 （10億円）	歳　入 構成比（％）			
		租　税	印紙収入	公債金	その他
1980	43,681	60.1	2.1	32.7	5.2
1985	53,223	69.1	2.6	23.4	5.0
1990	69,651	82.0	2.9	10.5	4.6
1995	78,034	62.7	2.3	28.2	6.8
2000	89,770	53.9	1.7	38.5	5.9
2005	86,705	53.0	1.3	38.6	7.1
2010	96,728	39.9	1.1	45.8	13.2
2015	99,603	55.6	1.0	36.5	6.8
2020	175,688	30.9	0.5	64.1	4.6
2023	114,381	59.9	0.9	31.1	8.1

（注）　補正後予算，2023年度は当初予算。
（出所）　財務省『財政統計』。

なく，複数年度にまたがる予算が策定されることもある。

予算の種類　　予算では支出のことを**歳出**，収入のことを**歳入**と呼ぶ。
歳出・歳入の性格によって国の予算は3つに分類する
ことができる。

　第1に，**一般会計予算**は税や公債を財源として教育や公共事業に広く使われ
る最も一般的な予算である。**表2-1**には一般会計の予算規模の推移と内訳の構
成比を示した。この表から，基調として予算規模が拡大傾向にあることがわか
る。また，歳出のうち社会保障関係費と借金の返済（国債費）は増加傾向にあ

り，文教・科学振興費や公共事業関係費は縮小傾向にある。歳入は租税が最も多いものの，バブル崩壊（1991 年）以降は借金（公債金）への依存が高まりつつある。2020 年度にはコロナ禍によって歳出が大幅に増加したことも注目に値する。とりわけ，表中では「その他」に含まれる感染症対策費や中小企業対策費が増えた。これらの歳出増に対応して歳入における公債金の割合が高くなっており，コロナ対策のため国債が発行されたことがわかる。

第 2 に，**特別会計予算**は特定の事業を行ったり，特定の財源によって賄われるものである。第二次世界大戦後のピーク時には 45 の特別会計が存在したが，21 世紀に入り徐々に整理され，2011 年度にはその数を 13 にまで減らしている。ただし，特別会計全体の予算規模は縮小しているわけではなく，歳出総額は 300 兆円台後半から 400 兆円台半ばの間を増減しながら推移している。

第 3 に**政府関係機関予算**である。多くの公的企業の経営には国が関与するものの，予算について国会の議決は必要とされない。しかし，政府関係機関予算の対象となる 4 組織（2023 年度現在：沖縄振興開発金融公庫，国際協力銀行，日本政策金融公庫，独立行政法人国際協力機構有償資金協力部門）の予算は国会の議決を受けなければならない。政府関係機関も特別会計と同様に整理される方向にあり，2006 年度までは 6 公庫 2 銀行の 8 組織であったが，2007 年度までに住宅金融公庫が廃止され 5 公庫 2 銀行の 7 組織に，2008 年 10 月以降は現在の 4 組織（日本政策金融公庫，国際協力銀行，沖縄振興開発金融公庫，国際協力機構）となった。

ただし，これら 3 つの予算は互いに独立しているわけではない。一般会計予算から特別会計予算や政府関係機関予算へは財源の繰入れが行われ，逆に，特別会計予算や政府関係機関予算から一般会計予算へは事業利益などの繰入れが行われる。したがって，3 つの予算を単純に合計することはできず，予算データを見るときには注意が必要である。たとえば，一般会計と特別会計の合計を考えてみよう。2022 年度における一般会計の歳出総額（当初予算）は 107.6 兆円であるが，重複部分を除いた純計では 51.2 兆円にすぎない。また，特別会計の歳出総額は 467.3 兆円であるが，重複部分を除いた純計では 218.5 兆円にすぎない。一般会計と特別会計の合計は総額では 574.9 兆円にも上るが，純計では 269.7 兆円ということになる。

図2-1　財政投融資の仕組みと改革

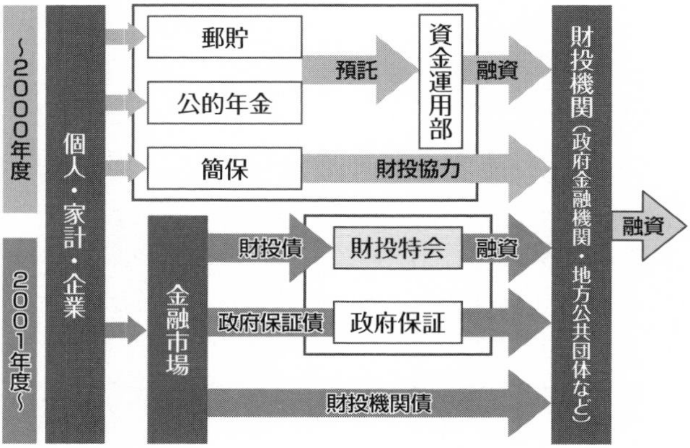

予算のプロセス　予算を編成・提出する権限をもつのは内閣であるが，現実に予算の細部について編成作業を行うのは財務省主計局である。大まかには，予算編成は以下のように進行する。まず前年夏頃に内閣等での議論を受けて予算要求のガイドラインが策定される。これを受けて8月末までに各省庁から財務省へ予算の見積もり（**概算要求**）が提出される。その後，財務省主計局は各省庁と折衝を行い，予算案の中身を固めていく。12月下旬には財務省の予算案が内閣に提出されるが，このときに認められなかった案件について復活折衝が行われることもある。この予算編成のプロセスで政治家や官僚の駆け引きが大きな影響力をもつことは容易に想像できる。

　次に，閣議決定された予算案は国会で審議され，当該年度開始前に成立するのが普通である。このように成立する予算のことを**当初予算**（本予算）という。しかし，政治的な理由で国会審議が遅れてしまうことはめずらしくない。このような場合には，当初予算が成立するまでの経過措置として**暫定予算**を組んで国会の議決を受けるが，当初予算成立後に暫定予算は当初予算に吸収される。逆に当初予算成立後に経済情勢の変化を反映して不足がある場合には**補正予算**が編成される。現実には当初予算を少なめに編成する傾向があり，ほぼ毎年のように補正予算で財政規模が拡大されている。

図 2-2　財政投融資計画額の推移

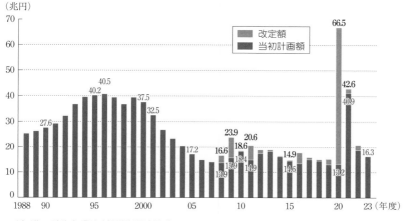

（出所）　財務省「財政投融資関連統計」。

財政投融資

　財政投融資（財投）計画は，ピーク時には一般会計予算の 3 分の 2 を超える規模に達し，その重要性から国会の議決を必要としてきたこともあり，第 2 の予算と呼ばれるほどの重要な役割を担ってきた。その仕組みは 2001 年度に大きく変更（財政投融資改革）されたが，金融市場から集められた原資が特殊法人等（財投機関）を通じて投融資にまわるという構図は変わらない。このような性質から財政投融資を**公的金融**と理解することも可能である。

　図 2-1 に 2001 年度の改革前後の仕組みを対比して示した。改革前は，郵便貯金や公的年金の積立金が直接的に財政投融資（旧大蔵省の資金運用部）に預託され，そこから財投機関へ運用という形で資金が流れていた。それに対して，改革後は郵便貯金や公的年金からの預託は廃止され，それらの資金は金融市場において自主運用されている。財政投融資制度は国債（**財投債**）の発行を通じて金融市場から資金調達することになり，市場原理の活用が進んだ。また，特殊法人等が財投機関債という形で金融市場から自主調達することもある。

　高度成長期においては，財政投融資の役割はきわめて重要であり，道路などの社会資本整備のための資金調達に一役買った。また，低成長期に入っても，不況時に財政政策の一翼を担うために堅調な伸びを示してきた。**図 2-2** による

と，財政投融資計画はバブル崩壊以降も着実に額を増やしており，1996 年度には 40.5 兆円にも達している。しかし，その後は横ばいに転じ，2001 年度の財投改革以降は急激に額を減らした。長期的な傾向として減少しているものの，財政投融資は不意の経済ショックの際に活用されることがあり，一時的に大きく額を増やすことがある。2008 年度から 2010 年度までは金融危機対応のため，2011 年度は東日本大震災への対応のため補正が行われ増額された。とりわけ，2020 年度の新型コロナウイルス感染症への対応には巨額の補正が行われ，翌 2021 年度は当初計画額を大きく積み増した。

政策評価

予算の執行が終了すると，各省庁の決算報告を受けて，財務省が全体の決算を作成する。作成された決算は会計検査院に提出され，そこで検査される。ただし，そこでの検査結果は翌年度以降の反省材料として生かされるものの，当該年度の予算執行を無効とするわけではない。

このような制度的限界はあるものの，事後的な政策評価の役割は高まりつつある。その背景には，政府の失敗（unit 12）に代表される財政・行政の非効率性への批判があり，予算編成のプロセスを重視する立場から予算執行の成果を重視する立場への転換が期待されている。

歴史的には，1980 年代からアメリカやイギリスなどで盛んになったニュー・パブリック・マネジメント（NPM）の影響を無視できない。NPM は民間の経営手法を行政に適用しようという試みであり，競争原理を強調して成果主義と顧客主義への転換を図るものである。現在では，ヨーロッパ大陸諸国にも波及しており，各国の会計検査院はその中枢として重要性を増している。

要　約

□　政府は中央政府，地方政府，社会保障基金の 3 部門に分けることができ，これらをあわせたものを一般政府という。さらに，一般政府に公的企業をあわせたものを公共部門という。

□　財政が国民の監視のもとで運営されることを財政民主主義という。また，財政の運営は日本国憲法や財政法といった法律に従って行われる。

□　予算は目的別に一般会計予算，特別会計予算，政府関係機関予算の3つに分けることができる。また，予算策定のプロセスの違いから当初予算，暫定予算，補正予算の3つに分けられる。

□　財政投融資は第2の予算と呼ばれ，歴史的には大きな役割を担ってきたが，近年では規模が縮小する傾向にある。

確 認 問 題

□　*Check 1*　身近な公共部門の例を挙げ，中央政府・地方政府・社会保障基金・公的企業のいずれに分類されるのかを調べなさい。

□　*Check 2*　最新年度の一般会計予算の歳出と歳入のデータを調べなさい。

□　*Check 3*　当初予算と補正後の予算データを比べて，その差額について検討しなさい。

□　*Check 4*　一般会計等の財政と財政投融資の違いについて説明しなさい。

経済分析の基本ツール

🗔 最 適 化

Sさんはコンビニで時給 w 円のアルバイトをしている。いったい，Sさん
は週に何時間働くだろうか。Sさんの持ち時間が無限で，いくら仕事をしても
疲れないのであれば，できるだけ長い時間働いて給料を稼ぐだろう。しかし，
現実には時間が限られているし，あまり長時間働いていると体調を崩してしま
うかもしれない。このように時間や体力に限界があることを資源の**希少性**と呼
ぶ。資源が希少なとき，われわれは最も望ましい（最適な）選択肢を探して意
思決定を行う。

最適化とは　図 3-1 は横軸の労働時間に対して，労働から得られる
収入と労働によって被る（時間的・肉体的）費用を縦軸
で表したものである。収入は時給と労働時間を掛け合わせたものであるから，
傾きが w の直線で表せる。これに対して，費用は労働時間が長くなると急激
に増えていくと考えるのが自然であろう。労働時間が短いうちは勉強時間や余
暇時間への圧迫はそれほど問題にならないが，労働時間が長くなると勉強や余
暇の時間がより貴重になっていくからである。また，肉体的な疲労も労働時間
が長くなるにつれて急激に増していくであろう。

もしSさんが合理的であれば，収入と費用の差引きが最大になるように労
働時間を決定するはずである。そこで，図 3-1 をもとに収入から費用を差し引
いたものを縦軸としたのが図 3-2 である。図上で「収入−費用」が最大になる
のは山の頂点である。ここで，頂点では接線の傾きがゼロになることに注意し
たい。つまり，最適な選択肢は「収入−費用」曲線の接線の傾きがゼロになる
点である。

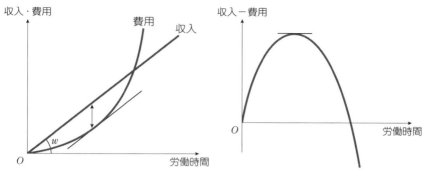

図 3-1　労働時間と収入・費用

収入・費用

費用　収入

w

O　　　　　　労働時間

図 3-2　収入−費用

収入−費用

O　　　　　　労働時間

限 界 概 念

次に，接線の傾きがゼロになることの意味を考えよう。接線の傾きがゼロになるポイントでは，労働時間をほんの少しだけ増やしても，「収入−費用」は変わらない。「ほんの少しだけ」を経済学では「限界的」または「追加的」と表現する。このケースに即していえば，労働時間の限界的な増加に対して「収入−費用」の限界的な変化がゼロになるところが最適であるということになる。

「収入−費用」が変わらないということは，労働時間の限界的な増加に対して収入の限界的な増加と費用の限界的な増加が等しいことを意味する。収入の限界的な増加を限界収入，費用の限界的な増加を限界費用と呼べば，最適な労働時間のもとでは「限界収入＝限界費用」が成り立っている。このことは以下のように確認できる。仮に「限界収入＞限界費用」であったら，Sさんが労働時間を増やせば「収入−費用」を増やすことができる。逆に「限界収入＜限界費用」であったら，労働時間を減らせば「収入−費用」を増やすことができる。最適点では「収入−費用」を増やすことはできないから，「限界収入＝限界費用」となる。

一般に，収入のように意思決定主体（Sさん）の利得となるものを便益と呼ぶ。したがって，最適点で成立する条件を一般的に記述すれば，「**限界便益＝限界費用**」ということになる。このように「限界」という概念を用いて最適点の条件が示されることは経済学的に思考するうえできわめて重要である。

同じことは，企業を意思決定主体とした場合にも当てはまる。企業の場合には，売上を収入とし，生産にかかる費用との差を最大化することを考えればよ

い。売上から費用を差し引いたものは利潤または利益であり，この利潤を最大にしようと意思決定を行うことを**利潤最大化**行動と呼ぶ。上記の労働時間の分析と同様のプロセスを経れば，利潤最大化が達成されている状況では「限界収入＝限界費用」が成立する。

効用と無差別曲線

上の例では労働時間に関する意思決定を単独で考察した。しかし，現実にわれわれが直面するのは 2 つ以上の選択肢であることが多い。上記の例でいえば，働いて給料を得るか，働かないで余暇を楽しむかという選択を迫られると考えたほうが現実の感覚に近いだろう。そこで，以下では効用という概念を導入して，2 つの選択肢に直面している意思決定主体の最適化問題を考えてみよう。

効用関数　**効用**とは意思決定主体が財を得ることによって受ける満足のことである。財から得られる便益であると考えてもよい。財とは，経済に存在するさまざまなモノ（形ある商品）やサービスのことを総称してさすことが多いが，モノのみを財と考えて，財・サービスと表記することもある。分析の目的によっては，財の代わりに**余暇**時間が効用を生み出すと考えることもある。

関数とは，2 つ以上の変数の間の対応関係を表すものである。たとえば，消費財の量と余暇時間が与えられると，効用がある水準に決まるのであれば，効用は消費（の量）と余暇（時間）の関数であるという。効用と消費・余暇の関係を数式で表せる場合，この式のことを**効用関数**と呼ぶ。いま，効用水準を u，消費の量を c，余暇時間を l として，効用関数の形状を，

$$u = c^{0.5} l^{0.5}$$

のように具体的に定式化することも可能である。しかし，効用関数の形状は未知かもしれないし，個人によって異なるかもしれない。そこで，より一般的に，

$$u = u(c, l)$$

のように表すことが多い。この式の左辺の u は効用水準を表すが，右辺の u は効用関数を意味する。関数の形状はわからないものの，右辺の u の意味するところは，直後の（　）内にある c と l の値によって左辺 u の効用水準が決

まるという対応関係なのである。また，効用水準と効用関数を区別するために，

$$u = U(c, l)$$

のように小文字と大文字を用いた表記もよく使われる。以下，本書ではとくに断わらない限り，効用水準を小文字で，効用関数を大文字で表すことにしよう。

さて，効用関数の性質として次の3つが重要である。

① 財の量が増えると効用も増加する（単調増加）。

② 財の量が多いと，財の限界的な増加に対する効用の限界的な増加（限界効用）は低下する（**限界効用逓減**）。

③ A，B，Cを任意の財の組合せとしたとき，効用の比較においてAがBに勝り，BがCに勝るのであれば，AはCに勝る（推移律）。

これらの性質のうち，とくに②の限界効用逓減に注意が必要であろう。すでに述べた限界の意味をふまえると，限界効用とは，財の量がほんの少しだけ増えたときに得られる追加的な効用のことをさす。また，逓減とは徐々に減少することを意味し，逓増は逆の意味である。限界効用が変化しないのであれば限界効用一定と表現する。

無差別曲線　　2財の場合，平面図では財と効用の関係を書き表すことができない。3つの軸からなる立体図を描く必要がある。ここで，効用を決める2つの財として消費と余暇を考え，x軸を余暇時間，y軸を消費の量，z軸を効用とすると，**図3-3**のような効用曲面を描くことができる。効用曲面は原点から離れるほど効用が大きくなるような山型に描かれる。

しかし，3次元を表現した立体図を用いて2次元上で分析することは難しい。そこで，**図3-3**を真上から見て，効用曲面の高さを等高線として地図を描いてみよう。この地図の横軸は余暇，縦軸は消費であり，効用の大きさが等高線として表現される。このことを示した**図3-4**にはI_1からI_4までの4つの等高線が描かれている。このとき，等高線の高さ（効用の大きさ）の順位は$I_1 < I_2 < I_3 < I_4$となり，右上方向に行くほど効用が大きくなる。また，同じ等高線上にある点の効用は等しいことから，これらの等高線のことを**無差別曲線**と呼ぶ。

無差別曲線は，右上方向にあるほど大きな効用を表すという性質以外にも，次の2つの重要な性質が仮定をもつ。1つは，原点に対して凸形となることで

図3-3　2財の場合の効用曲面

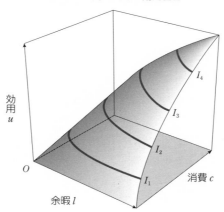

図3-4　無差別曲線

図3-5　交わった無差別曲線

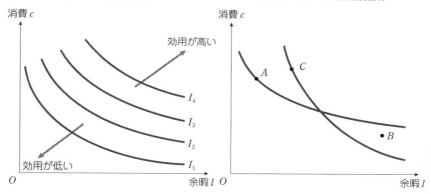

ある。もう少しわかりやすくいえば，無差別曲線は原点に向かって膨らんだ形
状であると仮定される。2つめに，無差別曲線は交わらないということである。
図3-5 に交わる無差別曲線を図示した。しかし，このように無差別曲線が交わ
ると不都合な現象が発生する。**図3-5** 上の A 点は B 点よりも北東の無差別曲
線上にあるので，B 点に比べて効用が大きい。同様に，B 点は C 点に比べて
効用が大きい。推移律によると A 点は C 点よりも効用が大きくなるはずであ
る。しかし，A 点を通る無差別曲線と C 点を通る無差別曲線は交わっている
ことから，A 点と C 点の効用は等しいという結論が得られる。無差別曲線が

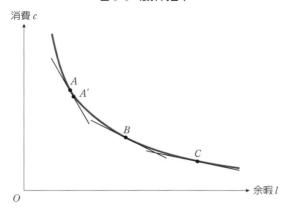

図 3-6　限界代替率

消費 c

A

A'

B

C

O

余暇 l

交わると想定すると，このように推移律と矛盾が生じるので，無差別曲線は交わらない。

予算制約下の最適化

限界代替率　　いま，**図 3-6** の同じ無差別曲線上にある A 点がほんの少しだけ右下へ（A' 点へ）動くことを考えよう。このとき，消費が減少して余暇が増える。消費の減少は効用を引き下げるが，余暇の増加は効用を引き上げるはずである。仮に，点の移動幅がきわめて微小であれば，A' 点は依然として同じ無差別曲線上に位置していると考えても差し支えないだろう。このとき，A 点と A' 点の間で効用は等しいことに注意しよう。したがって，A 点から A' 点への移動に伴って生じる 2 つの効用の変化（消費の減少による効用の低下と余暇の増加による効用の上昇）は絶対値で見て等しくなる。すなわち，

消費の減少×消費の限界効用 ＝ 余暇の増加×余暇の限界効用

が成り立つ。この式を変形すれば，

$$\frac{消費の減少}{余暇の増加} = \frac{余暇の限界効用}{消費の限界効用}$$

である。

この式の左辺は A 点から A' 点への変化の傾きの絶対値を表していることに注意すると，消費の限界効用と余暇の限界効用の比が無差別曲線の接線の傾き（の絶対値）に対応していることがわかる。この消費の限界効用と余暇の限界効用の比を**限界代替率**と呼ぶ。当然，限界代替率は無差別曲線の接線の傾き（の絶対値）に等しくなる。

以上のように定義される限界代替率の値は無差別曲線上の位置によって異なる値をとる。**図3-6**には $A \sim C$ 点の接線を書き入れてあるが，それぞれの傾きが異なることは容易に認識できるだろう。このことは，限界代替率の定義，

$$限界代替率 = \frac{余暇の限界効用}{消費の限界効用}$$

を考えれば，経済学的に理解することもできる。すなわち，A 点のように消費が多く，余暇が少ない点では，限界効用逓減の法則により消費の限界効用は低く，余暇の限界効用は高いので，限界代替率は大きな値となる。B 点，C 点では A 点に比べて消費が少なく，余暇が多いために限界代替率はより小さな値となるのである。

予算制約　いま，1日当たりの消費財の購入量を c，1日の余暇時間を l としよう。ただし，1日は24時間であり，労働と余暇のみに費やされる。また，消費財の価格を p，時間当たりの賃金を w とする。消費財を1単位得るためには p を犠牲にしなければならないことと同様に，余暇を1時間増やすためには w を犠牲にしなければならない。したがって，w は余暇の価格と読み替えることもできる。

次に，消費財を購入するための資金はすべて労働から得るものとし，借入はできないと考える。このとき，1日の稼得額は $w(24-l)$，消費財への支出金額は pc であるから，借入せずに資金が充足するためには，

$$pc \leqq w(24-l)$$

が成り立っていなければならない。不等号が成立しているときには資金が余り，等号が成立しているときにはすべての資金を消費に充てている。すべての変数は正の値であるから，上の式は，

$$c \leqq -\frac{w}{p}l + \frac{24w}{p}$$

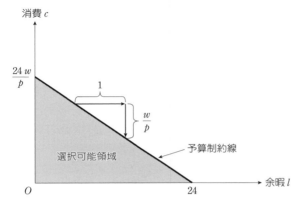

図 3-7　予算制約線と選択可能領域

のように変形できる。等号が成立しているときには，この式は c と l について
の 1 次関数として読むことができるので，$24w/p$ を切片，$-w/p$ を傾きとし
て図上に直線として描ける（**図 3-7**）。この直線のことを**予算制約線**，または単
に**予算線**と呼ぶ。また，**図 3-7** において直線よりも左下の領域は上式の不等号
に対応しており，予算制約線上とあわせて選択可能領域である。われわれは，
このように示される選択可能領域のなかから，望ましい意思決定を行うのであ
る。

予算制約下の最適化　　予算線と無差別曲線をセットにして示したのが**図 3-8**
　　　　　　　　　　　　である。労働によって得た賃金のすべてを消費にまわ
すとすると，予算線上から消費と余暇の組合せが選ばれる。この制約のもとで
効用を最大にする選択肢は，予算線と無差別曲線が接する A 点である。B 点
は選択可能領域の外にあるから選ぶことができないし，C 点は資金のすべてを
利用していない。また，D 点や E 点のように無差別曲線と交わってしまう場
合には，予算線上においてもっと効用の高い点（A 点）が存在する。このよう
に予算制約内で効用を最大にするような意思決定を行うことを**最適化**と呼ぶ。
このような意思決定によって選ばれた消費と余暇の組合せは最適であると述べ
ても同じことである。

　予算線と無差別曲線の接する点では，予算線の傾きと無差別曲線の接線の傾
きが等しくなることに注意が必要である。つまり，最適な点では「予算線の傾

図 3-8　予算制約線と最適化

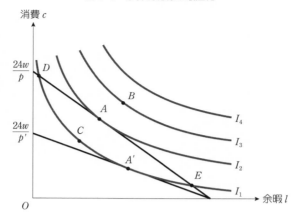

きの絶対値＝限界代替率」が成り立つ。これまでの議論から，

$$\frac{w}{p} = \frac{\text{余暇の限界効用}}{\text{消費の限界効用}}$$

である。この式の左辺は余暇と消費の価格比（相対価格），右辺は余暇と消費の限界効用の比である。このように相対価格と限界効用の比が等しくなることが最適な意思決定の条件となる。

🔲 余剰と死荷重損失

図 3-8 において，消費財の価格 p が $p'(p'>p)$ に上がると，予算線が変化する。最適点は A' に移動し，消費は減少している。個人の最適な意思決定の結果を消費者の需要と考えれば，価格と需要の関係である需要曲線は図 3-9 のように右下がりの線として描ける。生産者の場合には，価格は財 1 単位当たりの収入となるから，消費者の場合とは逆に価格と供給の関係である供給曲線は右上がりに描ける。なお，ここでは説明を簡単にするために需要・供給曲線を直線として描いている。むろん，直線は曲線の特殊ケースであり，一般には曲線であることに注意してほしい。

需要曲線の垂直方向の高さは，ある消費量に対して消費者が最適な意思決定のもとで支払ってもよいと考える上限金額（支払意思額）を表している。また，供給曲線の垂直方向の高さは，ある生産量に対して生産者が最低でも受け取り

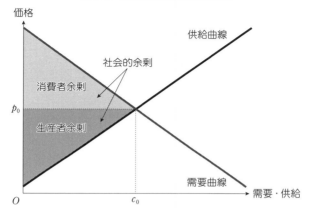

図3-9　消費者余剰と生産者余剰

価格

供給曲線

社会的余剰

消費者余剰

p_0

生産者余剰

需要曲線

O　　　　c_0　　需要・供給

たいと考える下限金額を表している。これらのことを利用すると，消費者と生産者が取引を行うことによって得られる利得（余剰）を示すことができる。

　いま，需要曲線と供給曲線の交点で取引が成立し，価格 p_0，取引量 c_0 が実現しているものとしよう。このとき消費者は需要曲線の高さまで支払ってもよいと考えていたのに，実際の支払いは p_0 の高さにすぎない。また，生産者は供給曲線の高さまで対価を欲していたのに対して，実際の受取りは p_0 の高さに達する。つまり，この取引は消費者にも生産者にも利得をもたらしているのである。需要曲線と p_0 に挟まれた三角形の領域は消費者の利得であり，**消費者余剰**と呼ばれる。同様に，p_0 と供給曲線に挟まれた三角形の領域は生産者の利得であり，**生産者余剰**と呼ばれる。この取引によって得られる余剰は消費者余剰と生産者余剰だけなので，消費者余剰と生産者余剰の合計を**社会的余剰**と呼ぶ。

　次に，何らかの理由で取引が需要曲線と供給曲線の交点で行われない場合を考えよう。たとえば，生産者保護のため政府が市場に介入し，（可能かどうかはともかく）交点より高い価格 p_1 を設定したとする。このときの変化は**図3-10**に描いたとおりである。需要が c_1 に減少するので，消費者余剰は縮小する。生産者余剰が**図3-9**と比べて大きくなるかどうかはケースによって異なるが，消費者余剰と生産者余剰を合計した社会的余剰は確実に小さくなることがわかる。**図3-9**と**図3-10**を比較して失われた社会的余剰のことを**死荷重損失**（死重

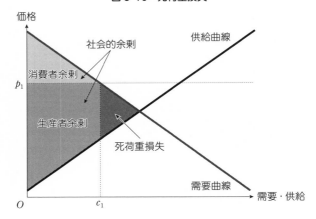

図3-10　死荷重損失

損失，死荷重）と呼ぶ。また，厚生損失や社会厚生の損失といった表現も死荷
重損失と同じ意味で用いる。

🔲 動学的な（異時点間の）分析

　経済分析の動学的な側面はマクロ経済学で扱われることが多いが，その分析
手法の基礎はミクロ経済学で用いられる最適化の応用である。以下では，動学
分析の基本的なツールについて確認しよう。

ストックとフロー　　時間とともに変化する事象を分析するために，ストッ
クとフローの区別はとても重要である。**ストック**とは
ある一時点で測られる量や額のことであり，預金残高を想像すれば理解しやす
い。つまり，預金残高を測定するためには，残高を調べる時点を1つに特定し
なければならない。これに対して，**フロー**はある時間的長さをもった一定期間
に動く量や額のことであり，所得や消費が代表例である。たとえば，年収を測
るためには年間を特定しなければならず，月収を測るためには月間を特定しな
ければならない。

　ストックとフローの間に重要な関係が成り立つことも大事である。いま，添
え字で時期を表すものとし，添え字1は現在，2は将来を意味するものとしよ
う。各期初（時点）の保有資産（ストック）をa，現在の間の貯蓄（フロー）をs
と表すと，次の関係が成り立つはずである。

$$a_2 = a_1 + s_1 \qquad (3\text{-}1)$$

現在もっている資産額に今期の貯蓄を足し合わせれば，来期の資産額となる
わけである。また，（3-1）式を変形すると次式が得られる。

$$a_2 - a_1 = s_1 \qquad (3\text{-}2)$$

すなわち，貯蓄とは資産の純増を表していることになる。

**動学的（異時点間の）
最適化**　　最適化の手法は，異なる財の間だけでなく，異なる時
点の間にも応用できる。簡単化のため将来の消費を一
塊で考え，現在時点の消費と将来時点の消費の間の意
思決定について考えよう。つまり，意思決定主体である消費者は限られた資源
を現在の消費に振り分けるか，将来の消費（＝貯蓄）に振り分けるかという2
時点のみを対象とした選択に直面している。この場合，横軸を現在消費c_1，
縦軸を将来消費c_2とすれば，**図3-4**と同様の無差別曲線を描くことができる。

次に予算制約について考える。前と同様に，添え字1は現在，2は将来を意
味する。各期初の保有資産がa，各期の労働所得をy，消費財の価格をpと書
くと，現在時点の予算制約は次式で表せる。

$$a_2 = a_1 + y_1 - p_1 c_1 \qquad (3\text{-}3)$$

また，利子率をiと書き，将来時点で利用資源のすべてを使い切るとものと
すれば，将来時点における予算制約は次式で表すことができる。

$$(1+i)a_2 + y_2 = p_2 c_2 \qquad (3\text{-}4)$$

（3-3）式と（3-4）式を連立すると，現在時点と将来時点を通じた予算制約
を表せる。この式を異時点間の予算制約と呼ぶ。インフレ率をπと書くこと
にすると（$p_2/p_1 = 1+\pi$），異時点間の予算制約は次のように書ける。

$$c_2 = \frac{1+i}{1+\pi} \cdot \frac{a_1 + y_1}{p_1} + \frac{y_2}{p_2} - \frac{1+i}{1+\pi} c_1 \qquad (3\text{-}5)$$

ここで，$1+r = (1+i)/(1+\pi)$（または$r \fallingdotseq i - \pi$）として，実質利子率rを導
入すれば，異時点間の予算制約はより簡単に書ける。

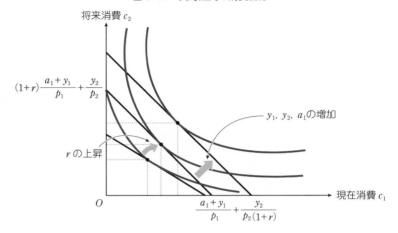

図3-11　異時点間の消費配分

$$c_2 = (1+r)\frac{a_1 + y_1}{p_1} + \frac{y_2}{p_2} - (1+r)c_1 \qquad (3\text{-}6)$$

　無差別曲線と（3-6）式で表される予算線をともに図に描けば，**図3-8**と同様に現在消費と将来消費の配分について分析を行うことが可能となる（**図3-11**）。労働所得yや初期保有資産a_1が増えると，予算線は右上方にシフトし，最適な現在消費c_1と将来消費c_2がともに増加する。実質利子率rの上昇（低下）は予算線の傾きを急（緩やか）にし，最適な配分は変化するが，消費c_1の増減は理論的には不確定となる（**図3-11**は増えるように描いてある）。代替効果は消費c_1を減らす方向に働くが，（上級財の場合。上級財については unit 19 参照）所得効果は消費c_1を増やす方向に働き，代替効果と所得効果の働く向きの正負が逆だからである（代替効果と所得効果に関しては unit 18 参照）。

ライフサイクルと世代重複モデル　　現在を現役時（若年期），将来を引退期（老年期）と置き換えると，このような異時点間の意思決定は生涯（**ライフサイクル**）の消費計画を考えることに対応する。いま，遺産相続がなく，若年期の期初には資産をもっていないもの（$a_1 = 0$）と考えよう。若年期に労働所得y_1を稼ぎ，老年期には労働所得がないものとすると，若年期の予算制約は，

$$a_2 = y_1 - p_1 c_1 \qquad (3\text{-}3)'$$

表3-1　世代重複モデルのイメージ

時期	世代			
	1	2	3	…
1	若			
2	老	若		
3		老	若	
4			老	
⋮				

のように書ける。また i を名目利子率とすれば，老年期の予算制約は，

$$(1+i)a_2+y_2＝p_2c_2 \tag{3-4}'$$

のように書ける。老年期は利子所得と貯蓄の取り崩しで消費を賄う。(3-3)′
式と (3-4)′ 式を統合すると (3-6)′ 式のような生涯の予算制約が得られる。
ただし，r は実質利子率である。

$$c_2＝(1+r)\frac{a_1+y_1}{p_1}-(1+r)c_1 \tag{3-6}'$$

　ところで，時点を2つだけでなく，もっと先まで考えると，上述のような若
年期と老年期の消費配分に直面する家計について生まれ年の異なる世代を想定
することが可能となる。たとえば，各世代は誕生後の20年間について教育を
受け，21歳で経済活動に参加，60歳で引退，61歳から老後を過ごし最長で
100歳まで生きると考えよう。1時点の長さを40年と考え，教育期間を無視す
ると，**表3-1** のようなイメージを描くことができる。

　表3-1 では生まれ年の異なる世代が次々と現れては消えていくが，ある時期
には若年期にある世代と老年期にある世代が混在していることから，このよう
な枠組みを**世代重複モデル**と呼ぶ。世代重複モデルは，遺産相続などの世代間
移転を考えたり，高齢化のような現象を分析する場合に有効である（たとえば
unit 28）。

要　約 ━━━━━━━━━━━━━━━━━━━━━━━━━━━━━━━━━━━━━●━●━●

□　多くの選択肢に直面しているときに最も利得の多い選択肢を選ぶことを最適
化という。基本的なケースにおける最適な選択肢の条件は「限界便益＝限界費
用」が成立していることである。

□　無差別曲線と同じ平面図に描ける予算線は，ある予算のもとで選択可能な領
域を表す。選択可能領域のうち最適な選択肢は無差別曲線と予算線の接する点
である。

□　取引によって消費者が得る利得のことを消費者余剰，生産者が得る利得のこ
とを生産者余剰と呼ぶ。これらの合計が社会的余剰であり，何らかの理由で社
会的余剰が失われることを死荷重損失と呼ぶ。

□　最適化の手法は動学的な（異時点間の）意思決定問題にも応用できる。異時
点間の意思決定によって貯蓄が決定されると，その貯蓄が資本蓄積となり，そ
の資本蓄積が生産量の増大をもたらす。

確認問題 ━━━━━━━━━━━━━━━━━━━━━━━━━━━━━━━━━━━━●━●━●

□　*Check 1*　企業にとって「限界収入＝限界費用」が利潤最大化の条件となる
ことを説明しなさい。

□　*Check 2*　図3-6に従って限界代替率が逓減していく理由を説明しなさい。

□　*Check 3*　図3-8を用いて，無差別曲線と予算線の接する点以外は最適な選
択でないことを説明しなさい。

□　*Check 4*　図3-10と逆に，消費者保護のために価格を均衡よりも低く設定
するとどうなるか。消費者余剰，生産者余剰，社会的余剰，死荷重損失を図示
しなさい。

□　*Check 5*　図3-11にならって，実質利子率 r の上昇が現在消費を減らすケ
ースを代替効果と所得効果を区別して描きなさい。

第 **2** 章

市場の失敗と政府の役割

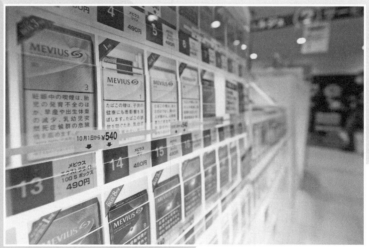

▶2020 年 10 月からのたばこ税増税に伴い，同月 1 日からたばこの値上げが行われた。
たばこ税もピグー税（unit 5 参照）の 1 種と考えられる（提供：時事）

Introduction **2**

この章の位置づけ

　本章では，市場の失敗の是正と再分配政策という政府の重要な機能に焦点を当てる。まず，政策評価の際に重要となる効率性の概念と，厚生経済学の2つの基本定理について理解を深める（unit 4）。第1基本定理は市場経済が効率的であるとし，第2基本定理は効率性を保ったまま任意の再分配が可能であるとする。この2つの定理が成立するならば，再分配のみが政府の機能となるが，そのための条件が常に満たされているとは限らない。第1基本定理が成立しない場合を市場の失敗というが，その場合，再分配に加え，市場の失敗の是正が政府の機能に加わる。

　市場の失敗の原因は複数あるが，本章では外部性（unit 5）と公共財（unit 6）を取り上げる（他の市場の失敗は unit 11 を参照）。

　また，第2基本定理の成立には再分配が厚生損失（死荷重損失）を生まないことが前提となる。本章では，第2基本定理が成立する場合とともに，それが成立しない場合の再分配政策のあり方についても議論する（unit 7）。なお，厚生損失が存在する場合でも，再分配は効率性の達成と矛盾するわけではなく，再分配政策が効率性を向上させる場合についても学習する（unit 8）。

　本章は政府活動を経済学的に評価する場合の基本となる大事な部分である。説明が難しい場合は，まず主要な結果の意味を理解して，議論の流れをつかむところから始めてほしい。そして細かい部分も含め，再度，順を追って根気よく学習することを勧めたい。

市場と効率性

回 効 率 性

　標準的な経済学では，公共政策の善し悪しは人々の効用にもとづいて評価される。人々の効用に影響を与える要因は複数考えられるが，そのなかでも重要なのは個人が消費する財やサービスの水準であろう。したがって経済学では，財やサービスがどのように生産され，それらが個人間でどのように配分されるかを評価することが重要となる。

　効用の変化を通じて財やサービスの生産や配分を評価する基準は複数存在する。そのなかでも頻繁に用いられる基準は**効率性**である。経済学における効率性は，その概念を導入した**パレート**にちなんで，**パレート最適**とも呼ばれる。パレートは，効率的（パレート最適）な状態を，「誰かの効用を増やすために他の誰かの効用を減らさなければならない状態」と定義した。誰かが得をすると他の誰かが必ず損をする状態は，人々の効用を高める資源がフルに使用されていることを意味するからである。反対に，誰の効用も損なわずに誰かの効用を上げることは，**パレート改善**と呼ばれる。パレート改善が可能ならば，人々の効用を増やせる資源が十分に使用されていない状態が意味されるから，パレート的に**非効率**と呼ばれる。

　このパレート改善をもたらす変化を望ましいとする基準は**パレート基準**と呼ばれる。つまり，パレート基準に従えば，誰も損せずに誰かが（もしくは全員が）得をする政策は「よい」と判断される。なお，パレート最適（効率性）がすでに達成されている状態ではパレート改善は起こりえないから，パレート基準を用いると，パレート最適な状態から離れるどのような政策も「よい」政策にはなりえない。この意味で，パレート最適な状態は望ましい状態とみなされる。

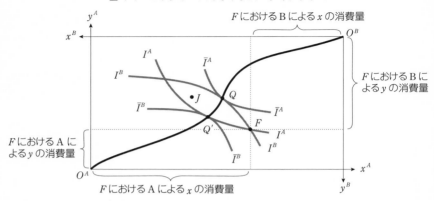

図4-1 エッジワースのボックス・ダイアグラム

純粋交換経済における効率性

　以下では，効率性の概念を具体的に理解するために，図を用いて考察しよう。ここでは，2つの財 x と y が2人の個人 A と B でどのように交換されているかが関心の対象となる。この A と B が初期時点において保有する2つの財の量（初期保有量）をアルファベットの大文字を用いて (X^A, Y^A) と (X^B, Y^B) と表すと，この経済に存在する財 x と財 y の総量はそれぞれ $X = X^A + X^B$ および $Y = Y^A + Y^B$ と表せる。ここでは，この2つの財の総量 (X, Y) がどのように生産されたかは問われず，これらが A と B の2人の間でどのように交換され，その結果，どのような財の配分が達成されるかが考察される。このように生産は考慮されず，交換のみが明示される経済は**純粋交換経済**と呼ばれる。ここで**配分**とは，A と B が消費する各財の消費量の組合せをさしている。消費量に関してはアルファベットの小文字を用い，A の消費量を (x^A, y^A)，そして，B の消費量を (x^B, y^B) と表記すると，この2人の消費量を表す配分は4つの要素からなる配分 $\{x^A, y^A, x^B, y^B\}$ として表すことができる。

　これら2人の2財の消費量の配分は，**図4-1 のエッジワースのボックス・ダイアグラム**（以下，「箱形ダイアグラム」と略）内の1点によって表現できる。**図4-1** では A の消費量の原点を左下の O^A，B の消費量の原点を右上の O^B においている。したがって，A については，O^A から水平右方向に x^A，垂直上方向に y^A が測られている。そして，B については，O^B から水平左方向に x^B が，垂直下方向に y^B が測られている。この経済に存在する各財の総量は，上で $X=$

$X^A + X^B$，および，$Y = Y^A + Y^B$ と表記していた。ここでは，これら財のすべてがAとBによって消費され尽くすと仮定しているため，各財に関するAとBの消費量の合計は，この社会に存在する各財の数量に一致する。つまり，$X = x^A + x^B$，および，$Y = y^A + y^B$ となり，箱形ダイアグラムの横軸と縦軸の長さは各財の総量に等しくなる。以上から，ボックス内の任意の点（たとえば点F）を O^A から測るとAの消費量 (x^A, y^A) を表し，O^B から測るとBの消費量 (x^B, y^B) を表すことになる。

unit 3 で示したように，これらの配分＝消費点には各人の効用を関連づけることができるから，箱形ダイアグラム内にはAとBの無差別曲線を描くことができる。Aの無差別曲線は，unit 3 で示したような O^A を原点とする右下がりの，O^A に向かって凸型の曲線となる。一方，Bの無差別曲線は O^B を原点とするため，unit 3 で示した無差別曲線を180度回転した形となり，右下がりの，O^B に対して凸型の曲線となる。

図4-1 の配分Fを通るAとBの無差別曲線をそれぞれ I^A と I^B としよう。この2つの無差別曲線は図のようにレンズ型の領域を形成する。Aの無差別曲線は右上に位置するほど，Bの無差別曲線は左下に位置するほど高い効用を表すから，レンズ型の領域内の任意の配分（たとえば，配分J）は配分Fよりも高い効用を両者に与えることがわかる。すなわち，両者の無差別曲線が交差する配分Fからはパレート改善が可能であり，パレート最適の定義によって配分Fは非効率とみなされる。

一方で，効率的（パレート最適）配分は両者の無差別曲線が接する配分で表される。I^A と $\bar{I}^B$，もしくは，$\bar{I}^A$ と I^B が接している点からわかるように，そのような配分ではレンズ型の領域は形成されず，そこからの移動は誰かの効用を必ず下げることになる。ここで，両者の無差別曲線が接する効率的な配分は1つではなく複数存在することに注意しよう。そのような効率的な配分の集まりは**契約曲線**と呼ばれ，**図4-1** では両者の無差別曲線が接する配分の軌跡（O^A, Q', Q, O^B を通る右上がりの曲線）として描かれている。

この契約曲線上の配分からAとBが得る効用水準の組合せの軌跡は**効用可能性曲線**と呼ばれる。**図4-2** に示すように，効用可能性曲線は右下がりの曲線となる。**図4-1** の配分 O^A では，Bがすべての財を消費しているため，Aの効用はゼロである一方，Bの効用は最大の値となる。契約曲線に沿って配分が右

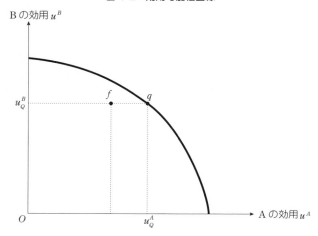

図4-2 効用可能性曲線

上に移動すると，AとBの無差別曲線はより右上に位置するので，Aの効用は増加し，Bの効用は低下する。そして，配分 O^B では，Aがすべての財を消費しているため，Bの効用はゼロ，Aの効用は最大の値となる。この効用水準の推移を示したのが**図4-2**である。たとえば，**図4-1**の点 Q におけるAとBの効用を u_Q^A と u_Q^B と表せば，**図4-2**でその効用水準を示す点 q が点 Q に対応することがわかる。なお**図4-1**の非効率的な配分 F はBにとっては，同じ無差別曲線 I^B 上にあるため点 Q と同様の効用水準を与えるが，Aには点 Q より低い効用を与える。したがって，この配分 F に対応する**図4-2**における効用の組合せは，効用可能性曲線の内側にある点 f となる。

厚生経済学の第1基本定理

AとBが交換を始める前に保有している x 財と y 財の量（＝初期保有量），つまり，(X^A, Y^A) および (X^B, Y^B) も箱形ダイアグラム内の1点（56頁の**図4-4**の点 E）として表すことができる。**厚生経済学の第1基本定理**に従えば，競争市場における交換によって，この初期保有量の配分を契約曲線上の効率的な配分に導くことが可能になる。以下ではこの命題を，箱形ダイアグラムを用いて解説しよう。

たとえば，Aがはじめから保有していた数量 X^A より多くの x 財を消費する

ためには，消費したい数量 x^A と現在保有している数量 X^A の差 (x^A-X^A) を購入しなければならない。この x 財の価格を p_x とすると，この購入のためには $p_x(x^A-X^A)$ の支払いが必要となる。このためには，自己が保有するもう1つの財（y 財）の初期保有量 Y^A の一部を販売して，収入を得る必要がある。これは，y 財の価格を p_y とすると，消費量 y^A を Y^A から減らし，減らした分量 (Y^A-y^A) を販売することによって，$p_y(Y^A-y^A)$ の収入を得ることを意味する。そして，この収入 $p_y(Y^A-y^A)$ を用いて $p_x(x^A-X^A)$ の支払いを行うのであるから，等式 $p_x(x^A-X^A)=p_y(Y^A-y^A)$ が成立する。この等式を整理すると，

$$p_x x^A + p_y y^A = p_x X^A + p_y Y^A \tag{4-1}$$

となる。なお，消費量 y^A が Y^A よりも多い場合 $(y^A-Y^A>0)$ は，新たに購入する y 財に必要な支払いは $p_y(y^A-Y^A)$ となり，それは x 財を市場で販売することによる収入 $p_x(X^A-x^A)$ で調達されるから，等式 $p_y(y^A-Y^A)=p_x(X^A-x^A)$ が成立する。これを整理しても，同様に（4-1）式を得ることになる。

（4-1）式の右辺 $(p_x X^A + p_y Y^A)$ は初期保有量 (X^A, Y^A) をすべて市場で販売して得ることができる所得であり，左辺 $(p_x x^A + p_y y^A)$ は両財の消費のために支払う金額であるから，この等式は A の予算制約式として理解できる。さらに，（4-1）式を y^A について解くと

$$y^A = \left(\frac{p_x}{p_y}X^A + Y^A\right) - \frac{p_x}{p_y}x^A \tag{4-2}$$

となるから，この予算制約式は，**図4-3 (a)** のように，切片 $(p_x/p_y)X^A+Y^A$，傾き $-(p_x/p_y)$ の直線として描くことができる。もちろん，B の予算制約式も同様に導出でき，**図4-3 (b)** のように切片 $(p_x/p_y)X^B+Y^B$，傾き $-(p_x/p_y)$ の直線として図示できる。

　競争市場では，個人は**価格受容者**（＝プライス・テイカー）である。つまり，A と B はそれぞれ p_x と p_y を与えられたものとして，各々の需要量を決定する。この場合，unit 3 で示したように A の最適消費点は予算制約線と無差別曲線が接する配分 C^A となる。同様に，B の最適消費点は配分 C^B となる。なお，**図4-3 (a)**，**(b)** で初期保有量を表す点 E は，**図4-4** の配分 E に対応している。

　この両者の選択は**図4-4** のように箱形ダイアグラム内に描くことができる。A と B は同じ価格に直面しているのでダイアグラム内では，両者の予算制約

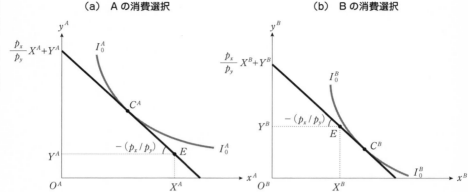

図4-3　消費選択

(a)　Aの消費選択

(b)　Bの消費選択

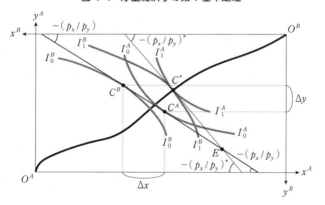

図4-4　厚生経済学の第1基本定理

線は同一の傾き（$-(p_x/p_y)$）を有する，単一の直線（C^AとC^Bを通る直線）で表現できる。しかし，この直線上にある各人の最適消費点（C^AとC^B）は同一の位置にある保証はない。この不一致は，各財の初期保有量の合計（供給量）と各財に対するAとBの需要量の合計が同一でないことを意味する。**図4-4**では，ボックスの横と縦の軸の長さは，それぞれxとyの需要量の総和と供給量を表すから，xは需要が供給よりもΔxだけ大きく，yは供給が需要よりもΔyだけ大きい。換言すれば，xにはΔxの超過需要が存在し，yにはΔyの超過供給が存在している。

ここで，超過需要が存在する財（x）の価格（p_x）は上がり，超過供給が存在す

図 4-5　厚生経済学の第 2 基本定理

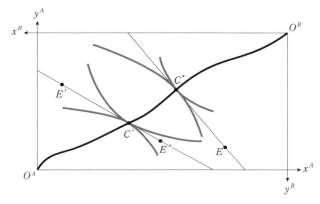

る財（y）の価格（p_y）は下がるとする**ワルラスの価格調整過程**を仮定しよう。この仮定により相対価格（p_x/p_y）は上昇するから，予算制約線は初期配分 E を基点として右に回転する。それに伴って A と B の最適消費点も，x の超過需要と y の超過供給を減少するように移動することになる。そして，相対価格が十分大きくなると，超過需要（供給）はなくなるから，価格調整もやむ。その結果，予算制約線の回転は配分 C^* で止まる。ここでは A と B の最適消費点（C^A と C^B）は一致し，配分 C^* は契約曲線上に位置する。つまり，①ワルラスの価格調整過程によって A と B の最適消費は箱形ダイアグラム内の 1 点に収束し，それが競争均衡となり，②この競争均衡では A と B の無差別曲線が接することによりパレート最適が達成されることがわかる。

◻ 厚生経済学の第 2 基本定理

それではこの複数（無数に）ある契約曲線上の配分から，特定の配分を選択する場合はどうすればよいのであろうか。この問いに答えるのが**厚生経済学の第 2 基本定理**である。同定理に従えば，適切な初期保有量の再分配（個人間の移転）を行うことによって任意のパレート最適な配分が達成可能になる。

ここで市場均衡（C^*）と初期配分（E）を通る直線を考えよう（**図 4-5**）。この直線の傾きは市場均衡価格（$(p_x/p_y)^*$）と一致するから，この直線上であれば配分 E 以外の任意の配分が初期保有量であっても，ワルラスの価格調整過程によって必ず市場均衡 C^* にたどり着く。ここで初期配分が異なる場合を考えよう。

その初期配分を，E' とすると，E' に応じた競争均衡，C' が与えられるが，先の例と同様に，E' と C' を結ぶ直線上に位置している配分ならば，それを初期配分としたワルラスの価格調整過程によって同一の競争均衡 C' を達成することができる。つまり，図 4-5 において特定の効用の組合せをもつ任意のパレート最適な市場均衡（たとえば C'）を達成するためには，そこで接している A と B の無差別曲線に挟まれ，かつ，それらと同様の傾きをもつ直線上に各財の初期保有量を個人間で再分配することによって，初期配分を（たとえば E' や E'' のように）移動させればよい。その結果，ワルラスの価格調整過程によって，標的にしたパレート最適な配分（C'）が達成される。契約曲線上の配分は，効用可能性曲線上のいずれかの効用の組合せに対応しているため，このような初期保有量の再分配によって図 4-2 で示した効用可能性曲線上のどの点も達成可能になることがわかるであろう。

🔲 厚生経済学の基本定理と政府の役割

厚生経済学の第 1 基本定理は，競争市場によってパレート最適な配分を達成できること，そして，厚生経済学の第 2 基本定理は，どのようなパレート最適な配分も適切な初期保有量の再分配によって達成できることを示している。54頁で示した図 4-2 を用いると，競争市場によって効用可能性曲線上のいずれかの 1 点が実現し（第 1 基本定理），その実現された点から適切に再分配を行うことによって効用可能性曲線上の他の 1 点への移動が可能となる（第 2 基本定理）。

したがって，効率性だけが評価の基準であるならば，完全競争市場においては政府の介入なしに望ましい状態が達成される。さらに配分の評価において，人々の効用の相対的な大きさも考慮されるならば，初期保有量を適切に再分配することによって，効率的な配分のなかからさらに望ましい配分が達成される。このように考えると，厚生経済学の基本定理から見いだせる政府の役割は，個人間の再分配だけであるように思えるかもしれない。

しかし，2 つの基本定理が成立するためには特定の条件が必要とされる。競争市場でパレート最適が達成されるためには，たとえば，個人の選好が 52 頁の図 4-1 に描かれた無差別曲線のように原点に向かって凸であることや個人の消費選択行動が価格受容的であることが必要とされる。本書ではこれらの点については詳しく議論しないが，一般的にこの第 1 基本定理が成立しない場合を

さして，**市場の失敗**という。そのほかにも市場が失敗する原因は存在するが，続く unit 5 と unit 6 では，その典型例として外部性と公共財の問題を考察する。

また，市場の失敗が存在せず第 1 基本定理が成立するとしても，一方の第 2 基本定理が前提とする条件が満たされないかもしれない。とくに，第 2 基本定理が成立するためには，人々が直面する相対価格に影響を与えないように再分配が行われる必要がある。しかし，そのような所得移転は実際には，困難であり，多くの場合，再分配によって発生する**厚生損失**により効用可能性曲線は内側に収縮する。これは「効率性と再分配のトレードオフ」と呼ばれるが，この帰結は unit 7 で再分配に関する基本的な分析を行った後に，unit 8 で詳しく取り上げることにする。

要　約

- □　効率的（パレート最適）な資源配分とはパレート改善が不可能な資源配分をさす。
- □　パレート改善とは誰の効用も損なうことなく誰かの効用を向上させることをさす。
- □　競争的市場の均衡として達成される資源配分は効率的（パレート最適）である（厚生経済学の第 1 基本定理）。
- □　適切に資源を再分配することによって，任意の効率的（パレート最適）な資源配分を競争的市場における均衡として達成できる（厚生経済学の第 2 基本定理）。

確 認 問 題

- □　*Check 1*　なぜパレート改善が可能な資源配分は「非効率的」で，それが不可能な資源配分は「効率的」と呼べるのかを解釈し，説明しなさい。
- □　*Check 2*　なぜ箱形ダイアグラムのなかの 1 点は，2 人 2 財経済における特定の資源配分を表すことができるのか，説明しなさい。
- □　*Check 3*　競争市場はどのような特徴をもつか説明しなさい。
- □　*Check 4*　厚生経済学の第 1 基本定理が成立する場合，政府の役割はどのような機能に限定されるか，説明しなさい。

外 部 性

🔲 外 部 性

　経済学では，ある経済主体の選択が市場を介さずに他の経済主体に与える効果をさして**外部性**，もしくは，**外部効果**という。たとえば，他人から一方的に迷惑をかけられることがある。たばこの煙，深夜の騒音，授業中の話し声，歩道での無謀な自転車運転，大通りの騒音と排気ガス，電車のなかでのイヤホンから漏れ出る音や酔っ払いの臭い。このような迷惑は，とくに**外部不経済**もしくは**負の外部性**という。その反対に，頼みもしないのに他人から一方的に便益を受けることもある。そのような便益は，**外部経済**もしくは**正の外部性**という。外部性は消費者間で発生するだけではなく，企業と消費者の間や企業同士でも発生する。たとえば，近隣の工場からの臭気は企業が消費者に与える外部不経済として理解できる。

　外部性の問題は，外部効果を受ける経済主体がその水準をコントロールできず，かつ，それを発生させる経済主体が他者に与える効果を考慮しないことにある。unit 4 で見た市場における消費選択は，個人の意識的な選択の結果である。しかし，外部性の影響を受けるものは，その水準を選ぶことはできない。外部不経済の被害は，その被害者の選択の結果ではない。外部経済の場合もただで便益を享受できるとしても，その便益の水準は享受者自身が選択したものではない。つまり，外部不経済も外部経済も，外部性の発生主体による強制された消費としてとらえることができる。

🔲 外部不経済と過大供給

　外部不経済の例として喫煙を考えよう。愛煙家 A は喫煙から何らかの効用

図5-1　たばこの限界便益と外部不経済

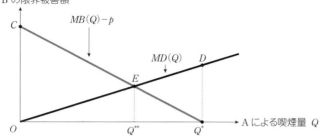

A の限界純便益
B の限界被害額

＝便益を得る。ここで，A がたばこの追加的な消費から得る便益（限界便益）
を $MB(Q)$ と表し，その値はたばこの消費量（喫煙量）Q が増えるに従い減少
するとしよう。さらにたばこ 1 本を p 円とする。この価格は追加的に 1 本消費
するごとに支払う費用であるから，たばこの限界費用とみなすことができる。

　A は喫煙からの便益と費用を比較して喫煙量を決定する。たばこの追加的
な消費は，限界便益 $MB(Q)$ と限界費用 p を発生させるから，1 本追加的に喫
煙するたびに，$MB(Q)-p$ 分の純便益（限界純便益）が生じる（たとえば，50 円
の限界便益のたばこ 1 本を 20 円で購入すれば限界純便益は 30 円となる）。喫煙からの
限界便益は逓減し，たばこの限界費用は一定であるから，**図5-1** に描かれたた
ばこの限界純便益 $MB(Q)-p$ は右下がりの線分 CQ^* となる。A は，限界純便
益が正の値である限り喫煙を続け，限界純便益がゼロとなる数量で喫煙をやめ
る。したがって，A は線分 CQ^* と横軸が交わる（$MB(Q^*)-p=0$ となる）数量 Q^*
を選択する。

　しかし，喫煙は嫌煙者 B にとっては迷惑となる。この迷惑の度合いが金銭
換算されるとして，それを A の追加的な喫煙による B の被害額（喫煙の限界被
害額）$MD(Q)$ と表そう。**図5-1** では，限界被害額 $MD(Q)$ は A の喫煙量 Q の
増加に従って増大する，右上がりの直線（OD）として描かれている。

　ここで選択される喫煙量 Q^* はパレート最適ではない。というのも，喫煙の
水準を Q^* から下げることで，B は A の便益を損なうことなく自己の便益を増
加させることができるからである。まず，Q^* から喫煙量を 1 本減らすと，A
は Q^*-1 本から Q^* 本に増やすことで得られる純便益（限界純便益）を失うこと

になるが，Q^*本での限界純便益がゼロであるからその量はきわめて微小である。一方，その喫煙量の削減によって，BはQ^*D分の被害を回避でき，それ（Q^*D）はBにとって便益となる。このBが得る便益はAが失う便益より大きいため，喫煙量の削減によってAが被る便益の低下（被害）をカバーするようにBが補償しても，Bの手元にはまだ便益は残る。つまり，喫煙量をQ^*から減らすことによって，BはAの便益を損なうことなく得することができるから，Q^*は非効率的な水準であることがわかる。このパレート改善は喫煙量を減らすことによって達成されるため，非効率的な喫煙量Q^*は最適な喫煙量Q^{**}よりも大きく（$Q^{**}<Q^*$）なることがわかる。

効率的な喫煙量は，限界純便益$MB(Q)-p$が限界被害額$MD(Q)$に等しくなる数量Q^{**}となる。Q^{**}からのパレート改善は不可能である。まずQ^{**}から喫煙量を1本減らす場合を考える。その場合，Aの便益の減少は$Q^{**}E$より大きいが，Bの便益の増加（被害の減少）は$Q^{**}E$より小さい。したがって，Bは自己が損することなしに，Aに補償をすることはできない。反対に，Q^{**}から喫煙量を1本増やす場合は，Aは得をし，Bは被害が増える。ここで前者の便益の増加は$Q^{**}E$より小さく，後者の被害額の増加は$Q^{**}E$より大きい。したがって，この場合もパレート改善は不可能である。

🄳 外部経済と過小供給

ここでは次のような外部経済の例を考えよう。花好きなAは自分の庭に美しい花壇をもっている。ここでAが追加的な花の購入から得る便益（＝限界便益）を$MB^A(Q)$と表し，その花1本の価格をp円とすると，上の喫煙の場合と同様に，$MB^A(Q)-p$が花の限界純便益となる。価格は一定であるので，$MB^A(Q)$が逓減するならば，限界純便益$MB^A(Q)-p$は**図5-2**のように右下がりの線分ABで表される。ここでもAが選択する消費量（購入量）はABと横軸の交点，つまり，限界純便益がゼロ（$MB^A(Q)-p=0$，すなわち，$MB^A(Q)=p$）となる数量Q^*で与えられる。

ここで，Aの隣人であるBも花好きであり，さらにBの居間からはAの美しい花壇を観賞できるとしよう。この場合，Aの花の購入はBにとって外部経済となる。**図5-2**には，このBがAから得る追加的な便益（＝限界便益$MB^B(Q)$）はQが増加するに従って減少すると仮定し，右下がりの線分CDと

図5-2　花壇の限界便益と外部効果

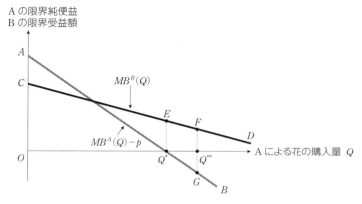

して描かれている。

ここでもＡが選択する数量 Q^* はパレート最適ではない。つまり，Q^* から移動することによってＡとＢの双方が得をすることを示すことができる。まず，Q^* から数量を１単位増加させる場合を考える。この追加的な増加によりＡの限界純便益は負の値をとる（$MB^A(Q)-p<0$）ためＡは損害を被るが，Q^* でのＡの限界純便益はゼロであるから，そこからの１単位増加によるＡの被害はきわめて微小であることがわかる。その一方でＢは，同様の消費増加によっておおよそ Q^*E 分の便益を受ける。この便益はＡが被る（微小な）損害よりも十分大きいから，Q^* からの１単位増加によるＡの被害をすべて補償したとしても，Ｂは得することができる。つまり，Ａの便益を損なうことなしにＢが得することができるから，Q^* は定義によって非効率的な資源配分となる。ここでパレート改善はＡによる花の消費量を増加することで達成されるから，この非効率的な水準 Q^* はパレート最適な水準 Q^{**} よりも小さい（$Q^{**}>Q^*$）。

パレート最適な消費量は線分 $Q^{**}F$ の長さが線分 $Q^{**}G$ の長さに等しくなる数量 Q^{**} で与えられる。まず，Ａの購入量を Q^{**} から追加的に１単位を増加させると，Ｂの便益の増加は $Q^{**}F$ より小さく，Ａの便益の減少は $Q^{**}G$ より大きくなる。Q^{**} ではＡの（負の値をとる）限界純便益の大きさ（$Q^{**}G$）とＢの限界便益の大きさ（$Q^{**}F$）は等しく，両者は逓減しているから，ＢがＡを補償するとＢは必ず損をする。次に，Ａが購入量を Q^{**} から１単位減少させると，Ａは得をし，Ｂは損をする。ここでＡの純便益の増加（損失の減少）は $Q^{**}G$ よ

り小さく，Ｂの便益減少は $Q^{**}F$ より大きい。したがって，$Q^{**}G=Q^{**}F$ であるから，ＡがＢに補償をすると，今度はＡが損をする。このように，いずれの場合も誰かが損をするため，Q^{**} からのパレート改善は不可能であることが示される。

🔲 コースの定理

このような外部性による非効率性に対処する方策の1つは，外部効果を発生させる者と外部効果を受ける者とが自由に交渉できる環境を整備することである。上記では「補償」の可能性に関する議論を用いてパレート最適性を説明したが，ともに便益を得ることができる（パレート改善をもたらす）ならば，関係者はおのずと補償に向けて交渉を始めるかもしれない。

再びたばこを例にとろう。上記では嫌煙者の「被害」という言い方をしたが，そのような表現は，社会において嫌煙権が認められていることを前提としている。しかし反対に，喫煙権が認められ，嫌煙者の権利を無視してもよいとされる社会ならば，喫煙量を減少させることは愛煙家にとって立派な「被害」となる。したがって「被害」に対して「補償」を行うためには，交渉に先立って嫌煙者（嫌煙権）か愛煙家（喫煙権）のいずれに権利が存在するかを明確にする必要がある。

まず，嫌煙権が認められ，愛煙家は嫌煙者の許しを請うことなくたばこを吸うことはできないとしよう。したがって，61頁の**図5-1**を用いると，初期時点での喫煙量は $Q=0$ となる。ただし，ここで愛煙家が嫌煙者に与える被害と同額かそれ以上の補償をすれば，嫌煙者は喫煙を認める。この初期量 $Q=0$ から喫煙量を1単位増やす場合を考える。ここから嫌煙者が得る被害は $MD(0)$，愛煙家が得る純便益は $MB(0)-p$ となる。前者の値は微小で，後者の値は OC の長さで表されるから，愛煙家は嫌煙者に補償した後でも正の純便益を得ることができる。このような補償を通じた喫煙量の増加は $Q=Q^{**}$ まで可能である。そして，この数量 Q^{**} は，すでに議論したパレート最適な喫煙量である。

次に喫煙権が認められる場合を考えよう。その場合，愛煙家は嫌煙者を気にすることなく喫煙できるから，たばこの消費量は**図5-1**の $Q=Q^*$ となる。この社会では，この量から喫煙量を減らすことは愛煙家に対する「被害」とみなされる。しかし，嫌煙者が愛煙家に与える被害と同額かそれ以上を愛煙家に補

償できれば，愛煙家は喫煙量を減らすことに同意するであろう。$Q=Q^*$から1単位を減らす場合，愛煙家の被害（純便益の減少）は$MB(Q^*)-p=0$，嫌煙者の便益の増加（被害の減少）は$MD(Q^*)$。つまり，前者の値は微小，後者の値はQ^*Dの長さで近似できる。ここで嫌煙者は愛煙家の損害を補償した後でも得をすることができるから，嫌煙者は愛煙家を補償しても喫煙量を減らさせようとするだろう。そのような補償を通じた喫煙量の減少は，最適な喫煙量$Q=Q^{**}$まで可能である。

　上記のように，いずれか当事者に権利が与えられ，当事者間の交渉がスムーズに行われるならば，自発的な補償交渉を通じてパレート最適な喫煙量が達成される。この命題は，**コースの定理**と呼ばれる。ただし，権利の配分によって当事者が得る便益の配分が異なることに注意しよう。嫌煙権が認められる場合，嫌煙者は少なくとも被害を受けることはなく，愛煙家は嫌煙権が認められない場合と比べ，最大で面積$\triangle OCQ^*$に相当する純便益を失うことになる。一方，喫煙権が認められる場合，そうでない場合と比べ嫌煙者は最大$\triangle ODQ^*$，最小$\triangle OEQ^{**}$の損害を受け，愛煙家は少なくとも便益を減らすことはない。

　コースの定理が成立するための前提は2つある。1つは，既述のとおり，権利関係が明確であることである。そうでなければ，誰が誰に補償すべきということさえわからず，交渉自体が不可能となる。いま1つは，補償をめぐる交渉に費用がかからないことである。そのような費用は**取引費用**と呼ばれるが，現実の世界で取引費用が小さいことはまれである。上記の例のように当事者が2人であったとしても，被害に対する補償の交渉は骨の折れる仕事となるだろうし，被害額が不確定である場合は，補償をめぐってさまざまな駆け引きが行われるであろう。さらに，補償交渉に関わる当事者が少数であるとは限らず，公害補償のように関係者が多数となる場合は，利害関係もさらに複雑になり交渉にあたっての取引費用は非常に大きくなる。

🔲 ピグー税（補助）

　上記のように取引費用が存在し，自発的な交渉が期待できない場合，公共部門が何らかの政策的介入を行う必要がある。外部性の問題は外部不経済（外部経済）の発生者が他者に与える被害（便益）を考慮せずに意思決定を行うことにある。したがって，外部性の矯正には外部性の発生者に，自己の意思決定の

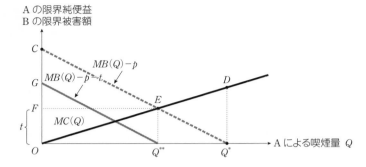

図5-3 ピグー税

外部にあった他人の費用や便益を自己の意思決定の内部に組み込ませる**内部化**が必要となる。具体的には，外部不経済が存在している場合は外部性の発生者に税を課し，外部経済の場合は補助を与えることになる。そのような税（補助）は，イギリスの経済学者ピグーにちなんで**ピグー税（補助）**と呼ばれる。ピグー税（補助）の機能は，他者に与える費用（便益）を反映するように税（補助）率を設定して，他者が受け取る費用（便益）を外部性の発生者が意思決定する際に内部化させることである。

　既述の喫煙の例では，外部不経済を発生させるたばこに対して，EQ^{**}の大きさに相当する，従量税率tを課すこととなる（**図5-3**）。この場合，愛煙家は追加的なたばこ1単位ごとに$p+t$の対価を支払うため，その限界純便益は$MB(Q)-(p+t)=MB(Q)-p-t$となる。**図5-3**は**図5-1**を再現したものであるが，**図5-1**における限界純便益曲線CQ^*が税によって下方に$t=EQ^{**}$分シフトし，GQ^{**}として与えられている。ここでも愛煙家は限界純便益がゼロになるまで喫煙するから，喫煙量は最適な水準Q^{**}に一致する。ただし，このピグー税の導入によって便益と費用の配分が変化することに留意しよう。

　次に，花壇による外部経済の場合を考えよう。ここでは，花の購入1単位当たり$GQ^{**}=FQ^{**}$の大きさに相当する補助率sで給付を行うことで内部化が行われる（**図5-4**）。これにより花の価格は$p-s$となり，A（購入者）の限界純便益は$MB^A(Q)-(p-s)=MB^A(Q)-p+s$となる。**図5-4**は**図5-2**を再現しているが，ここでは**図5-2**における限界純便益ABが上方にs分$=FQ^{**}$分シフトして直線HIとなっている。Aは，この新しい限界純便益がゼロになるまで購入

図5-4　ピグー補助

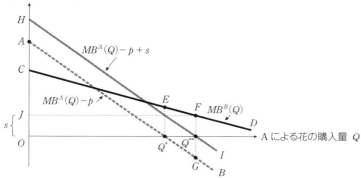

を続けるから，その購入量は最適な水準 Q^{**} と一致する。ここで A は△OHQ^{**}，そして，B は□$OCFQ^{**}$の純便益を受けているように見える。しかし，A への補助金相当額□$OJFQ^{**}$（もしくは□$AHQ^{**}G$）は，両者のいずれからか調達する必要がある。この調達方法によって両者の便益の分配は異なるが，補助が存在しない場合の数量 Q^* と比べて両者がともに得をするように補助の負担を配分することは可能である。

🔲 その他の内部化の方法──数量割当と排出権取引

いままで議論してきたピグー税の要点は，外部不経済の発生者（以下，「汚染者」と略）が認識する価格を引き上げ，汚染者が選択する汚染源の数量を最適水準 Q^{**} に調整することにある。この場合，政策当局は最適水準 Q^{**} を算定することになるが，そのためには，汚染者の限界便益と外部不経済がもたらす限界費用（損害）を知る必要がある。さらに，汚染者が複数存在する場合，汚染による限界便益がすべての汚染者間で等しくなるように，最適な汚染源の数量 Q^{**} を，各汚染者に割り当てる必要がある。限界便益が等しくない場合，総量が最適量 Q^{**} と等しくても，資源配分は非効率的である。たとえば，限界便益が異なる汚染者 A と B を考えよう。ここで限界便益が低い A が汚染源を1単位減らして，限界便益が高い B が汚染源1単位を増加させると，総量は保たれたまま，A の便益が減少し，B の便益が増加することになる。A の便益減

少はBの便益増加よりも小さいから，得をしたBが損をしたAに補償しても，Bの便益は以前よりも大きく，必ずパレート改善が起こる。一方，各汚染者の限界便益がすべて等しくなる場合，そのようなパレート改善は不可能である（したがって，効率的である）。ピグー税を用いる場合は，それぞれの汚染者はピグー税を考慮した各々の限界純便益が0となる水準（図5-3で説明した表記を用いれば，$MB(Q)-p-t=0$ となる水準）で汚染することになるので，たとえそのピグー税率が誤って設定され，最適な数量 Q^{**} が達成されていない場合でも，複数の汚染者の限界便益はすべて一致することになる。

　また，外部性を統制するためには，このピグー税以外にも，数量割当（数量規制）や排出権取引といった方法が存在する。**数量割当**とは，政策当局が直接，各々の汚染者に最適な数量を割り当てる方法である。その場合，最適な総量 Q^{**} だけでなく，個々の汚染者 i に割り当てる数量 Q_i^{**} も各汚染者の限界便益がすべて等しくなる，最適な数量に調整する必要がある。そのような個々の数量を算定するためには，個々の汚染者の便益構造を知る必要がある。したがって，非常に多くの汚染者が存在する場合は，数量割当には莫大な情報量が必要とされる。

　その一方で，**排出（汚染）権取引**を用いると，個々の情報まで知る必要もなく，汚染者間の自由な取引によってパレート最適を達成できる。各企業が汚染できる許可量 Q_i の合計値が $Q^{**}=\Sigma_i Q_i$ となるように，何らかの方法で割り当てられるとしよう。汚染許可量 Q_i の一部もしくは全部が市場で取引可能であるならば，汚染の限界便益が低い汚染者から汚染の限界便益が高い汚染者へ販売され，各々の限界便益が等しくなるまで汚染権の売り買いが続くことになる。このような汚染の権利の取引によって最終的には各汚染者の限界便益は等しくなるため，排出（汚染）権取引は汚染量を最適に配分することがわかる。その最適な配分は数量割当が適切に行われた場合の配分 Q_i^{**} と同様であるが，ここでは最適な汚染総量 Q^{**} を知る必要はあるにしても，数量割当のように個々の汚染者の情報は必要ない。つまり，外部性を統制する政策に必要とされる情報負荷は数量割当の場合と比べ少ないことに注意しよう。

要　約

□　外部性は市場を介さずに他人の便益に影響を与える効果をさし，それは他人に負の効果（損害）を与える外部不経済と，他人によい効果を与える外部経済に分類される。

□　外部不経済が存在する場合は，その発生源となる財は過大供給となる。それを是正する１つの方策は，当該発生源に税を課すことであり，そのような税はピグー税と呼ばれる。

□　外部経済が存在する場合は，その発生源となる財は過小供給となる。それを是正する１つの方策は，当該発生源に補助を与えることであり，そのような補助はピグー補助と呼ばれる。

□　取引費用が存在しない場合は，外部性に関する権利関係を明確にすることによって，交渉を通じて最適な資源配分を達成することが可能である。これをさしてコースの定理という。

確 認 問 題

□　*Check 1*　図5-1に関して，なぜ Q^* が過大で，Q^{**} が最適になるかを，パレート改善の可能性に言及しながら説明しなさい。

□　*Check 2*　図5-2に関して，なぜ Q^* が過小で，Q^{**} が最適になるかを，パレート改善の可能性に言及しながら説明しなさい。

□　*Check 3*　コースの定理が成立する場合，喫煙権が認められる場合の愛煙家と嫌煙者の便益もしくは損害を，図5-1を用いて図示しなさい。反対に，嫌煙権が認められる場合の両者の便益もしくは損害を，同図を用いて示しなさい。

公 共 財

🔲 公共財の特徴

通常，市場で取引される財（商品やサービス）は，いったん購入されると他人がそれを自由に消費することはできない（これを**排除可能**という）。また，それらはある消費者が利用すると，その分だけ他の消費者の利用量が減ってしまう（これを**競合的**という）。このように排除可能で競合的な財は**私的財**と呼ばれる（unit 4 で見た厚生経済学の基本定理は私的財を前提としている）。しかし，この 2 つの特性と正反対の特性をもった財も考えることができる。その正反対の特徴は，それぞれ**排除不可能性**（もしくは**非排除性**），および，**非競合性**と呼ばれ，これら 2 つの特徴をもつ財は**公共財**と呼ばれる。

排除不可能な財とは，その財の消費からある特定の人を排除することが不可能，もしくは，排除する費用が非常に高くつく財である。そのような財は，対価を支払うことなく消費すること＝**ただ乗り**（フリーライド）が可能である。したがって，ある一部の人たちが自己消費の目的で公共財を供給しても，他の人々もできるだけ多くを消費しようとするので，結果として，社会を構成する全員が同量の公共財を同時に消費することとなる。この特徴は**消費における結合性**とも呼ばれ，ときには，**等量消費**という言葉が使用される場合もある。

次に，非競合性とは，ある財を消費する人が増加しても，すでにその財を消費している人の便益が減らされないことをさす。したがって，ある財が非競合的であるならば，その財の消費者数が増加しても，すべての人が同量の財を消費することができる。換言すれば，すでに非競合的な財が一定量供給されている場合，その消費者が増加することは何ら費用を発生させず（誰にも迷惑を与えず），消費者が増える分だけ社会的な便益が増加する。したがって，非競合的

表6-1　公共サービスと公共財

公共サービスの種類 （一部）	具体例	排除不可能性	非競合性
警　察	防犯 犯罪者の逮捕	排除不可能	非競合的。
消　防	防災 火災の消火	排除不可能	同時に火災が起こると対処できない場合がある。
道　路	道路維持 道路延長・拡幅	排除不可能	ある一定の交通量までは非競合的。交通量が増加すると混雑が発生。
図書館	図書の閲覧 図書の貸出	当該地区の住民である限り排除不可能	利用者数によりサービスの質が低下（混雑）。同時に多数の人に貸出不可。
上下水道	上水の提供 下水の処理	上水に関しては排除可能	いったんインフラが整備されれば、ほとんど非競合的。
公　園	公園の建設 公園の維持	排除不可能	利用者数によりサービスの質が低下（混雑）。
保　健	予防接種 健康診断	予防接種や健康診断そのものは私的財であるが、それを多くの人が行うことによって疫病の予防などの外部効果が発生。その便益は排除不可能で非競合的。	
ごみ処理	ごみ回収 ごみ処理	ごみ回収サービス自体は排除可能で競合的であるが、ごみ処理には地域の美観・衛生上の外部効果が発生，その便益は排除不可能で非競合的。	

（注）　上記は一例であり，さまざまなケースが考えられる。

な財はいったん供給されればできるだけ多くの人に消費させるのが望ましい。

　現実においては，100％排除不可能な財や100％非競合的な財をみつけることは難しく（**表6-1**参照），排除不可能性や非競合性という特徴は程度の問題である。とくに部分的にしか非競合的でない財は，**混雑性**をもつ財と呼ばれる。公共財が混雑性をもっていると，混み合った道路やテスト期間中の図書館のように，利用者の数が増えるに従ってその財から得られる便益が低下することになる。

　また，公共部門が供給するからといって，そのような財やサービスは必ずしも公共財ではないことに注意しよう。公共財は，非競合性と排除不可能性という特性によって規定されるのであって，その供給主体は関係ない。たとえば，公共部門が供給する財やサービスのなかには，教育や福祉サービスのように私的財的な性質が強いものが多い。また反対に，個人や企業が公共財を供給する

図6-1 公共財の自発的供給

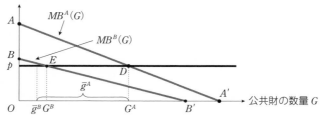

場合も考えられる。たとえば，しばしば典型的な公共財の例とされる灯台も史的には民間が供給していたし，伝統的な農村では集落道や農業施設などは集落住民によって自発的に供給されていた。

▣ 公共財の自発的供給

　公共部門の介入なしで供給される公共財の数量は効率的（パレート最適）にはならない。以下でも，単純化のためにAとBの2人からなる社会を考え議論を進めよう。この社会には公共財を提供する政府は存在せず，各個人が自分の資源を用いて自発的に公共財を供給している。公共財の便益は排除不可能であるから，各個人は自己が提供する公共財だけではなく他者が提供する公共財も消費できる。したがって，AとBが独自に提供する公共財をそれぞれ g^A および g^B とすると，消費可能な公共財の総量は $G=g^A+g^B$ と表され，AとBが公共財の追加的な消費から得る便益（＝公共財の限界便益）は，それぞれ $MB^A(G)$ ，および，$MB^B(G)$ と表記される。これらの限界便益は逓減し，また，この公共財を追加的に1単位供給する費用（＝公共財の限界費用）はAとBともに一定の値 p をとるとしよう。

　まずは**図6-1**を用いてAによる公共財供給を考えよう。ここでBの供給量がゼロ（$g^B=0$）ならば，Aのみが供給することになる（$G=g^A+g^B=g^A+0=g^A$）ので，Aは $MB^A(G)=p$ となる点Dで与えられる数量 $G=G^A$ を供給する。つまり，$g^B=0$ のとき，$g^A=G^A$ となる。次に，Bの供給量が，値 $\bar{g}^B>0$ に増加したとしよう。この変化が起こっても限界便益 $MB^A(G)$ と限界費用 p はシフトしないから，Aにとって最適な公共財の消費量 $G=G^A$ は変化しない。ただし，

図6-2 反応曲線（1）

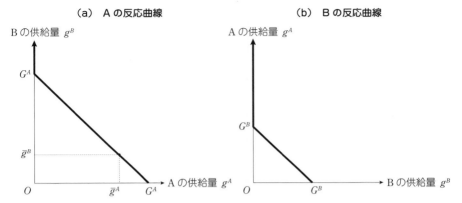

（a） A の反応曲線　　　　　（b） B の反応曲線

0 から $\bar{g}^B$ への増加によって，A による公共財の供給量は $g^A = G - g^B = G^A - 0 = G^A$ から $g^A = \bar{g}^A = G^A - \bar{g}^B$ へ減少し，B による供給量の増加分だけ A による供給量は減少する。また，B の供給量が G^A を超えると，A は供給しなくなる（$g^B > G^A \Rightarrow g^A = 0$）ことにも注意しよう。

　このBの供給量が変化した場合のAの供給量の変化（反応曲線）は**図6-2 (a)** のように描かれる。Bによる供給量の増加分だけAによる供給量は減少するから，Aの供給量を横軸，Bの供給量を縦軸とした場合のAの反応曲線は傾き45度の右下がりの直線となる。なお，$g^B > G^A$ ならば $g^A = 0$ であるから，$g^B > G^A$ の部分では反応曲線は縦軸と重なる。

　また，上の議論のAをBに置き換えて，Aの供給量が変化した場合のBの供給量の変化も，同様に**図6-2 (b)** のように描くことができる。ここでは，**図6-1**でBの限界便益 BB' がAのそれ（AA'）より下方に位置しているように，$MB^A(G) > MB^B(G)$ と仮定しているため，Bが最適と考える公共財の消費量 G^B はAのそれよりも小さくなる。

　Bの反応曲線が描かれた**図6-2 (b)** の縦軸と横軸を入れ替え，それをAの反応曲線が描かれた**図6-2 (a)** に重ねたものが**図6-3**である。同図では両者の反応曲線は横軸上の G^A で交わる。この点ではAもBも自分の公共財供給を変化させようとはしない。Aにとって，Bの供給量がゼロのときは $g^A = G^A$ とするのが最適な選択である。また，Bにとっては，Aが G^A で供給する場合，

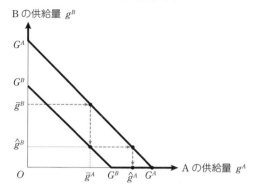

図6-3　反応曲線(2)

この水準を超えた公共財の消費からBが得る限界便益はpより小さくなる。したがって，自らはまったく供給しない（$g^B=0$）のがBにとって最適な選択となる。つまり，この均衡では，公共財をより高く評価している（＝同一の公共財の水準に関して限界便益が高い）Aのみが公共財を供給することになる。

　この均衡は，次のような調整過程を考えると，理解しやすい。たとえば，たまたまBの供給量が$\bar{g}^B$になったとする。**図6-3**からわかるように，それを受けてAは供給量を$\bar{g}^A$とする。しかし，Bがそれに反応して自己の供給量を$\hat{g}^B$に減少させ，さらにAがそれに反応して供給量を$\hat{g}^A$に増加させる。これを受けBが供給量をゼロにし，その結果，Aが$g^A=G^A$と設定し，そこが均衡点となる。なおここでの設定のもとでは，**図6-3**で確認すればわかるように，A，B，いずれかの任意の供給量を出発点にしても，上記のような調整過程の結果，公共財供給は$g^A=G^A$および$g^B=0$に収束する。

📖 公共財の最適水準

　自発的に供給される公共財の量G^Aは非効率的である。**図6-4**では**図6-1～6-3**で示された数量がAとBの限界便益とともに描かれている。公共財がG^Aから1単位増加すると，Aの限界便益MB^Aは限界費用pより小さくなるため，微小であるがAは損をする。その一方で，この増加によってBは限界便益$MB^B(G^A)$分だけ新たに便益を得る。このBの便益の増加はAの損失よりも大きいため，BはAの損失を補償した後でも得をすることができる。つまり，G^A

図6-4　公共財の最適供給

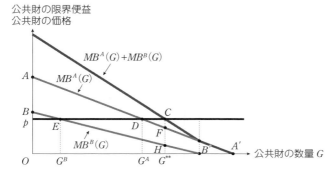

からは，少なくとも A の便益を変えることなく，B の便益を増やすことがで
きる。つまり，パレート改善が可能であるから，G_A は非効率的である。

　そのようなパレート改善は（A の損失を補償しながら）G^A から数量を増加さ
せることで達成されるため，G^A の数量は，パレート最適な数量 G^{**} より過小
であることがわかる。この最適な数量 G^{**} は B の限界便益（$MB^B(G)$）の大きさ
$G^{**}H$ と A の限界純便益 $[MB^A(G)-p]$ の絶対値 CF が等しくなる数量として
与えられる（ここで，A の限界純便益は負の値となることに注意しよう $[MB^A(G^{**})-$
$p<0]$）。まず，公共財の数量 G を G^{**} から1単位増加させよう。この場合，A
と B の限界便益は逓減しているから，B の便益の増加は $G^{**}H$ より小さく，A
の便益の減少は CF より大きくなる。したがって，この動きで得をする B は，
自己が損失を被ることなく A を補償することはできない。次に，G を G^{**} か
ら1単位減少させると，A は得をし，B は損をする。ここで A の純便益の増
加（損失の減少）は CF より小さく，B の便益減少は $G^{**}H$ より大きい。したが
って，今度は A が損をすることなく，B に補償をすることはできなくなる。
このように，公共財の数量を $G=G^{**}$ から変化させる場合，どのように補償を
行ったとしても誰も損をしない状況を作り出すことができない。つまり，G^{**}
からはパレート改善が不可能であるから，G^{**} はパレート最適な数量であるこ
とがわかる。

　上記で説明されたように，この2人の経済における最適な公共財の供給量
G^{**} は，A の限界純便益の絶対値 $[-(MB^A(G)-p)]$ と B の限界便益 $MB^B(G)$ を
等しくする数量となる。すなわち，$-[MB^A(G^{**})-p]=MB^B(G^{**})$ であるから，

これを変形して，

$$MB^A(G^{**}) + MB^B(G^{**}) = p$$

という条件を得る。実際，**図 6-4** からわかるように最適な公共財の水準 G^{**} は，公共財の限界便益の総和 $MB^A(G) + MB^B(G)$ を表す曲線が公共財の限界費用 p を表す水平線と交わる水準としても与えられる。この公共財の最適供給の条件は，それを定式化したアメリカの経済学者サミュエルソンにならって，**サミュエルソン条件**と呼ばれている。なお一般的に 2 人よりも多い N 人の個人が存在する経済における最適な公共財の水準は，N 人分の公共財の限界便益の総和と公共財の限界費用が等しくなる数量となる。

🔲 リンダール・メカニズム

上記の議論からは，公共財が自発的に供給されると，その供給量は最適な水準よりも過小になることが示された。それを回避する 1 つの対策は，公共部門が徴税を通じて公共財を供給することである。しかし，サミュエルソン条件を満たすように公共財を供給するためには，各個人の限界便益に関する情報が必要となる。

スウェーデンの経済学者**リンダール**は，公共財に対する個人選好を引き出す次のような仕組みを提案した。公共財の価格を p とすると，公共財供給にかかる総費用は pG となる。この総費用のうち個人 i が負担する比率を θ_i と表す。ここで公共部門がこの負担率 θ_i を個人 i に対し提示し，その負担率のもとで個人 i が需要する公共財の量を表明させる。任意の負担率のもとでは各個人が表明する公共財の需要量は異なるだろう。しかし，各個人とも同一の公共財の需要量を表明するよう各個人の負担率を調整すると，その結果得られる同一の公共財水準が最適な水準となる。

このような仕組み（メカニズム）は，**リンダール・メカニズム**と呼ばれるが，以下では A と B の 2 人からなる場合を例にとって同メカニズムを説明しよう。まず A の負担率を θ_A とすると，A の負担額は $\theta_A pG$ となる。公共財 G が 1 単位変化したときの A の負担額の変化は $\theta_A p$ であるから，この値 $\theta_A p$ は A にとっての公共財の限界費用となる。この限界費用 $\theta_A p$ と限界便益 MB^A が等しくなる数量が A にとっての最適な公共財水準であるから，負担率 θ_A に対して，

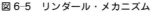

図6-5 リンダール・メカニズム

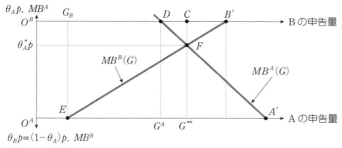

Aは，

$$\theta_A p = MB^A(G)$$

となる数量 G を申告する。Bに関しても同様に，負担率 $\theta_B = 1 - \theta_A$ に対し，

$$(1 - \theta_A)p = MB^B(G)$$

となる数量 G を申告する。ここでAの負担率 θ_A が与えられるとBの負担率 $\theta_B = 1 - \theta_A$ も決定するから，任意の θ_A の値に対してAとBが申告する数量を求めることができる。

　通常は，この両者が申告する量は一致しない。しかし，Aの負担率 θ_A が変化するとBの負担率 $\theta_B = 1 - \theta_A$ も変化するから，θ_A を変化させることで両者が申告する数量も変化させることができる。これを表したのが，**図6-5** である。ここでは**図6-4**における縦軸の O から p までの部分を拡大し，個人Bの限界便益 $MB^B(G)$ を上下に反転させている（**図6-4**と**図6-5**の同じアルファベットは同一の配分を表している）。同図の横軸は**図6-4**と同様に公共財の数量を測っているが，その縦軸は，Aについては O^A を基点に下から上へ $\theta_A p$ と MB^A を，Bについては O^B を基点に上から下へ $(1 - \theta_A)p$ と MB^B を測っている。なお，O^A から O^B までの距離は p に等しい。

　この図から，Aの負担率を両者の申告量が等しくなるような水準 $\theta_A = \theta_A^*$ に設定することで，最適な公共財の数量 G^{**} を得ることができることがわかる。ここで，数量 G^{**} は $\theta_A p = MB^A(G^{**})$ と $(1 - \theta_A)p = MB^B(G^{**})$ の双方を満たすため，これら2つを加算した表現，

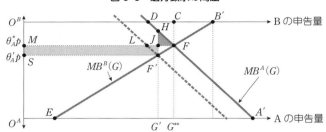

図6-6　選好顕示の問題

$$\theta_A p + (1-\theta_A)p = MB^A(G^{**}) + MB^B(G^{**})$$

も同時に満たす。ここで，左辺は $\theta_A p + (1-\theta_A)p = p$ となるから，上記の式より，数量 G^{**} はサミュエルソン条件を満たすことがわかる。この関係は，**図 6-5** において $G=G^{**}$ で A の限界便益の大きさ（$G^{**}F$）と B の限界便益の大きさ（FC）の合計が，限界費用 p の大きさ（$G^{**}C$）にちょうど等しくなっていることにも一致する。

🔲 選好顕示の問題

　もちろんこの結果は，各人が自己の公共財の需要量を正直に申告することを前提としている。しかし，リンダール・メカニズムでは，各個人は自分の選好にもとづいた真の公共財の需要よりも過小申告する可能性がある。これは**選好顕示の問題**と呼ばれ，**図 6-5** を用いて**図 6-6** のように図示できる。A がその公共財の需要量を過小申告すると，申告された A の限界便益は，**図 6-6** の右下がりの点線のように真の限界便益 $MB^A(G)$ より左側に位置することになる。ここで B が正直に申告すると仮定すると，この過小申告によって，点 F' で両者の申告が一致し，負担率と公共財供給量は θ_A' と G' に決定される。ここで A の純便益は，正直に申告する場合（F）と比べ，$\triangle FHJ$ に相当する分だけ減少する一方で，$\square F'JMS$ に相当する分が増加する。ここで，$MB^A(G)$ の傾きが十分小さいならば，過小申告の度合い（FL）が微小である限り，過小申告の利得（$\square F'JMS$）は過小申告の損失（$\triangle FHJ$）よりも大きくなり，A は過小申告する動機を有することになる。これと同じ議論は B にも適用される。したがって，両者とも過小申告することになり，リンダール・メカニズムでは最適な公

共財供給（F）は維持できなくなる。

　このような選好顕示の問題は，公共部門が公共財を供給する社会でも，公共部門が存在しない社会と同様に，最適な公共財の供給は困難であることを示唆する。最適な公共財供給のためには各個人の公共財に対する選好が正確に把握される必要があり，通常，そのような個人情報は各個人の申告に依拠せざるをえないからである。しかし，公共財の便益が特定の地域に限定されるならば，選好顕示の問題は解決できるかもしれない。公共財の便益が地域内にとどまり，かつ，多数の地域が異なった水準の公共財を供給している場合，それら地域の1つを居住地として選択することは自分が望む公共財の数量を選ぶことにもつながる。つまり，居住地選択という観察できる行動が公共財の選好を顕示させることにつながり，最適な公共財の供給を可能とするかもしれない。このような解決策については，地方分権の経済分析を扱う unit 15 で詳しく議論することにしよう。

要　　約

□　公共財とは排除不可能性と非競合性という2つの特徴を備えた財である。排除不可能な財とは，その財の消費から他人を排除することが不可能もしくはその費用が非常に高くつくことをさし，非競合的な財とはその財をある人が消費したとしても他の人がその財の消費から得る便益が変わらない財である。

□　公共財が個人によって独自に供給される場合は，最適な公共財の供給水準よりも少ない量しか供給されない。この過小供給は，公共財を供給する各個人が，その供給量の決定において自分の便益と費用のみを考え，公共財供給が他人に与える外部経済を考慮しないことによる。

□　この過小な公共財の自発的供給は，政府による公共財供給の必要性を意味することになる。とくに，さまざまな税負担を提示して，その税負担において個人が望ましいと思う公共財の量を申告させることによって，最適な公共財供給を達成することが可能である。

□　しかし，政府が各個人の公共財に対する選好を把握できない場合，個人は公共財の望ましい量を正直に表明せず，過小申告することになる。この選好顕示の問題が存在する場合，公共財は過小供給されることになる。

確 認 問 題 ━━━━━━━━━━━━━━━━━━━━━━━━━━━●━━●●

□　*Check 1*　図 6-1 と図 6-2 に関して，なぜ図 6-1 から図 6-2 が導出されるか
を説明しなさい。

□　*Check 2*　図 6-3 に関して，なぜ G^A が均衡として与えられるかを説明しな
さい。

□　*Check 3*　図 6-4 に関して，A の限界便益と B の限界便益を垂直方向に足
し合わせた曲線と限界費用が交わる数量 G^{**} がパレート最適な公共財の水準と
なることを，パレート改善の概念を用いながら説明しなさい。

□　*Check 4*　リンダール・メカニズムの仕組みについて説明しなさい。

□　*Check 5*　なぜリンダール・メカニズムのもとでは人々は過小申告をしてし
まうのかを説明しなさい。

●━━●●━━●━━━━━━━━━━━━━━━━━━━━━━━━━━━━━━━

社会厚生と再分配政策

🗇 再分配政策とは

再分配政策は，公共部門の介入によって，さもなくば市場で実現されたであろう資源配分をそれとは異なった資源配分へと変更させる。ここで「（資源）配分」とは unit 4 で具体的に議論したように，経済を構成する各々の個人が，その社会に存在する各々の財をどれくらい消費しているかを表す言葉である。したがって，配分とは，限りある資源（財）が存在する社会において，誰が，何を，どれくらい消費しているかを俯瞰する，消費者・財・消費量の組合せととらえれば問題ない。一方の「再分配」という言葉には若干の説明が必要だろう。英語で「再分配」は redistribution と表記され，そこから再 = re を除いた部分，つまり，distribution は「分配」と訳されるが，この部分は「分配」よりも「分布」と表したほうが理解しやすい。再分配政策では，とくに，個人効用，個人所得，もしくは，個人消費の分布が問題になり，たとえば，どれくらいの所得をもった人々がどれくらいの比率で存在しているか（つまり，個人所得がどのように分布しているか）が主たる関心の対象となる。

なお，本 unit で見るように，理論的な分析では個々人の効用の分布が再分配政策の中心的な関心事になる。したがって，この文脈における「再分配 = redistribution」という言葉は，個人効用，個人所得，もしくは，個人消費などの分布を，他の異なった形状の分布に変更することを意味していると読み取れる。

すべての公共部門の活動や政策は，直接的であれ間接的であれ，何らかの形で再分配をもたらすが，とくに**再分配政策**という場合，次の 2 つの意図をもつ政策として使用されることが多い。

第 1 に，再分配政策は**不平等**の是正を目的とする。個人の稼得能力や保有資

産には格差が存在し，そのような格差は市場においてもたらされる結果の不平等をもたらす。この事後的な不平等は，累進的な課税制度や最低限の生活を保障する公的扶助制度によって対処される。また稼得能力や保有資産を獲得する機会は，生まれ育った家庭環境，相続した資産，身体の障害や疾病などの影響を受け，人々の間には機会の不平等が生まれる。この事前的な不平等に関しては，教育，保健医療，障害者支援などの対人社会サービスなどを通じて，機会の均等化がめざされることになる。

第2に，再分配政策は不運によってもたらされる好ましくない結果を和らげる機能も有する。人々が不確実性を嫌うならば，それを減らすことは安心という事前の便益をもたらす。起こるかもしれない逆境に備えて事前に契約を結び，将来，幸運な人々から不運に襲われた人々に対し再分配を行うことを保険と呼ぶ。そのような措置が公共部門によって強制的に行われる場合，それは**社会保険**と呼ばれる。

再分配政策の根拠は，「社会厚生」と「パレート改善」という2つの視点に求めることができる。本 unit では第1の視点を扱う。この視点は以下に見るように，unit 4 の議論の延長に位置する。第2の視点は，再分配政策はパレート改善に資するという考え方にもとづく。次の unit 8 で扱うこの視点では，効率性と再分配はトレードオフの関係にはなく，再分配政策は効率性を達成するための手段として位置づけられる。

🔲 社会厚生関数と再分配政策

unit 4 では，競争市場において効用可能性曲線上のいずれかの配分が実現し（第1基本定理），適切な資源の再分配によって，その実現された配分から効用可能性曲線上の他の配分への移動が可能となる（第2基本定理）ことが示された。パレート基準のみで公共政策が評価されるのであるならば，第1基本定理が成立している限り，公共部門の介入は必要ない。しかし，人々の効用がどのように分布しているかが重要ならば，公共部門が介入し，パレート最適な配分から望ましい配分を選択する必要がある。もちろん，その場合には，どの配分が望ましいかを判断する外的な基準が必要となる。

社会厚生関数　そのような外的基準となるのが社会厚生関数である。ここで N 人からなる社会を考え，個人 i の効用水準

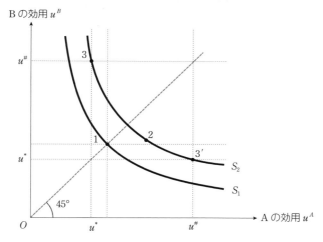

図7-1　社会的無差別曲線（1）

B の効用 u^B

$u^{\#}$

3

2

1

u^*

3′

S_2

S_1

45°

O

u^*

$u^{\#}$

A の効用 u^A

を u^i と表そう。**社会厚生関数**とは，これら個々人の効用水準の分布 $\{u^1, u^2, \cdots, u^N\}$ を社会厚生の水準 W に関連づける関数 $W = W(u^1, u^2, \cdots, u^N)$ として理解できる。この表記は**厚生主義**と呼ばれる原則にもとづいており，人々の効用水準のみが社会厚生の評価に用いられていることに注意しよう。

　厚生主義に従った社会厚生関数はどのような形態もとりうる。しかし，望ましい社会厚生関数の特徴として，しばしば次の 3 つが仮定されている。第 1 は**パレート原理**である。これは，パレート改善が起これば，つまり，他の誰かの効用が減少することなしに誰かの効用が増加すれば，社会厚生も増加すると考える。これを A と B の 2 人からなる社会で示すことにしよう。**図7-1**には 2 つの**社会的無差別曲線**（S_1, S_2）が描かれている。社会的無差別曲線とは特定の社会厚生水準を与える A と B の効用水準の組合せの軌跡である。パレート原理に従う限り，社会的無差別曲線は右下がりで，右上に位置するほど高い社会厚生水準に対応する。たとえば，S_1 上の点 1 から S_2 上の点 2 への移動は，両者の効用を増加させるため社会厚生を増加させる。ただし，パレート改善が起こらなくても，社会厚生は増加する場合がある。たとえば，S_1 上の点 1 から S_2 上の点 3 への動きは B の効用を上げ，A の効用を下げるが，社会厚生は増加している。

　第 2 は**匿名性**である。これは，社会厚生の評価において個人が誰であるかは

無関係であることを意味する。社会厚生の評価では個人の効用水準だけが考慮
されるから，同じ効用水準を有する人々は社会厚生の評価において同様に扱わ
れる。たとえば，Aの効用が u^*，Bの効用が $u^\#$ であるとき（点3）とAの効
用が $u^\#$，Bの効用が u^* であるとき（点3′）の社会厚生水準は同一となる。こ
のように，匿名性によって社会的無差別曲線は45度線を挟んで対称となる。

第3は**不平等回避**である。これは社会厚生の評価において，相対的に効用が
低い個人に高いウェイトが付されることを意味する。**図7-1**に記した社会的無
差別曲線の傾き（の絶対値）は，社会厚生評価における個人効用のトレードオ
フを表しており，**社会的限界代替率**と呼ばれる。ここで**図7-1**の社会的無差別
曲線上を左上から右下に移動することを考えよう。そのような移動によってB
（A）の効用は相対的に低く（高く）なるため，社会厚生関数が不平等回避的な
らば，Bに付されるウェイトはAのウェイトよりも大きくなる。社会的限界
代替率は，Aの効用が1単位増加する場合，社会厚生水準を一定に保つため
には，Bの効用がどれくらい減少しなければいけないかを示すから，その値は
Bの効用が減少するに従って増加する。したがって，不平等回避的な社会的無
差別曲線は原点に対して凸となることがわかる。

ロールズとベンサム　　社会厚生関数の理解には極端な不平等回避度を有する
次の2つの社会厚生関数の考察が役立つ。第1は**ロー
ルズ型の社会厚生関数**である。アメリカの哲学者ロールズは，最も不幸な人々
の厚生を最も重視すべきとした。ロールズ型の社会厚生関数はこの考え方にも
とづき，最も低い個人効用をもって社会厚生とするから，AとBからなる社
会では，社会厚生の水準は2人のうち低い効用をもつ個人の効用水準と等しく
なる。**図7-2**の45度線よりも下（上）の部分ではA（B）はB（A）より高い
効用を有するから，B（A）の効用が増加しない限り，社会厚生は増加しない。
$u^B<u^A$ となる45度線の下の部分ではBの効用だけが社会厚生に影響を与える
ため社会的無差別曲線は水平となり，$u^A<u^B$ となる45度線の上の部分ではA
の効用だけが社会厚生に影響を与えるため，社会的無差別曲線は垂直になる。
したがってロールズ型の社会的無差別曲線は**図7-2**の S_L のように描かれる。
なお，ロールズ型の場合，最も不利な個人の効用しか社会厚生に影響を与えな
いのでパレート原理は満たされず，また，社会的無差別曲線が45度線を超え
ない限り不平等回避度は変化しないことに注意しよう。

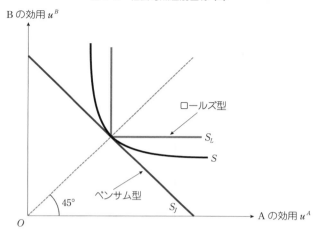

図7-2　社会的無差別曲線（2）

第2は**ベンサム型の社会厚生関数**である。イギリスの政治経済学者ベンサムは「最大多数の最大の幸せ」を追求すべきとした。ベンサム型の社会厚生関数はこの考えにもとづき，社会厚生を個人の効用水準の総和として表現する。したがってAとBからなる社会の場合，社会厚生水準は $W=u^A+u^B$ となる。一定の社会厚生 $\overline{W}$ のもとでの社会的無差別曲線は $u^B=\overline{W}-u^A$ となるから，ベンサム型の社会的無差別曲線は**図7-2**の S_J のように45度の負の傾きをもった直線となる。ここでは全員に同一のウェイトが付され，ある個人の効用の減少分だけ他の個人の効用が増加すれば社会厚生は一定に保たれる。したがってベンサム型の社会厚生関数の不平等回避度は常にゼロであり，不平等回避の原則は満たされない。

ロールズ型は最も恵まれない個人のみに関心があり，他の個人に何が起ころうとも，その効用が最低とならない限り関知しない。反対に，ベンサム型は効用の総和のみに関心があり，効用の総和に影響を与えない限り，恵まれない個人に何が起ころうが問題としない。社会的無差別曲線の傾きは，ベンサム型は－1，ロールズ型では45度線を挟み垂直（∞）と水平（ゼロ）となる。標準的な社会厚生関数は，これら両極の中間をとると考えられる。たとえば，**図7-2**の S のように，ロールズ型とベンサム型に挟まれ，その傾きの絶対値は逓減することになる。

図7-3　最適な効用分布

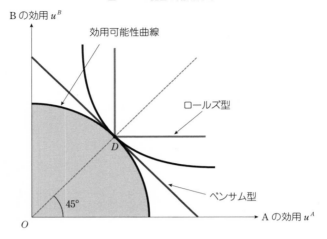

🔲 最適な効用分布

　公共部門が社会厚生の最大化を目的にするならば，パレート最適な個人効用の組合せのうち，最も高い社会厚生を与える組合せを選択することになる。unit 4 で見たように，契約曲線で表されるパレート最適な資源配分から得られるAとBの効用の組合せは，54頁で示した**図4-2**のように，効用可能性曲線として表現される。この効用可能性曲線は**図7-3**のように，社会的無差別曲線と同一の図に描くことができる。ここでは，社会的無差別曲線が効用可能性曲線に接する点（**図7-3**の点D）で社会厚生が最大化される。

　ここで次の2点に注意しよう。第1に，AとBの効用関数が同一形態ならば（$u^A(\cdot)=u^B(\cdot)=u(\cdot)$），効用可能性曲線の形は45度線を挟み対称となる。**図7-3**には同一形態の効用関数を前提に，45度線を挟んで対称な効用可能性曲線が描かれている。匿名性を満たす社会的無差別曲線も45度線を挟んで対称であるので，ベンサム型やロールズ型の場合を含み，両者の効用水準が等しくなる点（点D）が最適な効用分布として選択される。

　第2に，ここでは説明はしないが，**図7-3**における原点に向かって凹となる効用可能性曲線は，各個人の**所得の限界効用**が，所得が増加するに従って小さくなる（逓減する）ことを前提とする（unit 3 も参照）。この所得の限界効用の逓減は，効用関数の形状が同じであれば，金持ちほど追加的な所得の増加から得

る効用が少ないことを意味する。この仮定は再分配の経済分析において重要な前提の1つである（90頁の**コラム④**も参照）。

🗔 再分配の費用

厚生経済学の第2基本定理は，何ら費用を伴わずに再分配を行えることを前提としている。しかし，実際の再分配には費用が伴う。それにはいくつかの原因が考えられる。1つは政策実施のための執行費用である。再分配とは特定の特徴をもつ個人から他の特徴をもつ個人に経済資源を移転することであるから，そのような移転を可能とする制度や執行体制を整備する必要がある。とくに再分配政策においては個人情報を適切に把握する必要があることが多く，その実施には少なくない費用が必要とされる。いま1つは，公共政策が個人の選択に与える**歪み**から生じる費用である。厚生経済学の第2基本定理では課税も給付も**定額**であることが想定されている。定額の課税や給付は，個人が直面する消費選択の相対費用を一定に保ち，消費における代替効果（unit **18** 参照）を発生させない。その一方で，unit **18**，**19**，および **25** で見るように，非定額な課税や給付は人々が直面する相対価格の変化を通じて，**死荷重損失**（超過負担，もしくは，厚生損失）と呼ばれる効用の減少を招いてしまう。

これら再分配の費用の存在は，再分配後の効用可能性曲線を本来の効用可能性曲線の内部に縮小させる。**図 7-4** では，効用可能性曲線上の点 E で市場均衡が達成されていると仮定し，B から A への再分配を考えよう。再分配に費用が発生しない場合は，本来の効用可能性曲線に沿って2人の効用は移動する。しかし，再分配に費用が伴う場合，点 E からの再分配によって最大限達成可能な2人の効用の組合せは，たとえば，本来の効用可能性の内側の曲線 EF によって表されることになる。再分配の程度が大きくなると，点 E は点 M を経て点 F へと移動する。とくに，この曲線の傾きは点 M で垂直になり，それより下の部分では正となることに注意しよう。これは，再分配の程度が大きくなると再分配の費用も大きくなり，それによって課税される B の効用はもちろん，給付を受ける A の効用までもが低下してしまうことを表している。

さらに，公共部門と個人の間に**情報の非対称性**が存在すると新たな問題が発生する。たとえば，個人の生産性を観察できない公共部門が，観察可能な個人所得にもとづいて，生産性の高い個人（B）から低い個人（A）へ所得を移転す

図7-4 再分配の費用

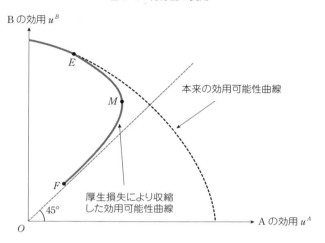

る場合を考えよう。この課税と給付の仕組みいかんでは、生産性が高いBは自身の労働時間を短くし、所得を下げることで生産性が低いAと同様の給付を受けようとするかもしれない。それを防止するためには、BがAと同じ生産性であると偽って給付を受ける場合よりも、Bが正直に課税される場合のほうがBにとって有利になる必要がある。これを**自己選択制約**というが、この制約が満たされるように再分配政策は設計されなければならない。

図7-4 では、この情報の非対称性による問題を反映するように、45度線を横切らないように収縮した効用可能性曲線が描かれている。まず、自己選択制約が満たされない場合は、Bは自分をAと同じ生産性であると偽り、Aと同様の給付を受けるため、Aより生産性の高いBが高い効用を得ることになる。次に、自己選択制約が満たされる場合は、Bの効用はBがAと同じ生産性であると偽る場合と同様、もしくはそれ以上の水準になるから、Bの効用がAの効用より低くなることはない。つまり、いずれの場合も、常にBはAよりも有利であるから、収縮した効用可能性曲線は45度線より上に位置することになる。

このような再分配による効用可能性曲線の収縮をさして、しばしば、**効率性と公平性のトレードオフ**というフレーズが用いられる。ここで「効率性」とは効用可能性曲線が表す効率的な（パレート改善が不可能な）効用水準の組合せを

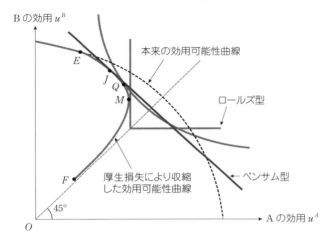

図7-5　次善解

さしていると理解すればよい。一方，「公平性」という言葉の裏には，公平性を達成するためには再分配が必要であるという暗黙の理解があるのであろう。しかし，公平性の概念にはさらなる検討が必要であるから，安易に「公平性」という言葉を利用するより，**効率性と再分配のトレードオフ**というフレーズを利用したほうがよいのかもしれない。

🔲 再分配の費用と次善解

　厚生経済学の第2基本定理が前提としている世界は定額の所得移転（定額課税と定額給付）が可能な経済である。そのような経済で再分配を通じて達成される資源配分は**最善（ファースト・ベスト）解**と呼ばれる。そこではすでに見たように，各個人の効用関数が同じ形状をしており，社会厚生関数が匿名性等の条件を満たしている限り，各個人の効用水準がすべて等しくなるように再分配が行われる。

　しかし，再分配によって追加的な費用が生じる経済では最善解は選択できず，**次善（セカンド・ベスト）解**が選択されることとなる。**図7-5**には再分配に費用が存在する場合での，ベンサム型とロールズ型の社会厚生関数による選択が示してある。ベンサム型の場合は傾きが45度（−1）となる点Jが，ロールズ型の場合は傾きが垂直（∞）となる点Mが選択される。これらの次善解では最

━━━ コ ラ ム ④ ━━━

基数的効用概念と効用の個人間比較可能性

　個人の厚生を測る効用には基数的効用と序数的効用の2つの考え方がある。基数的なとらえ方は，ある状況の効用水準は他の状況の2倍の大きさであるというように効用水準の大きさにも意味があると考える。一方，序数的なとらえ方は，ある状況の効用水準は他の状況の効用水準よりも大きいというように順序づけのみを可能とし，効用は主観によるため異なる個人間で比較することはできないとする。

　本 unit では効用を基数的にとらえており，かつ，異なる個人間で効用水準が比較可能であると想定している。厚生経済学の古典であるピグーの『厚生経済学』で展開されたこの考えは，新厚生経済学派と呼ばれる研究者たちによって否定され，それ以来経済学では，序数的な効用の考え方が主流を占めるようになっていた。しかし，たとえばわれわれが「幸運な高所得者からかわいそうな低所得者へ所得移転をすべきだ」と主張する場合，基数的な効用概念を用いていることは否定しがたい。

　また序数的な効用を前提とすると，再分配政策を経済学的にとらえることは困難となり，ハロッドが主張するように，「異なった個人の効用が比較できないことを厳密に考えると，あらゆる政策処方が排除される」可能性もある（R. F. Harrod, [1938] "Scope and Method of Economics," *Economic Journal*, 48(191), 383-412）。そこで近年では，この問題に答えるかのように，最適課税論をはじめとして個人間の効用の比較可能性にもとづく多くの優れた研究が展開されている。

善解と異なり，効用水準は均等にならない。ロールズ型のほうがベンサム型よりも両者の効用の格差は小さくなるが，いずれの場合もBの効用水準がAのそれよりも高くなる。なお，ベンサム型とロールズ型の中間形態をとる「通常の」社会厚生関数では，たとえば点 Q のように，点 J と点 M の中間の1点が選択されることになる。いずれにせよ，次善解では**図7-3**のようにすべての個人効用が等しくなる完全平等は選択できない。

要　約 ━━━━━━━━━━━━━━━━━━━━━━━━━━━━●━●━

　□　複数の最適な資源配分から最も「望ましい」配分を選択する場合には社会厚生関数が用いられる。

　□　標準的な社会厚生関数は，パレート原理，匿名性，および不平等回避などの条件を満たすものとされる。

　□　社会厚生関数の形状は不平等回避度の大きさによって異なる。とくに不平等

回避度が最も小さい社会厚生関数はベンサム型と呼ばれ，不平等回避度が最も大きな社会厚生関数はロールズ型と呼ばれる。

□　社会に存在する個人の効用関数の形がすべて同一であり，各個人の所得の限界効用が逓減する場合，社会厚生関数の不平等回避度がどのようであっても，完全平等が最善の配分となる。

□　しかし，再分配が費用（厚生損失を含む）を伴う場合には再分配によって効用可能性曲線は収縮するため，次善の配分しか選択できなくなる。その場合，完全平等は達成されず，社会厚生関数の不平等回避度の大きさに従って望ましい再分配の度合いが決定される。

確認問題

□　*Check 1*　社会厚生関数の特性である，パレート原理，匿名性，および不平等回避について説明しなさい。

□　*Check 2*　各個人の効用関数の形が異なる場合の効用可能性曲線を例示し，ベンサム型とロールズ型の社会厚生関数を用いた場合の最適な配分（効用水準の組合せ）を図示しなさい。

□　*Check 3*　再分配を行うことによって効用可能性曲線が収縮する理由は，再分配政策を執行する費用と再分配政策が与える人々の行動の歪みに求めることができるが，それぞれについて具体的な例を示しなさい。

unit ⑧

効率性と再分配政策

🔲 効率性と再分配

unit 7 では社会厚生の観点から再分配をとらえた。そこでの議論では，特定の個人の効用を増加させるために再分配を行うと，その裏では，他の誰かの効用が減少する関係が想定されていた。しかし，その一方で，パレート改善という観点から再分配を議論することも可能である。つまり，再分配によって誰の効用も損なうことなく，誰かの（もしくは皆の）効用を増加させることができるかもしれない。ここでは効率と再分配はトレードオフの関係にはなく，効率性を達成するために再分配が行われることになる。本 unit では，このような効率性の観点からの再分配政策について，とくに利他主義と社会保険という 2 つのトピックを取り上げて議論することにしよう。

🔲 利 他 主 義

公共部門は強制的に課された税金を財源にして所得再分配を行うが，民間部門の自発的な寄付によって再分配を行うことも可能である。実際，少なくない所得が人々の慈善活動によって移転されているが，そのような慈善活動は，人々が**利他的**である限り，個人の合理的な行動と矛盾するものではない。利他的な個人とは，他人が幸せになる（他人の効用が増加する）ことで，自分も幸せになる（自分の効用も増加する）個人と定義されるから，慈善活動も自分の効用の最大化という目的に適うからである。

**自発的所得移転と
パレート改善**

ここで，利他的な個人 A と低所得者 C を考えよう。A の選好は利他的であるから，その効用 U^A は自分の消費量 x^A に加えて C の効用水準 U^C に影響を受け，

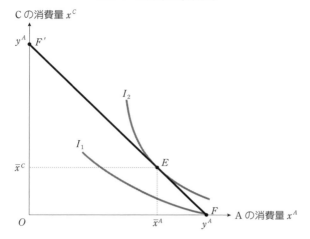

図 8-1　自発的な寄付行為

$U^A = U^A(x^A, U^C)$ と表記できる。一方で，C の効用 U^C は $U^C = U^C(x^C)$ と表記し，その消費水準 x^C が増加する場合に増加するとしよう。したがって，利他主義者 A の効用は，$U^C = U^C(x^C)$ を $U^A = U^A(x^A, U^C)$ に代入することによって，$U^A = U^A(x^A, U^C(x^C))$ と表記できる。これは，A の効用 U^A が自己消費量 x^A と C の消費量 x^C の双方に影響を受けることを意味しているから，A の効用関数はこの x^A と x^C の関数として $V^A(x^A, x^C) \equiv U^A(x^A, U^C(x^C))$ と表記し直すことができ（U^C ではないことに注意），**図 8-1** のように x^A と x^C の座標上に A の無差別曲線を描くことができる。

　ここで A の所得を y^A，そして，A から C への所得移転額を g^A とすると，A の予算制約は $x^A + g^A = y^A$ となる。単純化のため C の所得はゼロで A 以外からは所得移転を受け取らないとすると，$g^A = x^C$ となるから，A の予算制約は $x^A + x^C = y^A$ と表現できる。**図 8-1** では，この予算制約線は -1 の傾きをもった直線 FF' として表されて，A の最適な選択は A の無差別曲線 I_2 が予算制約線 FF' に接する点 E となる。そこでは A から C に $y^A - \bar{x}^A$ が移転されている。ここから明らかなように，C への移転を行わない点 F を通る無差別曲線 I_1 は点 E を通る無差別曲線 I_2 より左下に位置しているため，A は C に所得を移転することによって自分の効用を増すことができる。もちろん，A からの移転によって C の効用も増加するため，点 F からの所得移転はパレート改善

につながることがわかる。

複数の利他主義者と過小な所得移転　上記のような利他主義者が複数存在している場合は，自発的に所得は移転されるであろうが，所得移転の水準は非効率になるかもしれない。これは低所得者の消費水準が，複数の利他主義者にとって公共財となり，unit 6 で議論した自発的に供給される公共財の過小供給問題が発生するからである。以下，詳しく見ていこう。

ここで第2の利他主義者をBとしよう。Aの効用関数と同様，Bの効用関数は低所得者Cの消費水準 x^C にも依存するから，彼ら2人の効用関数は，

$$U^A = V^A(x^A, x^C), \quad U^B = V^B(x^B, x^C)$$

となる。この表現から2人の利他主義者は個人Cの消費 x^C を結合消費していることがわかる。さらに，AとBの所得移転額をそれぞれ g^A，および，g^B とすると，AとBから所得移転を受けるCの消費水準は，

$$x^C = g^A + g^B$$

となる。ここでは，他の利他主義者の移転額も自己の移転額も，同様に低所得者の消費 x^C を増加させ，自己の効用に同様の効果を与えるから，利他主義者にとって $x^C = g^A + g^B$ は公共財となる。したがって，unit 6 における公共財の自発的供給に関する分析により，所得移転の水準は利他主義者にとって最適な水準より過小に供給されることが推測できる。

与える喜び　上記の例では，利他主義者の関心は低所得者の消費水準であり，自分で所得を移転するという行為そのものではない。したがって，そのような利他主義者は，低所得者が救済されるのならば，むしろ他人の所得によって救済されることが望ましいと思うであろう。しかし，自分自身で救済するという行為自体が喜びを与えることもあろう。この場合，AとBの効用関数は，

$$U^A = V^A(x^A, g^A, x^C), \quad U^B = V^B(x^B, g^B, x^C)$$

と表現される。ここでも他人の移転額は低所得者の消費を増加させる外部経済となるため，移転額自体は過小供給されるであろう。しかし，その過小供給の

度合いは与える喜びがない場合と比べて小さくなると考えられる。

　与える喜びがあろうがなかろうが，他の利他主義者の所得移転が別の利他主義者に便益を与える限り，外部経済や公共財の場合と同様に，所得移転額は過小になるため，公共部門による介入が正当化されることになる。しかし，最適な政策を設計するためには，公共部門が，利他主義者が低所得者を助けることから得る便益，つまり，個人の利他主義的選好に関する情報を入手することが必要となる。しかしながら，これも unit 6 で議論した公共財の選好顕示の問題のように，そう簡単ではないと考えられる。

⬜ 社 会 保 険

リスクと期待効用　　人々はさまざまなリスクに直面している。ここでリスクとは，これから起こることが確実でないこと，とくに，経済学の文脈では，特定の数量の所得や資産（および，それらの結果としての消費）を将来必ずしも稼得したり保有したりできる訳ではないことを意味する。たとえば，将来，大きな病気や事故に襲われ，以前と同様に働くことが不可能となり，所得が激減するかもしれない。また，将来，急激な物価上昇によって，いままで一生懸命貯めてきた貯蓄の実際の価値が大きく目減りするかもしれない。このような将来起こるかもしれない損失に備えて事前に契約を結び，不運に襲われ，損失が発生する場合に何らかの補塡を受ける措置を保険と呼ぶ。この場合，事前には等しい状況にある人々であっても，事後的には幸運な人々と不運な人々に分かれ，前者から後者に移転が行われることになるから，保険は事後的な再分配としてもとらえることができる。保険は民間部門によっても供給されるが，それが公共部門により強制的な料金の賦課を伴って供給される場合は，**社会保険**と呼ばれる。

　人々は保険によって将来の変動を減らすことができるから，保険は不確実性を嫌う個人にとって「安心」という事前の便益をもたらす。ここで，所得 y から効用 $U(y)$ を得る個人が N 人存在する社会で，所得 y の値が，確率 p で高所得 y_H，確率 $1-p$ で低所得 y_L に変動する場合を考えよう。この個人所得の変動が個人間で独立であるならば，N が十分大きければ大数の法則が働く。つまり，pN 人が y_H，残りの $(1-p)N$ 人は y_L の所得を獲得するから，社会全体では $pNy_H+(1-p)Ny_L$，1 人当たりでは $py_H+(1-p)y_L$ の所得が確保できる。

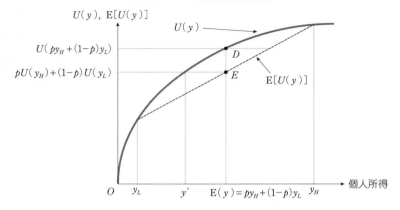

図8-2　リスク回避と期待効用

後者の1人当たり所得は確率変数 y の期待値 $\mathrm{E}(y)=py_H+(1-p)y_L$ であることに注意しよう。

　所得が不確実である場合，事前の厚生指標としての**期待効用**

$$\mathrm{E}[U(y)]=pU(y_H)+(1-p)U(y_L)$$

を用いて個人の厚生を表すことができる。個人が**リスク回避的**であるならば，所得が不確定のままの状況 $[(pU(y_H)+(1-p)U(y_L))]$ よりも，その不確定な状況で実現できる所得（所得の期待値）を確保できる状況 $[(U(py_H+(1-p)y_L))]$ を好むであろう。つまり，リスク回避的な個人の効用関数は，

$$U(py_H+(1-p)y_L)>pU(y_H)+(1-p)U(y_L)$$

となる。この不等式は，**図8-2** において，$U(py_H+(1-p)y_L)$ に対応する点 D が，$pU(y_H)+(1-p)U(y_L)$ に対応する点 E より上に位置することを意味しているから，リスク回避的な個人の効用関数 $U(y)$ は上方に凸となることがわかる。

　ここで，期待効用 $\mathrm{E}[U(y)]$ と同じ効用水準 $U(y')$ を与える所得を y' と表す。図からわかるように，リスク回避的な個人にとっては，$\mathrm{E}(y)>y'$ となる。個人所得を集計すると1人当たり $\mathrm{E}(y)$ の所得を確保できるから，常に $\mathrm{E}(y)$ 分の所得を提供する保険サービスが存在すれば，リスク回避的な個人は最大 $\mathrm{E}(y)-y'$ の保険料を支払って，そのサービスを購入するであろう。取引費用が発生しな

い限り，このサービス提供者は最大 $E(y)-y'$ の利潤を得ることになるが，利潤の存在は新たな提供者の参入を誘発し，その結果，保険料は低下するであろう。いずれにせよ，保険によって，保険が存在しない状態と比べ各個人の厚生は増加することになる。

保険市場の失敗　民間部門において保険が効果的に提供されるならば，公共部門が介入する余地はない。しかし，公共部門が介入し，強制的な保険料金にもとづいた社会保険を提供することが正当化される場合もある。

とくに，情報の非対称性が存在する場合，市場が効果的に保険を供給することは難しいかもしれない。ここで情報の非対称性とは，保険サービス提供者（以下，「保険者」と略）が保険を需要する個人（以下，「被保険者」と略）の情報を十分に把握することができないことをさしている。まず，保険者に対して被保険者の属性が隠されている場合，**逆選択（逆淘汰）**が発生する。たとえば，病気にかかりやすい（にくい）といった個人の属性が判別不可能ならばすべての被保険者に同一の保険料が課されるかもしれない。その場合，保険者は，属性の判別が可能で，属性に応じた保険料を課す場合よりも高い保険料を低リスク者（たとえば，病気にかかりにくい人）に課すことになる。その結果，低リスク者は保険市場から退出するであろう。その場合，被保険者に占める高リスク者（たとえば，病気にかかりやすい人）の比率が増加するため，保険会社はさらに保険料を上げることになる。それを受け，さらに低リスク者の退出が起こることになり，最後には，高リスク者だけが市場に残されることになろう。このように，保険者にとって望ましい顧客が「淘汰」される（逆淘汰）ことによって，民間保険市場は崩壊するかもしれない。

次に，保険者に対して被保険者の行動が隠されている場合，**モラル・ハザード**が発生する。個人に発生するリスクは，健康管理や安全配慮など，被保険者の努力を通じて増減させることが可能である。しかし，この努力水準を保険者が観察できないならば，努力しない個人に高い保険料を課したり，保険契約から排除したりすることはできない。したがって，被保険者は，万が一のときは保険に頼ればよいと思い，平時の努力を怠ることになるかもしれない。その結果，本来は低く抑えることができる被保険者のリスクが不必要に高くなり，保険料は必要以上に上昇するであろう。

情報の非対称性が存在しないならば，市場が効果的に保険を供給することは可能であろう。しかし，そうであっても市場はすべての人々に保険を提供できるわけではない。企業が利潤を追求する限り，より大きな利潤を見込める顧客に焦点をあわせるかもしれない（このような「良いとこどり」は**クリーム・スキミング**と呼ばれる）。実際，保険需要者が有するリスクの度合いはさまざまである。とくに，高齢・疾病・障害などの属性は高いリスクの存在を示し，さらに，そのような属性をもつ高リスク者は低所得者である確率が高いかもしれない。そうであるならば，情報の非対称性が存在せず，リスクに応じた保険料が課される場合，高リスク者は保険料が支払えず，保険市場から排除されるおそれがある。

🔲 保険としての再分配制度

最後の拠り所としての公共部門　　上記の議論は，民間保険では対応できないリスクが存在することを示している。そうであるならば，公共部門が最後の拠り所として，強制的な保険料や租税にもとづいて「保険」を提供する必要があるだろう。とくに，これから生を受ける者が，不運な家庭・時代・地域に生まれることや，治癒不可能な障害をもって生まれることは，保険によって対処されるべき重大なリスクであろう。しかし，このような生まれながらの不運に対して民間保険を利用することは不可能である。この生まれながらの不運に対しては，健康保険，労働保険，障害者年金，老齢年金などの狭義の社会保険に加え，租税制度や世代間・地域間の所得移転制度を含む再分配制度全体が，広義の社会保険として機能することになる。

無知のベール　　以下のような議論にもとづいて，生まれながらの不運に対する保険として公共部門による再分配を解釈することができる。ここで，これから生を受ける N 人の個人が，自分たちが生まれた後の世界における再分配制度を設計していると仮定しよう。ここでは単純化のために，これらの N 人のうち N_L 人が所得 y_L の低所得者，残り $N_H(=N-N_L)$ 人が所得 y_H の高所得者として生を受け，それぞれ $U(y_H)$ と $U(y_L)$ の効用を享受することになるとしよう。彼らはこの事実は理解しているが，自分が高所得者と低所得者のうちいずれになるかは知らない。このような状況にあることをさして**無知のベール**のなかにあるという。

　高所得者になる確率は $p \equiv N_H / N$, 低所得者になる確率は $1-p \equiv N_L / N$であるから，将来実現されるすべての所得をプールすると1人当たり $p y_H + (1-p) y_L$ の金額を確保できる。したがって，96頁で示した**図8-2**と同様の分析を用いることによって，これから生を受ける人々がリスク回避的で，無知のベールのなかで期待効用を最大化しようとするならば，既述のプールした1人当たりの金額を確実に受け取れる再分配の仕組みによって厚生を増やせることがわかる。

社会厚生関数の意味づけ　　このような無知のベールにおける意思決定として再分配政策をとらえると，unit 7で説明したベンサム型の社会厚生関数は無知のベールのなかでの期待効用として解釈できる。無知のベールのなかでの期待効用は，

$$pU(y_H) + (1-p)U(y_L) = \frac{N_H}{N} \cdot U(y_H) + \frac{N_L}{N} \cdot U(y_L)$$

であるから，これに定数 N を掛けると，

$$N_H \cdot U(y_H) + N_L \cdot U(y_L)$$

となる。これは，将来実現する人々の効用をすべて足し上げたベンサム型の社会厚生関数である。目的関数を N 倍しても最適化問題の解は変わらないから，これから生を受ける人々が無知のベールのなかで期待効用を最大化するように設計した再分配制度は，生誕後の世界においてベンサム型の社会厚生関数に従って設計された再分配制度と一致することになる。

　しかし，無知のベールのなかの人々は，必ずしも期待効用を最大化しようとはしないかもしれない。たとえば，不幸になる確率がまったくわからない状況では，自分が最も不幸な状態に陥ることを極度に心配するかもしれない。その場合，自分が最も不幸になる場合の効用水準を少しでも上昇させたいと思うかもしれない。この考え方にもとづいて無知のベールのなかで再分配制度が設計されれば，生誕後の世界ではロールズ型の社会厚生関数に従った再分配が行われることになる。

　「保険」と再分配　　このように再分配制度を無知のベールのなかで契約された社会保険としてとらえると，これから生を受ける人々の厚生を改善する仕組みとして再分配制度をとらえることができる。しかし，この世に誕生して，自分が恵まれた立場であるとわかった人々にとっては，

再分配制度はもはや保険ではなく，自己の負担で成り立つ扶助の仕組みでしかない。したがって幸運な人々は，この「保険」から抜け出すことを探るであろうし，実際，それが可能ならば，当該制度は崩壊することになる。そこで，事前にさまざまなリスクを緩和する仕組みは，公権力を用いた強制参加型の制度とならざるをえないであろう。

要　約 ─────────────────────────────●─●

□　利他的な個人は貧者に自分の所得を移転することによって効用を高めることができるが，そのような利他主義者が複数存在する場合，貧者への自発的な所得移転は過小になる。

□　リスク回避的な個人は必ず保険を需要するが，保険者が被保険者の情報を把握できないという意味で情報の非対称性が存在する場合，逆選択とモラル・ハザードによって民間による保険市場は崩壊することになるため，政府が強制的に保険料を徴収する社会保険が必要とされる。

□　再分配制度は，将来の自分の境遇がわからない（無知のベールのなかにある）これから生を受ける人々にとって，社会保険として機能する。また，ベンサム型の社会厚生関数は無知のベールのなかにある人々にとっての期待効用として解釈が可能である。

●─●───────────────────────────────

確認問題 ─────────────────────────────●─●

□　*Check 1*　利他主義者が複数存在する場合，貧者への自発的な所得移転が公共財としての特性をもつことになる理由を説明しなさい。

□　*Check 2*　逆選択とモラル・ハザードについて説明しなさい。

□　*Check 3*　民間部門で対応が不可能なリスクを例示しなさい。

●─●───────────────────────────────

第 3 章

政府介入の意義と政府の失敗

▶2021 年衆議院議員総選挙，街頭演説（提供：時事）

この章の位置づけ

　本章では政府介入の意義と弊害を対比して学習する。政府介入の意義としては，第2章で学ばなかった乗数効果の考え方（unit 9），公共投資と社会資本の役割（unit 10），公営企業や規制の役割（unit 11）などについて検討していく。ただし，いずれの政策も限界と課題を有しており，無制限に政府介入が許容されるわけではない。これらの問題点をふまえたうえで，unit 12 では政府の失敗の可能性について広範に議論する。本章の理解を深めるうえで，必要に応じて第2章を振り返ることが有益であろう。

　初学者は unit 9 から unit 12 までを順番にすべて読むことが望ましい。すでに基礎的なマクロ経済学を習得している場合には unit 9 を読み飛ばしてもよい。ミクロ経済学で独占や自然独占について習得している場合には unit 11 を読み飛ばすことが可能である。政府の失敗について興味がある読者は，unit 12 を最初に読んだ後，unit 9 から unit 11 を続けて読むことも有益である。また，unit 12 はいったん読み飛ばし，次章以降の学習をすべて終えてからあらためて学習することもできる。

景気安定化機能

景気安定化の意義

現代では不況期に景気を下支えすることを目的として，政府が財政支出の拡大や減税を行うことは当然であると考えている人も多い。しかし，一国経済の景気安定化を政府の役割として体系化して著したのは，1936 年に出版されたケインズの『雇用・利子および貨幣の一般理論』であり，安定化機能に関する経済分析の歴史は 1 世紀に満たない。ケインズは総需要の不足する状況を懸念したのであるが，その議論以前には総供給に比べて総需要が不足していても，価格調整機能が働くことにより総供給と総需要とは遅かれ早かれ一致するという古典派経済学の考え方が主流であった。その考え方は，「供給はそれ自身の需要を創造する」というセイの法則に端的に表れている。これに対して，ケインズが想定したように，総需要の不足する状況が頻繁に生じるとすると，政府が総需要の不足を補うことができれば，景気の安定化を図ることができる。このように総需要の水準により経済の規模が規定される状況を，ケインズは有効需要の原理という言葉で表現した。

　景気安定化政策の役割を理解するためには，unit 8 の社会保険を思い出すことが有益である。景気循環は予期できない所得の変動を発生させるかもしれず，人々がリスク回避的であるならば，所得変動を平準化してくれる保険は好ましい結果をもたらす。ただし，景気循環はすべての人々に対して影響を及ぼす点で，unit 8 において想定されたリスクとは異なる。つまり，経済全体を襲うマクロ的なショックによって不況が生じると，（程度の差はあれ）すべての人々が不幸になるのであり，幸運な人から不運な人への再分配政策は有効ではない。この場合に必要なのは，幸運な時点（好況時）から不運な時点（不況時）への所

図9-1　所得の変動と効用

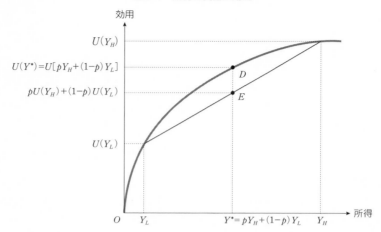

得移転（異時点間の所得平準化）である。

　unit 8 の**図8-2**（96頁）を変形した**図9-1**を用いて，異時点間で所得の平準化を行うメリットを考えてみよう（ただし，マクロ経済であることを強調するために変数は大文字を用いる）。ここでは人々の効用が所得水準のみに依存するとして，限界効用が逓減するような効用関数の形状を想定する。所得を横軸，効用を縦軸にとると，**図9-1**のような効用と所得の関係を表す曲線が描ける。ここで，景気循環により高所得 Y_H と低所得 Y_L が確率的に繰り返されることを想定すると，高所得のときの効用は $U(Y_H)$，低所得のときの効用は $U(Y_L)$ で表される。高所得になる確率が p，低所得になる確率が $1-p$ とすると，景気循環のサイクルを通じた平均的な効用は E 点に対応し，$pU(Y_H)+(1-p)U(Y_L)$ である。これに対して，景気安定化政策により所得を Y_L と Y_H の期待値 Y^* に平準化することができると，平均的所得 Y^* に対応する効用は D 点に対応し，$U(Y^*)=U[pY_H+(1-p)Y_L]$ となる。**図9-1**より明らかなように，

$$U[pY_H+(1-p)Y_L]>pU(Y_H)+(1-p)U(Y_L)$$

であるから，人々がリスク回避的で限界効用が逓減するような状況では景気安定化によって所得を平準化することが望ましい。

財政政策の分類

総供給に比べて総需要（有効需要）が不足しているとき，財政支出を拡大することができれば，その拡大分に対応して総需要が増加する可能性がある。このように財政出動により総需要の拡大を図ることを**財政政策**（フィスカル・ポリシー）と呼ぶ。財政政策は大きく2つに分けることができる。

1つは，景気の安定化に対して積極的に介入しようとする裁量的な財政政策である。このような政策は**ケインズ政策**と呼ばれ，後述するように財政支出拡大政策と減税政策の2つに大別できる。

残る1つは，財政制度の自動的な反応による**ビルトイン・スタビライザー**（自動安定化装置）である。たとえば，日本も含めて多くの国では累進課税制度が採用されている。この制度のもとでは，好況で所得が増えると自動的に税率が高くなり，不況で所得が減ると税率が低くなる。つまり，好況のときには自動的な増税による総需要抑制効果が働き，不況のときには自動的な減税による総需要拡大効果が働くことが予想される。また，失業保険の存在もビルトイン・スタビライザーとしての効果をもつ。一般に，不況（好況）期には失業者が多く（少なく）なるため，失業保険の給付が増加（減少）し，その分だけ人々の可処分所得が増加（減少）する。したがって，不況（好況）期には自動的な失業保険給付の増大（減少）による総需要拡大（抑制）効果が働く。

ケインズ政策における乗数効果

財政支出乗数　ケインズ政策が画期的であった点は財政政策の活用にとどまらず，財政政策の拡大効果が何倍にもなって表れる可能性を指摘したことにある。これが**乗数効果**である。いま，海外との取引を無視すると，総需要 AD は民間消費 C と民間投資 I（無差別曲線を表す I とは異なることに注意），および財政支出 G から構成される（$AD=C+I+G$）。さらに，有効需要の原理よりマクロ経済の所得 Y が総需要に従って決まるものとすれば，$Y=AD$ であるから，

$$Y=C+I+G \tag{9-1}$$

となる。右辺のうち民間消費 C は，所得 Y の水準によって以下のように決まるものとしよう。

$$C = aY \qquad (9\text{--}2)$$

ここで，a は 0 から 1 の間の定数であり，上式は民間消費 C が所得 Y の一定割合になることを意味している。a を**消費性向**と呼ぶ。

さて，上の 2 つの式をまとめて Y について解くと次式が得られる。

$$Y = \frac{1}{1-a}(I + G) \qquad (9\text{--}3)$$

ここで，財政支出 G を G' に変化させたときの所得を Y' と表す。この場合にも上と同様の関係が成立するので，次式が得られる。

$$Y' = \frac{1}{1-a}(I + G') \qquad (9\text{--}4)$$

（9--4）式から（9--3）式の両辺を差し引くと，

$$Y' - Y = \frac{1}{1-a}(G' - G) \qquad (9\text{--}5)$$

となり，所得の変化分 $Y' - Y$ を ΔY，財政支出の変化分 $G' - G$ を ΔG と書き直すと，

$$\Delta Y = \frac{1}{1-a}\Delta G \qquad (9\text{--}6)$$

が得られる。（9--6）式が意味することはこうである。すなわち，財政支出の変化分 ΔG に対して，それに対応した所得の変化分 ΔY は $1/(1-a)$ 倍である。仮に財政支出が 1 兆円だけ増加すれば，所得は $1/(1-a)$ 兆円だけ増加するのである。この $1/(1-a)$ のことを単に乗数，または**財政支出乗数**と呼ぶ。

財政支出乗数は消費性向 a に依存するが，具体的な数字を当てはめて計算すると**表 9--1** のようになる。消費性向 a が大きくなると，大きな乗数効果が期待できることがわかる。

表 9--1　**財政支出乗数と消費性向**

a	0.0	0.1	0.2	0.3	0.4	0.5	0.6	0.7	0.8	0.9
$\dfrac{1}{1-a}$	1.0	1.111…	1.25	1.428…	1.666…	2.0	2.5	3.333…	5.0	10.0

コラム⑤

等比数列と乗数効果

　乗数効果のメカニズムを別の視点から考えることも有益である。本文で説明した体系は (9-1) 式 $Y=C+I+G$ と消費関数 (9-2) 式 $C=aY$ の2式から構成されると考えてよい（$Y=AD$ も構成要素であるが，ここでは無視する）。そこで，財政支出 G を1兆円だけ増やしたときに，2つの式のなかで何が起きているのかを見る。

　最初に財政支出 G が1兆円増えると，それに応じて Y が1兆円増える。これを第1段階と呼ぼう。このことが**表9-2**の2行目に記してある。次に，消費関数を通じて，Y の1兆円増加に対応するように C が a 兆円（$=a\times1$）だけ増える。C の a 兆円の増加は直ちに総需要を同額拡大させるので，Y も a 兆円だけ増える。ここまでが第2段階である。同様にして，第3段階，第4段階，第 n 段階と考えていくことができるので，このプロセスは無限に続く。ただし，通常は a が0から1の間の定数と想定されているので，n が限りなく大きくなると a^{n-1} のような進んだ段階の効果は非常に小さな値となり，ほとんど0と同じになってしまうことに注意したい。

　乗数効果とは，2つの式の間で財政支出の総需要拡大効果が上のように波及していくプロセスをとらえたものと考えられる。つまり，当初に G が1兆円増えることの所得 Y への累積効果は，

$$1+a+a^2+a^3+\cdots+a^{n-1}$$

と表されるのである。高等学校レベルの数学の知識があれば，この累積効果が初項1，公比 a の等比数列の和になっていることに気づくはずである。そこで，等比数列の和の公式を用いると，上記の累積効果は，$(1-a^n)/(1-a)$ と表せる。ここで，n が無限に大きいとき，すでに確認したように a^n は0と等しいと考えて差し支えない。したがって，累積効果は $1/(1-a)$ となり，(9-6) 式と同じ結果が得られる。

表9-2　乗数効果のメカニズム

段階	Y	$=$	C	$+$	I	$+$	G	C	$=$	a	Y
1	$+1$						$+1$				
2	$+a$		$+a$					$+a$			$+1$
3	$+a^2$		$+a^2$					$+a^2$			$+a$
4	$+a^3$		$+a^3$					$+a^3$			$+a^2$
⋮	⋮		⋮					⋮			⋮
n	$+a^{n-1}$		$+a^{n-1}$					$+a^{n-1}$			$+a^{n-2}$

減 税 乗 数

同様の効果は減税によっても得られる。減税の効果を確認するために，消費の決定式を次のように書き換えよう。

$$C = a(Y - T) \tag{9-7}$$

ただし，T は税額を表す。（9-2）式と異なり，この式では所得から税額を差し引いた可処分所得に依存して消費が決まる。財政支出乗数と同様の手順により（9-7）式を（9-1）式に代入して Y について解くと，次式が得られる。

$$Y = \frac{1}{1-a}(I + G) - \frac{a}{1-a}T \tag{9-8}$$

ここで，税額 T を T' に変化させることを考えよう。このときの所得を Y' と表すと，次式が得られる。

$$Y' = \frac{1}{1-a}(I + G) - \frac{a}{1-a}T' \tag{9-9}$$

（9-9）式から（9-8）式の両辺を差し引くと，

$$Y' - Y = -\frac{a}{1-a}(T' - T) \tag{9-10}$$

となる。前と同様に所得の変化分 $Y' - Y$ を ΔY，税額の変化分 $T' - T$ を ΔT と書き直すと，

$$\Delta Y = -\frac{a}{1-a}\Delta T \tag{9-11}$$

となる。ここで，減税を行う場合には $T' < T$ となるから，ΔT がマイナスになることに注意しよう。たとえば，1兆円の減税を行う場合には，$\Delta T = -1$ であるから，所得は $a/(1-a)$ 兆円だけ増加する。これが**減税乗数**と呼ばれるものである。

a に具体的な数字を当てはめて減税乗数を計算すると，**表9-3** のように財政

表9-3　減税乗数と消費性向

a	0.0	0.1	0.2	0.3	0.4	0.5	0.6	0.7	0.8	0.9
$\dfrac{a}{1-a}$	0.0	0.111⋯	0.25	0.428⋯	0.666⋯	1.0	1.5	2.333⋯	4.0	9.0

支出乗数よりも必ず1だけ小さくなる。このことから，財政支出拡大と減税を比べると，財政支出拡大のもつ効果のほうが大きいと主張されることがある。

均衡財政乗数　以上の議論は財政の予算制約を考慮していないことに注意が必要である。つまり，上のケースでは，政府は財源調達の心配をせずに財政政策を実行することができるのである。しかし，財政の予算制約を考慮すると，これまでの結論は大きく変わってくる。いま，追加的な財政支出の増加には同額の増税で，財政支出の減少には同額の減税で対応するものとし，$\Delta G = \Delta T$ が満たされていると考えよう。財政支出 G を G' に，税額 T を T' に変化させたとき，Y が Y' に増加するものとすると，次式が得られる。

$$Y' = \frac{1}{1-a}(I + G') - \frac{a}{1-a}T' \tag{9-12}$$

(9-12) から (9-8) の両辺を差し引くと，

$$Y' - Y = \frac{1}{1-a}(G' - G) - \frac{a}{1-a}(T' - T) \tag{9-13}$$

である。この式を ΔY，ΔG，ΔT を用いて書き直すと，

$$\Delta Y = \frac{1}{1-a}\Delta G - \frac{a}{1-a}\Delta T \tag{9-14}$$

となるが，財政の予算制約 $\Delta G = \Delta T$ を考慮すると，

$$\Delta Y = \Delta G$$

が得られる。このように財政の予算制約を考慮した乗数のことを**均衡財政乗数**と呼び，その値は必ず1になる。

　均衡財政乗数が1になることから，以下の2つの示唆が得られる。第1に，財政の予算制約を考えれば乗数効果は大きくない。第2に，増税をせず，財政赤字の発生を許容すれば，すなわち国債等の発行によって資金調達を行えば，大きな乗数効果を期待できる。第2の点はケインズ政策にとって重要な意味をもつ。つまり，不況期には財政赤字の発生を甘受して大きな乗数効果により総需要拡大を図り，景気が好転した後に財政赤字によって生じた借金を返済することにすれば，景気の安定化に有益であると考えられる。

🔲 乗数効果の批判的検討

財政支出乗数の分解　すでに見たように，財政支出乗数から減税乗数を差し引くと，

$$\frac{1}{1-a} - \frac{a}{1-a} = 1$$

となる。これは均衡財政乗数の導出過程と表現してもかまわないので，

財政支出乗数－減税乗数＝均衡財政乗数

と書き換えても同じことである。乗数効果について理解を深めるためには，この式を次のように書き換えて，財政支出乗数を分解することが有益である。

財政支出乗数＝減税乗数＋均衡財政乗数

つまり，公債発行による財政支出拡大政策（財政支出乗数）は，

① 公債発行によって減税を行う政策（減税乗数）

② 上と同額の増税によって資金調達された財政支出の拡大政策（均衡財政乗数）

の合成と考えることができる。①の減税と②の増税はちょうど相殺されるので，全体としては公債発行により財政支出を拡大したことになるのである。

このように考えると，これまでの考察において財政支出乗数が減税乗数よりも大きくなったことは当然であるといえる。いずれの政策も減税乗数の部分を共通に含んでおり，そのうえで財政支出乗数には均衡財政乗数が上乗せされているのである。それゆえ，財政支出乗数が減税乗数よりも大きくなることは当然であり，両者の単純な比較はあまり重要ではない。別の言い方をすると，減税政策よりも財政支出拡大政策が好ましいと主張するためには，両者の差にあたる均衡財政乗数について評価する必要がある。

また，われわれは財政支出乗数を独立して考察する必要はなく，減税乗数と均衡財政乗数の2つについて検討すれば十分である。そこで，以下では，財政支出乗数を2つの要素，①公債発行による減税政策（減税乗数），②増税による財政支出拡大政策（均衡財政乗数），に分解して批判的に検討していこう。

減税乗数への批判　これまでの議論によれば，公債発行によって減税を行うと，その時点の可処分所得が増えるために消費が増

えて乗数効果が生じた。しかし，公債の発行は人々にとって負担と認識されないのであろうか。政府にとって公債発行によって得た資金はいつか返済しなければならない。このことを人々が合理的に予想するのであれば，いずれ政府が返済のために増税を企図することに思い至るはずである。つまり，人々が現時点の損得勘定だけでなく，長期的視野に立って行動していれば公債発行による減税は可処分所得の増加を意味しない（unit 28 を参照）。将来の増税に備えるために消費が変化しないのであれば，減税乗数の効果自体に疑念が生じる。

　また，公債発行を積極的に活用しようという姿勢に対しては財政規律を重んじる立場からの批判も根強い。ブキャナンを中心とした公共選択学派は民主主義のもとでの政策決定過程の問題から，政府の選択は（財政黒字よりも）財政赤字に傾きやすく，公債発行による財政政策は放漫財政を招くという議論を展開した。ケインズ政策は不況期の財政赤字と好況期の財政黒字が対になって初めて持続可能であり，公共選択学派が主張するように政府の選択が財政赤字と財政黒字の間で中立的でないとすると，財政政策について考えるうえで財政規律に配慮する必要があるだろう。公共選択学派の議論については unit 12 で詳述する。

**均衡財政乗数と
クラウディング・アウト**

これまでの基本的な設定では均衡財政乗数は必ず 1 であった。しかし，より現実的な設定では必ずしもそうではない。これまで不変と想定してきた民間投資 I が財政政策に反応して変動する可能性を考えなければならないからである。このような想定のもとでは，均衡財政乗数に関する結論は大きく変わる。

　もし，財政政策の発動に対して，均衡財政乗数の効果を打ち消すように民間投資（および波及効果を受ける民間需要）が減少したらどうなるであろうか。このように財政政策によって民間需要が押し退けられてしまうことを**クラウディング・アウト**と呼ぶ。このとき重要な鍵となるのは，経済が完全雇用の状態にあるのか，不完全雇用の状態にあるのかという視点である。経済が不完全雇用の状態にあれば，財政政策は遊休の物的・人的資源を活用できるのでクラウディング・アウトは生じにくい。それに対して，経済が完全雇用の状態にあれば，余剰の資源がないために財政政策の発動は民間の活用している資源を取り上げることになり，クラウディング・アウトが発生しやすい。

　完全なクラウディング・アウトが生じる場合には，総需要は増加せず，所得

も増加しない。つまり，極端なケースでは均衡財政乗数は 0 になってしまうのである。そこまで極端ではなくとも，いくらかでもクラウディング・アウトが生じれば，均衡財政乗数は 1 よりも小さくなる。均衡財政乗数が 1 となるのは特殊なケースであって，一般には 0 から 1 の間となると考えられる。また，長期的には労働市場の不均衡が解消されるように賃金が変化するため，完全雇用が実現するとすれば，均衡財政乗数が意味をもつのは賃金が十分に伸縮的でない短期に限られる。

要　約

□　人々がリスク回避的な（所得に関する限界効用が逓減している）場合，異時点間で所得を平準化することが効用の増大に寄与する。

□　財政支出を拡大したときの総需要拡大効果を財政支出乗数で表すことができる。同様に，減税したときの総需要拡大効果は減税乗数で表せる。

□　財政支出拡大を増税で賄うときの総需要拡大効果は均衡財政乗数で表せる。最も基本的なケースでは均衡財政乗数は 1 になる。

□　財政支出乗数は減税乗数と均衡財政乗数を足し合わせたものである。減税乗数と均衡財政乗数は 0 となる可能性もあり，乗数効果の評価には注意が必要である。

確認問題

□　*Check 1*　財政支出 G を 2 兆円増やしたところ，所得 Y が 10 兆円増加した。(9-1) 式と (9-2) 式を前提にすると，a の値はいくつになるか，考えなさい。

□　*Check 2*　財政支出を 3 兆円増やしたところ所得が 12 兆円増加した。財政支出を増やさずに減税によって所得を同額の 12 兆円増やすためには，減税額をいくらにすればよいか。(9-1) 式と (9-7) 式を前提に考えなさい。

□　*Check 3*　3 兆円の財政支出減少と 3 兆円の減税を同時に行うと所得はどれだけ変化するか。(9-1) 式と (9-7) 式を前提に考えなさい。

□　*Check 4*　不況期に減税によって景気回復を図る政策に対して，どのような批判が可能か，説明しなさい。

公共投資と社会資本

🔲 公共投資とは

ケインズ政策と公共投資　公共投資（公共事業）の役割として最初に考えられるのは，景気対策としての側面であろう。unit 9 で見たように，支出面での財政出動は乗数効果を伴って総需要を拡大させる効果をもつことが期待される。このような立場はケインズ政策に基礎を置くものであり，一部では根強い支持を得ている。しかし，このような見解に対しては反論もある。第 1 にクラウディング・アウト，第 2 に政府の失敗，第 3 に公共投資の中身についての配慮がないことである。

　最初の 2 つの反論については unit 9，12 で議論しているので，ここでは最後の点について考察してみよう。ケインズ政策に立脚して総需要拡大の側面のみに注目すると，公共投資は必ずしも社会にとって有用なものである必要はなく，たとえば道路に穴を掘った後，すぐに埋めるという無駄な事業でもかまわない。しかし，直感的に明らかなように，公共投資で何を造り出すのかは経済にとって重要なことである。予算規模が同じ 2 つの公共事業がもつ短期的な総需要拡大効果は同程度かもしれないが，有用な公共事業は長期にわたって大きな便益をもたらすのに対して，無用な公共事業は翌年以降何ら便益をもたらしてはくれない。

公共投資から社会資本へ　公共投資自体はフローであるが，その蓄積の結果はストックとして経済に残る。このような公共投資の蓄積の結果は，経済の**インフラストラクチャー**（基盤）として民間の経済活動を支え，また直接的に多くのサービスをもたらす。これらのストックは，その性質と整備主体によって**表 10–1** のように分類できる。まず，資本の性質によって公益

表 10-1　整備主体と資本の性質による分類

		整備主体	
		政府（公共資本）	民　間
資本の性質	他産業に寄与（社会資本）	道路，港湾・空港，地下鉄，上下水道，学校など	電力，ガス，通信，鉄道など
	自産業のみに寄与	郵便，印刷事業，駐車場など	一般の民間企業の資本

性の高いものが**社会資本**に分類される。ここで，公益性が高いとは，市場取引を介さずに他産業の経済活動に寄与していることをさす。したがって，社会資本は unit 6 で説明した公共財としての性質をもつことが多い。

　これに対して整備主体による分類は単純である。政府が整備主体であれば**公共資本**，民間が整備主体の場合には民間資本となる。この場合，電電公社（NTT）や国鉄（JR）のように民営化されると分類が変更されるという問題が生じる。資本としての役割は変わっていないのに，分類が変更されるのは理論的には問題があるだろう。

公共投資・社会資本の統計　　公共投資の動向を見るために，まず思いつくのは国の予算データである。確かに，一般会計の歳出項目のなかには**公共事業関係費**なるものが存在する。これは，治山・治水，道路，港湾・空港・鉄道，住宅・都市環境，上下水道，農業・農村，森林水産基盤などの整備を目的としたものであり，一般に考えられている公共投資のイメージと近い。ただし，ここからわかるのは中央政府が関与した部分だけであり，地方自治体の事業や公的企業の動向は含まれない。

　より広い範囲をカバーし，よく利用される統計は国民経済計算（SNA）である。SNA には**総固定資本形成**という項目があり，その内訳は住宅，企業設備，一般政府からなる。unit 2 で見たように，一般政府には地方政府も含まれるから，一般政府の総固定資本形成に注目すれば，公共投資の総額がわかると考えてよいだろう。加えて，SNA では一般政府の部門別勘定もわかるので，各部門（中央政府，地方政府，社会保障基金）の総固定資本形成も判明する。また，住宅と企業設備は民間と公的に分かれており，これら公的の部分を一般政府の総固定資本形成に足し合わせたものを**公的総固定資本形成**と呼ぶ。公的総固定資本形成は公的企業の投資も含む指標と考えればよい。ただし，SNA の総固定

さまざまな社会資本

　社会資本には多くの種類がある。といっても，**表10-1**のように細項目に分類できるという意味ではない。同じ用語を用いても，そこからイメージされる内容が人によって異なるということである。本文で見たように，経済学において社会資本はインフラストラクチャーを意味すると考えてよい。これに対して，社会学者を中心に人間関係や社会的ネットワークを社会資本と呼ぶ考え方もある。このような見方は，アメリカの政治学者パットナムによるコミュニティの研究を通して広められ，社会学や政治学の世界で大きな成果を上げた。

　英語ではインフラストラクチャーを表す社会資本は public capital，または government capital と呼ばれるのに対して，人間関係を表す社会資本は social capital と呼ばれるため，2つを区別することは難しくない。日本語でこれら2つの社会資本を区別したい場合には，social capital のことを社会関係資本と呼称する。public capital や government capital を公共資本，政府資本と呼べばすむことであるが，インフラストラクチャーを社会資本と表現することが定着してしまっているからである。また，インフラストラクチャーに自然や制度（法制度など）を加えた広い意味で社会資本を定義することもある。この場合には，社会的共通資本（social overhead capital）という用語が用いられることもある。社会資本という用語を使用するときには，対話相手が誰なのかに気を配ったほうがよい。

資本形成には公共事業を実施するために必要な用地の取得費が含まれていない点に注意が必要である。

　また，SNAにはストックのデータもあるが，情報量は十分とはいえない。ストックである社会資本については内閣府『日本の社会資本』が準公式統計として認められている。そのなかには，1953年度以降，20以上の部門に及ぶ社会資本データが収められている。これらのデータは内閣府のホームページ内にも「社会資本ストック推計」として公開されている。

🔲 費用便益分析

公共投資の最適水準　社会資本を整備するために公共投資を行うとき，公共投資の望ましい規模はどのように決まるのだろうか。この問いに対して経済理論は，社会資本の限界便益と限界費用を比較する方法を提案している。もし限界便益が限界費用を上回っていれば，純便益が増える

ので，追加的な公共投資には意味がある（unit 3 も参照）。逆に限界便益よりも限界費用が大きい場合には，追加的な公共投資は社会的に損失を招くことになる。

　以上の考え方は地域間の公共投資配分を考えるうえでも役に立つ。もし公共投資によって得られる便益が地域によって異なるのであれば，低い便益しか得られない地域の公共投資を減らし，より高い便益をもたらす地域の公共投資を増やせば，公共投資の総額を変えずに全体の便益を増やすことができる。近年，東京など都市部に比べて地方部の社会資本は生産力効果（後述）が弱く，経済的な便益が少ないといわれる。この議論が正しいとすれば，地方部の公共投資をカットし，都市部の公共投資を増やすことが望ましいことになる。

費用便益分析の考え方　マクロ経済や都道府県レベルで公共投資の社会的便益を測定することには多くの困難が伴う。とくにマクロ・レベルで社会的便益を計測しようという研究が盛んになったのは近年になってからであり，現時点での計算結果には研究者によって大きな幅がある。しかし，個別のプロジェクト単位では社会的便益を測定し，計上される費用と比較する方法が昔から提唱されてきた。これが**費用便益分析**である。

　費用便益分析のアイデア自体は難しいものではない。そこで，まずは費用便益分析の考え方を追いながら，初歩的な計算のプロセスを考えてみよう。ある公共事業の費用が C で表され，用地取得費は必要ないものとする。公共投資を行う時点を 0 年目として，この公共事業によって整備される社会資本は 1 年目に B_1，2 年目に B_2，T 年目には B_T の社会的便益をもたらす。このとき社会的便益の総計をどのように計算すればよいだろうか。1 年目から T 年目までの便益を単純に合計すればよいのだろうか。

　標準的な経済理論に従うと，今年稼得される 1 万円と来年になって稼得される 1 万円の価値は異なる。つまり，多くの人は来年の 1 万円に今年の 1 万円よりも低い価値しか感じないであろう。そこで，r をプラスの値として，来年の1 万円の現時点における価値を $1/(1+r)$ 万円と考えてみよう。このように将来価値を現時点での価値に変換したものを**割引現在価値**と呼ぶ。また，r を割引率という。たとえば r が 0.1（10％）だとすると，来年の 1 万円の割引現在価値は約 9091 円である。同様に 2 年後の 1 万円は $1/(1+r)$ をさらに $1+r$ で割った $1/(1+r)^2$ として計算できるから，割引現在価値では約 8264 円となる。

便益の話に戻ろう。以上の議論に従うと，社会資本のもたらす1年目の便益の割引現在価値は $B_1/(1+r)$，2年目では $B_2/(1+r)^2$ であり，T 年目では $B_T/(1+r)^T$ である。ゆえに，プロジェクトのもたらす社会的便益の割引現在価値の総和は，

$$\frac{B_1}{1+r} + \frac{B_2}{(1+r)^2} + \cdots + \frac{B_T}{(1+r)^T}$$

と表される。このように計算された社会的便益の割引現在価値の総和が費用 C よりも大きければ，このプロジェクトの実施には意味がある。逆に費用が上回るのであれば，このプロジェクトは実施の必要がないことになる。

割引率の設定と内部収益率　以上のように，事業にかかる費用，毎年の便益，割引率が決まれば，費用便益分析の計算はそれほど難しいものではない。ただし，割引率の設定いかんで費用と便益の総和の大小関係は異なってくることに注意すべきである。すなわち，割引率を低めに想定すれば，便益の現在価値が高めに算出されるので，便益の総和も大きくなる。したがって，割引率を低く見積もれば，プロジェクトは実施されやすくなるのである。ここに政策決定者の恣意の入る余地がある。

そこで，発想を逆転させてみよう。いま，割引率 r の代わりに適当なプラスの値 r' を用いて割引現在価値を計算する。このとき，次式のように費用と便益の総和が等しくなるような r' が存在するはずである。

$$C = \frac{B_1}{1+r'} + \frac{B_2}{(1+r')^2} + \cdots + \frac{B_T}{(1+r')^T}$$

上式が成立するような r' のことを**内部収益率**と呼ぶ。内部収益率がプロジェクトの収益率を表していることはすぐに理解できるだろう。したがって，内部収益率を金融市場の利子率などと比較すれば，このプロジェクトの重要性がわかる。また，複数の公共事業を比較する場合にも，内部収益率の高いプロジェクトを優先することが可能である。

社会資本の便益

便益測定に伴う困難　費用便益分析は経済理論を基礎としており，きわめて強力な手法である。しかし，社会資本の便益を測定する際にはいくつかの点に注意すべきであろう。

　第1に，社会資本は公共財的性質をもつことが多く，その影響の及ぶ範囲が広い。したがって，便益評価にあたり，私的限界便益に限らず，広く**社会的限界便益**を想定する必要がある。

　第2に，社会資本は必ずしも市場で取引されるとは限らないため，その便益を別途評価する必要がある。たとえば，新しい道路が建設されたとして，その影響は移動時間の短縮として現れる。したがって，新道路建設の影響は節約された時間を金銭評価することで初めて判明する。この金銭評価には恣意性の入る余地が十分にある。

　第3に，市場で取引されるとしても，社会資本の影響は直接的に利用者の効用を引き上げるだけでなく，間接的な影響を有する場合がある。たとえば，鉄道の敷設は利用者の効用を直接的に引き上げる。それが運賃に反映されるとすれば，直接効果を把握することはそれほど難しくない。しかし，鉄道敷設の効果はそれにとどまらない。多くの場合，鉄道敷設は他産業の生産活動にも寄与し，他産業の生産物を増加させることを通じて消費者の効用を間接的にも増大させる。たとえば，新たに鉄道が通じると，宅配便の配達時間が短縮されるかもしれない。このような間接効果を無視できないとすると，社会資本が他産業に及ぼす生産増大効果（**生産力効果**）を測定する必要がある。

　便益測定の方法　社会資本のもたらすサービスが市場評価されていない場合，便益評価には工夫が必要となる。代表的な手法として，代替法，トラベル・コスト法，ヘドニック・アプローチ（ヘドニック法），仮想市場法，コンジョイント分析法などがある。

　代替法は市場で取引されている類似の財を探し，その市場における評価によって社会資本の便益を類推しようという方法である。指摘するまでもなく，代替可能な財が存在しないと利用できない。

　トラベル・コスト法は，たとえば公園にアクセスするために要する旅行費用（トラベル・コスト）を価格ととらえて，旅行費用の大小によって公園に対する需要が変化すると考える。そして，交通費などの旅行費用と公園の訪問需要のデータから需要関数（需要曲線を表す関数）を推定できれば，便益の測定が可能となる。もちろん，利用が訪問という形をとらない社会資本については適用できない。

　ヘドニック・アプローチでは，社会資本が便益をもたらす場合，便益はその

地域の地価に反映されると考える。このような想定が正しければ，社会資本整備前後の地価を比較することにより便益の測定が可能となる。ただし，土地市場が有効に機能し，便益が地価に完全に反映されていることが条件となる。

　仮想市場法とコンジョイント分析法はアンケート調査などの個票データを利用する方法である。仮想市場法では，ある社会資本整備について便益に対する支払意思額を答えてもらい，その金額を用いて便益の測定を行う。また，コンジョイント分析法では，社会資本整備に関わる複数の選択肢を提示し，回答者に選好の順序を答えてもらう。その選好順序の情報を用いると，社会資本の便益評価が可能となる。しかし，いずれの方法もアンケートの設計次第で回答が変化する可能性があり，常に信頼性の高い推定結果を得られるとは限らない。

生産力効果　　　社会資本の便益評価にあたって間接効果が重要だとすると，その生産力効果を無視できない。一般に民間企業の生産活動は従事する労働力と民間企業のもつ資本ストックに依存していると考えられるが，それに加えて交通網や通信網などの社会資本の整備状況が生産活動にとってきわめて重要である。道路が整備されていなければ宅配便のサービスは成立しないし，コンビニエンス・ストアの各店舗に商品が十分に供給されることもないだろう。つまり，民間企業が生産活動を行う際には，労働力や民間資本と同様に社会資本のもたらすサービスを活用しているのである。

　1990 年代以降，マクロ経済や都道府県レベルで社会資本の生産力効果を計測した研究が数多く現れた。その多くは生産力効果の存在を確認したが，時系列では生産力効果が低下してきた可能性を指摘する研究もある。これが事実だとすれば，社会資本の量は飽和に向かっており，公共投資の抑制が必要になる。また，前述のように，生産力効果は地方部よりも都市部で高いことが多くの研究で確認されており，公共投資の地域間配分についても検討の余地がある。

🔲 公共投資と社会資本整備の歴史・現状

**公共投資と社会資本
整備の推移**　　　日本の公共投資の推移を評価するために，一般政府の投資（総固定資本形成）が GDP に占める割合を主要国と比較したのが **図 10-1** である。この図によると，20世紀の日本の公共投資は他の主要国に比べてかなり多かった。しかし，財政再建（unit 27 参照）の要請もあり，21 世紀に入ってから日本の公共投資は削減さ

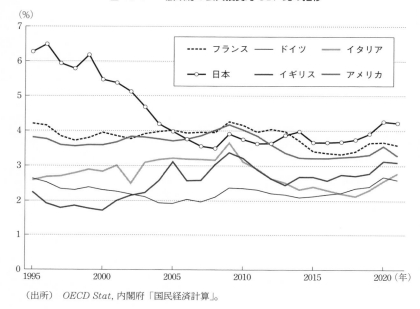

図10-1　一般政府の公共投資対GDP比の推移

（出所）　*OECD Stat*, 内閣府「国民経済計算」。

れる方向にあり，近年では対GDP比が他の主要国と比べて突出して高いわけではない。もちろん，公共投資の最適水準は費用と便益の比較によって定まるものであり，国際比較を根拠として抑制することには慎重でなければならない。むやみに公共投資を減額すれば，社会資本の状況が悪化することを覚悟すべきである。

　また，前項までの議論をふまえると，上のような公共投資の総額だけでなく，公共投資によって整備された社会資本の内訳が重要である。ここでは，内閣府「社会資本ストック推計」のデータを**表10-2**のように4つの分類にまとめて，10年ごとに社会資本総計に占める構成比を算出した。表によれば，1970年から1980年にかけて産業基盤から生活基盤へのシフトが生じている。

公共投資の地域間配分　効率性の観点からいえば，すでに議論したように公共投資は生産性の高い地域に多く配分されることで高い生産力効果を得ることが望ましい。日本でも，1960年代前半まではマクロで見た経済成長を伸ばすために生産性の高い都市部に対して公共投資が手厚く配

表10-2　社会資本の分類と構成比

大分類	社会資本	構成比（%）						
		1960年	1970年	1980年	1990年	2000年	2010年	2019年
生活関連	公共住宅，下水道，廃棄物，水道，都市公園，学校施設，社会教育，郵便，庁舎	41.3	34.2	37.8	37.2	37.2	37.0	36.8
産業基盤	道路，港湾，航空，鉄輪機構等，地下鉄等，工業用水	25.2	34.8	34.8	36.6	37.7	37.9	39.2
農林水産	農業，林業，漁業	14.3	14.9	14.5	13.8	13.3	11.8	10.5
国土保全	治水，治山，海岸，国有林	19.2	16.0	13.0	12.4	11.7	13.3	13.5

（出所）　内閣府「社会資本ストック推計」。

分された。しかし，1970年代以降に経済成長が鈍化し，地域間格差の問題が意識されるようになると，公共投資はむしろ地方部に多く配分されるようになった。つまり，公共投資は民間経済活動の活発でない地方を下支えする役割を担ったのである。

　このような政策は都市部から地方部へ資源を移すことを意味し，地域間の所得再分配の一種となっている。地域間の所得再分配は日本の公共投資政策の重要な特徴であるが，近年では公共投資による再分配が地方の自立を損なうといった考え方から，公共投資による地域間の所得再分配に対して強い批判がある。

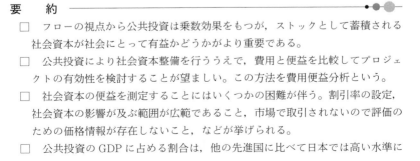

要　　約

　□　フローの視点から公共投資は乗数効果をもつが，ストックとして蓄積される社会資本が社会にとって有益かどうかがより重要である。

　□　公共投資により社会資本整備を行ううえで，費用と便益を比較してプロジェクトの有効性を検討することが望ましい。この方法を費用便益分析という。

　□　社会資本の便益を測定することにはいくつかの困難が伴う。割引率の設定，社会資本の影響が及ぶ範囲が広範であること，市場で取引されないので評価のための価格情報が存在しないこと，などが挙げられる。

　□　公共投資のGDPに占める割合は，他の先進国に比べて日本では高い水準に

あったが，21世紀に入って低下してきている。

確 認 問 題

☐ *Check 1* 表10-1に示されている資本以外で，4つの分類に当てはまる資本の具体例をそれぞれ1つ挙げなさい。

☐ *Check 2* 今年度に100万円の費用で整備を行うと，来年度以降5年間にわたって年当たり25万円の収入が得られるプロジェクトがある。割引率が5%だとすると，このプロジェクトの実施は正当化されるか。また，このプロジェクトの内部収益率はおよそ何%か，考えなさい。

☐ *Check 3* リニア中央新幹線の便益を評価するとして，実施上の困難となることが予想される点を列挙しなさい。

☐ *Check 4* 社会資本が生産力効果をもつ身近な例を挙げて説明しなさい。

公営企業と規制産業

🔲 政府介入の根拠と規制改革の動向

　政府は予算を使って直接的に公共サービスを提供する以外にも，多くの市場に対して介入を行っている。介入の形はさまざまである。水道事業のように**公営企業**が直接的に供給する場合もある。電力事業やガス事業のように，供給は民間の株式会社によるが，政府の強い規制下に置かれてきた市場もある。いずれにしても，このような市場に対する政府の介入は，程度の差こそあれ多くの国で普遍的に観察することができる。

　政府が市場の経済活動に介入する理由は何だろうか。市場メカニズムが十全に機能していれば，政府の介入が弊害を生むことは経済学の教えるところである。したがって，政府の介入が正当化されるためには何らかの理由で市場の失敗が生じている必要がある。すでに学んだ外部性や公共財のほかに，後述する**独占**が代表例といえる。

　市場メカニズムが常に機能するとはいえないので，政府介入の必要があることは間違いない。しかし，明らかに非効率な公営企業や過度の規制も存在する。実際，近年では多くの市場において**規制緩和**の方向性が模索されており，医薬品や電力などの市場では一部自由化が進行しつつある。また，地域を限定して規制緩和を優先的に進めようという試みとして構造改革特区（構造改革特別区域）や，官の独占事業に民間企業を参入させようという市場化テストなどの試みが拡大しつつある。

　なぜ，いま**規制改革**が進められているのだろうか。規制改革の動きを理解するために，以下では政府介入の根拠として自然独占と呼ばれるケースの問題点と，それに対する規制のあり方を見たうえで，規制改革が必要となる根拠と最

図 11-1　独占企業の行動と死荷重損失

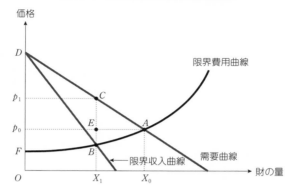

近の動向について見ていこう。

独　占

独占企業の行動と死荷重損失

独占企業であっても，利潤を最大化することが目的であることに変わりはない。つまり，独占企業の生産量は限界費用と限界収入が等しくなる点で決まる。**図11-1** には，右上がりの限界費用曲線が描かれており，これは完全競争のときと同じである。異なるのは限界収入である。完全競争下では，企業は**価格受容者（プライス・テイカー）**であるから，その時々の価格でいくらでも売ることができる。つまり，完全競争下での限界収入は価格と等しくなる。しかし，独占企業の場合には供給量を増やすと価格が下落してしまうので，企業の限界収入は価格よりも低くなる。いま，独占企業の直面する需要曲線を**図11-1** 上に右下がりで描くと，限界収入はそれよりも低いところに描かれる。

　この状況で独占企業が選択する生産量は X_1 であり，完全競争下での供給量 X_0 よりも少なくなる。このとき，限界費用曲線と限界収入曲線は点 B で交わるが，独占企業の設定する価格は需要曲線上の C 点に対応する p_1 で決まることに注意が必要である。したがって，完全競争下の消費者余剰が $\triangle DAp_0$ であるのに対して，独占下の消費者余剰は $\triangle DCp_1$ となり，$\square p_1 CAp_0$ だけ消費者余剰が減る。一方，完全競争下の生産者余剰は $\triangledown p_0 AF$ であるが，独占下での生産者余剰は $\square p_1 CBF$ であり，独占によって $\triangledown EAB$ の余剰が失われるものの，

新たに□p_1CEp_0の余剰が得られるので，全体として生産者余剰は増大する。これらを総合すると，独占のケースでは△CABだけの死荷重損失が生じる。つまり，独占は資源配分上の損失を生むという点で社会的に望ましくないし，消費者から生産者へ余剰の移転が行われるという問題も伴っている。

独占の弊害 多くの市場で政府によって参入規制が行われているが，このような規制は独占を通じて社会的損失を招く。すでに見たように，1つは独占による死荷重損失である。いま1つは独占価格によって生じる消費者から生産者への余剰の移転である。しかし，参入規制に伴う独占の弊害はこれにとどまらない。

第1に，**X非効率**の問題である。独占企業は競争にさらされないので，経営効率化をめざすインセンティブをもたない。このような企業は独占による利潤を労働者の賃金や経営者に対する報酬にまわし，生産性の改善には努めないのである。

第2に，参入規制を勝ち取るために政治家や官僚に働きかける費用が挙げられる。いったん参入規制が認められ，独占が保証されれば，この企業は独占価格によって利益を得ることができるから熱心に政治活動を行うだろう。このような活動をレント・シーキングという（unit 12 参照）。レント・シーキングに費やされた資源は，生産に何ら寄与しないので，社会的には損失である。

独占と参入障壁 上で見たように，独占は企業にとって魅力的な状況である。しかし，通常の市場では競争相手が新たに登場する可能性があるために，独占価格を維持することは難しい。長期的に独占を維持するためには，競争相手を排除できるような**参入障壁**が必要となる。参入障壁として以下の4つが代表的である。

第1に，生産活動における優位性である。たとえば，原材料を独占していたり，模倣が困難な優れた生産技術をもっている場合には競争相手の参入を阻むことができる。第2に，政府によって参入が規制されている場合である。第3に，**サンク・コスト**（埋没費用）が無視できない場合である。サンク・コストとは，市場に参入するときに必要となり，退出する際に回収することができない費用のことである。サンク・コストが大きいと，まだ参入していない企業にとって新規参入は高くつくことになる。第4に，**規模の経済**が存在し，市場が1企業に自然に独占される場合である。

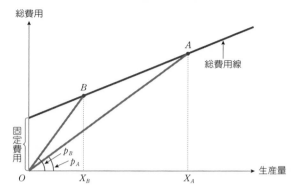

図11-2　固定費用と平均費用

規模の経済と自然独占

　規模の経済とは，企業がすべての生産要素の投入量を k 倍したとき，生産量が k 倍よりも大きく増える性質のことである。つまり，規模の経済が存在する場合，企業が大規模になればなるほど生産性は高まっていく。このことは次のように考えることもできる。規模の経済のもとでは，生産量を k 倍にするために必要な生産要素投入量の増え方は k 倍よりも小さいので，生産量1単位当たりの生産要素投入量は減少する。生産要素価格が決まっているとすれば，大規模になる（生産量が多くなる）ほど生産量1単位当たりの費用（**平均費用**）が徐々に減っていくのである。

　また，事業開始時に必要な固定費用が大きい場合にも，大規模になるほど平均費用が徐々に減る。**図11-2**は当初の固定費用が大きく，生産量の増加に対する費用の増加が直線で表されるケースである。平均費用は総費用/生産量であり，右上がりの総費用線上の点と原点を結んだ直線の傾きで表される。つまり，**図11-2**では生産量 X_A に対応する平均費用は p_A，生産量 X_B に対応する平均費用は p_B なので，$p_A < p_B$ であり，大規模なほど平均費用は小さくなる。

　このように，大規模なほど平均費用が低くなることを（平均）**費用逓減**と呼び，費用逓減が当てはまる産業を**費用逓減産業**という。費用逓減産業では市場全体の総生産量を一定として，企業数が少ないほど総費用が少なくてすむ。**図11-3**には逓減する平均費用曲線が描いてある。生産量 X を1企業が独占して供給する場合の総費用は□$p_A AXO$ であるが，2企業が半分の $X/2$ ずつ供

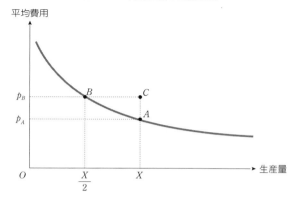

図11-3　費用逓減と自然独占

給する場合には，各企業の平均費用は B 点で決まるので，2 企業合計の総費用は □$p_B CXO$ となる。このように，費用逓減産業では 1 企業が独占的に供給を行うほうが，必要となる費用総額が少ないため，自然に独占が進行する。これが**自然独占**である。

🔲 価 格 規 制

限界費用価格規制　費用逓減産業では自然独占が生じるので，そのままでは死荷重損失が発生する。そこで，政府が介入して企業に限界費用と等しい価格で供給するように規制することが考えられる。このことを理解するために**図11-1** に平均費用曲線を描き足したものが**図11-4** である。ここで，限界費用が平均費用と等しいときに平均費用が最小となるから，平均費用曲線の最小点を限界費用曲線が通っている。また，費用逓減産業では，需要曲線と平均費用曲線が交わるのは，平均費用が逓減する区間であることに注意してほしい。

　前述のように，独占下では B 点で限界費用曲線と限界収入曲線が交わるので，供給は X_1，価格は需要曲線上の C 点で定まる p_1 となる。このとき，独占企業は □$p_1 CEp_2$ の利潤を得ており，また社会全体では △CAB の面積分だけ死荷重損失が発生している。完全競争下では A 点が選ばれ，供給は X_0，価格は p_5 となる。この点で社会的余剰が最大となるので，政府の方針として第 1 に考えられるのは価格を p_5 に規制することである。p_5 は限界費用に一致するの

図 11-4　価 格 規 制

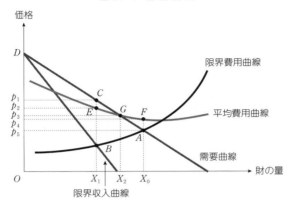

で，このような価格規制は**限界費用価格規制**と呼ばれる。

　限界費用価格規制は社会的余剰を最大化するという意味において望ましい政府介入であるが，この企業が赤字に直面してしまうために何らかの方法で補塡しないと企業は存続できないという問題が生じる。いま，A 点で操業しているとすると，価格が p_5 であるのに対して，平均費用はそれよりも高い p_4 であるから，この企業は□$p_4 F A p_5$ だけ赤字となってしまうのである。

　この独占企業が存続できるように政府が赤字分を補塡する場合，この企業のインセンティブに重大な影響が表れるだろう。つまり，効率的な経営を行わずに赤字が出ても何ら気にする必要がないので，企業経営が放漫になっていくのである。一般に，競争にさらされていない企業は非効率な状態に陥ると考えられ，ここでの状況も前述した X 非効率の一種と考えることができる。また，この企業は政府から多くの補助を引き出すために政治家や官僚に働きかけるかもしれない。これはレント・シーキングの一種である。

平均費用価格規制　　限界費用価格規制が赤字の発生のために望ましくない結果をもたらすとすれば，赤字が発生しない範囲で社会的余剰を最大にすることが求められる。赤字を出さないためには価格が平均費用と等しくなればいいので，**図 11-4** の需要曲線と平均費用曲線が交わる G 点がその答えである。G 点では，供給は X_2 であり，価格は p_3 で平均費用と等しい。需要曲線上で赤字にならない範囲は G 点から左側なので，赤字を発生させないという条件下では X_2 が最適供給量 X_0 に一番近い。したがって，赤

字が発生しない範囲で X_2 において社会的余剰が最大となる。

価格が平均費用に一致するように政府が介入することを**平均費用価格規制**と呼ぶ。平均費用価格規制は政府による補填が必要ないという利点をもつ。しかし，独占企業が効率的な経営を行うインセンティブを与えることはできない。なぜなら，効率化によって費用が低下しても（平均費用と一致するように決まる）価格が下がるだけで，企業の利益につながらないからである。

🔲 インセンティブ規制

価格規制には，独占企業の経営効率化に対してインセンティブを与えないという欠点がある。そこで，現在では企業の経営努力を促すような規制の方法が重視されている。

第1に，免許入札制がある。この規制では事業を免許制とし，その免許を競争入札によって一定期間に限り与える。この場合，非効率な企業は入札で勝てないから経営努力が促される。ただし，参入に大きなサンク・コストが必要なケースでは採用が難しい。

第2に，規制の対象となる企業を地域別に分割し，地域間で競争させる方法である。このような規制下では，各企業は他地域企業の経営状況を物差し（ヤードスティック）として評価され，経営効率化の圧力を受ける。この方法は**ヤードスティック方式**（unit 15 のヤードスティック競争と同じ原理）と呼ばれ，日本でも電力やガス，JR や NTT について採用された。

第3に，価格設定の上限を決めるプライス・キャップ（価格上限）規制がある。この方法では価格の上限だけが決められ，それ以下の水準であれば企業は価格を自由に設定できる。企業が効率化を進めて費用削減に成功すれば，その分だけ企業の利潤が増えるので，企業には経営効率を高めるインセンティブが生じる。この規制手法は 1984 年にイギリスのブリティッシュ・テレコムの民営化に際して考案されたものである。

🔲 規制改革の根拠と新しい動き

コンテスタブル市場

規模の経済のために1社が独占供給することが望ましいとしても，競争圧力が働く場合もある。参入・退出が自由でサンク・コストがない場合には，自然独占の状態にある企業は常に潜

在的な新規参入企業の影に怯（おび）えなければならない。この状況で利潤を求めて独占価格を設定すると，たちまち独占価格よりも低い価格で新規参入する企業が出現し，既存の企業から市場を奪い取ってしまうためである。

このように潜在的な競争圧力にさらされた市場のことを**コンテスタブル市場**と呼ぶ。コンテスタブル市場では，黒字があれば新規参入が行われるので，価格は平均費用と一致するところに自然と落ち着く。したがって，コンテスタブル市場において規制は必要ない。むしろ，新規参入の可能性が保証され，潜在的な競争圧力が保持されることが望ましい。コンテスタブル市場の理論は，近年の規制緩和の方向性に強力な支持を与えるものであるといえるだろう。

特区と市場化テスト　これまで見てきたように，参入規制による独占はさまざまな弊害を生む。とりわけ，X非効率やレント・シーキングの問題は重大であり，無用の規制は廃止されるべきであろう。また，規模の経済によって自然独占が生じる場合でも，新規参入の可能性が保証されたコンテスタブル市場においては規制の必要性は低下する。このような議論を受けて，近年の規制改革の動きが進行してきたと考えてよいだろう。

しかし，強力な規制改革の動きには反発も多い。とりわけ既得権益として独占の恩恵を受けている業界の反発は大きい。そこで，地域・分野を限定して規制を撤廃し，緩やかに規制改革を進める方法が注目を浴びている。これが**構造改革特区**である。2002年に成立した構造改革特別区域法にもとづいて，すでに多くの特区が認められている。たとえば，教育特区では学校の設置・運営を学校法人に限定しないこと，教員免許をもたない者でも授業を行うことができるなどの規制緩和が実施されている。また，福祉特区では公共の福祉施設を民間企業が運営すること，民間の派遣労働者を受け入れることなどが行われている。さらに，株式会社の病院経営参加を認める医療特区も現れた。2011年度には，経済社会の活力の向上および維持発展をめざす総合特区制度が立ち上がっており，2013年度には，国際競争力を有した産業の集積拠点形成をめざす国家戦略特区が成立した。

構造改革特区とは異なる規制改革手法として**市場化テスト**も開始されている。市場化テストは，これまで政府が独占してきた事業を民間に開放するため，事業の実施者を競争入札によって決定する仕組みである。この手法は民営化とは異なり，事業の責任者はあくまで政府であり，民間は事業の実施を請け負うと

いう形をとる。市場化テストの導入はアメリカやイギリスで先行しており，1980 年頃から水道や道路の管理などで成果を上げている。日本でも国民年金保険料の収納業務や統計調査の実施業務，ハローワーク関連事業などについて民間事業者への委託が実施されている。

要　約

- [ ]　独占の存在は死荷重損失を発生させるという意味で社会的に望ましくない。この他の独占の弊害として，消費者から生産者への余剰の移転，X 非効率，レント・シーキングなどの問題が挙げられる。
- [ ]　独占を維持するためには参入障壁が必要である。参入障壁の代表例として，生産活動における（技術的）優位性，政府による参入規制，サンク・コストの存在，規模の経済などが考えられる。
- [ ]　規模の経済が成り立つ場合，平均費用が逓減するような費用逓減産業となる。このとき，1 企業が独占的に供給を行う自然独占の状況が生じ，独占による死荷重損失が発生する。
- [ ]　独占の弊害を除去するための政府介入として価格規制を考えることができるが，独占企業の経営効率化に対してインセンティブを与えない。そこで，最近ではインセンティブ規制と呼ばれる手法が注目されている。
- [ ]　政府による無用の参入規制は独占を発生させるため望ましくない。また自然独占の状況であっても潜在的な競争圧力にさらされたコンテスタブル市場では規制を行う根拠は乏しい。このような考え方を背景として，近年では規制改革が進行しつつある。

確認問題

- [ ]　*Check 1*　独占企業の具体例を挙げ，どのような参入障壁に守られているのかを考えなさい。
- [ ]　*Check 2*　図 11-3 において 3 つの企業で供給を行う場合の総費用はどのように描けるか。図示しなさい。
- [ ]　*Check 3*　図 11-4 において消費者余剰と生産者余剰を示しなさい。限界費用価格規制の場合と平均費用価格規制の場合に分けて説明すること。
- [ ]　*Check 4*　ヤードスティック方式やプライス・キャップ規制が企業に経営効率化を促すインセンティブを与えることを説明しなさい。

unit 12

政府の失敗

🔲 政府は万能か

　unit 9 で議論したケインズ政策の立場は，財政政策を発動するにあたり政府の意思決定に誤りがないことを前提としている。このような前提のことを，ケインズの育ったイギリスの地名にちなんで**ハーベイ・ロードの前提**と呼ぶ。しかし，詳しい議論をまたずとも，政府を全面的に信用できるという仮定には疑問が湧いてくるだろう。これまでの unit では，いかに市場の失敗を是正するのかという側面から多彩な議論を紹介してきたが，以下では政府の失敗の可能性について論じ，その理論的帰結について検討していく。もし，政府の失敗が無視できないとすれば，たとえ市場の失敗があったとしても直ちに政府の介入が支持されるわけではないことになる。市場の失敗と政府の失敗を比較考量して政府の失敗が相対的に小さいときに，初めて政府の介入が肯定される。

　このとき重視されるのが，ブキャナンに代表される**公共選択**（ヴァージニア）**学派**によって強調された政策決定過程の分析である。政策の意思決定は多数の人々による合意形成を経て行われるという点で，これまでの合理的個人の意思決定問題とは異なる。政府の政策決定について議論するためには，政策決定過程で影響を及ぼすと考えられるさまざまな問題，すなわち合意形成過程，投票行動，官僚制，利益団体，などについて考察しておくことが必要となる。

🔲 民主主義と多数決原理

投票のパラドックス　　　意思決定の際に多数の合意が必要な場合，個人の選好を反映して社会全体としての意思決定がなされることを**社会的選択**という。社会的選択を迫られた場合，民主主義体制のもとでは多

表 12-1　政策の優先順位と投票のパラドックス

	社会保障	公共投資	低負担
個人 A	3	1	2
個人 B	1	2	3
個人 C	2 (3)	3 (2)	1 (1)

数決が採用される。しかし，18世紀フランスの数学者・哲学者であるコンド ルセは，選択肢が3つ以上あるときに多数決では合意できない可能性があるこ とを示した。これを**投票のパラドックス**と呼ぶ。

　例として，個人A，B，Cの3人からなる社会において，社会保障を充実さ せる政策（社会保障），公共投資を充実させる政策（公共投資），支出を抑制し負 担を低くする政策（低負担），の間の選択に直面している状況を考えよう。いま， 各個人にとっての政策の優先順位が**表12-1**のように決まっているものとする と，多数決による意思決定はどのようなものになるだろうか。まず，社会保障 と公共投資を比較すると，個人Aは公共投資を，個人BとCは社会保障を選 ぶので，多数決で社会保障が選ばれる。次に公共投資と低負担を比較すると， 個人Cは低負担を選ぶが，個人AとBは公共投資を選ぶので，多数決で公共 投資が選ばれる。これら2つの選択結果を見る限り，unit 3の効用関数の説明 で確認した推移律により社会保障と低負担の比較では社会保障が選ばれること が予想される。しかし，社会保障と低負担を比較すると，個人Bは社会保障 を選ぶものの，個人AとCは低負担を選ぶので，多数決では低負担が選ばれ てしまう。つまり，**表12-1**のような優先順位のもとでは絶対的に優位な政策 がないため，多数決によって結論を出すことができない。

　ただし，個人Cの優先順位が下段かっこ内のように変更されると，様相は 大きく変わる。「＞」で優先される順序を表すと，この場合には多数決原理に よっても公共投資＞低負担＞社会保障という順序が定まる。このような結果の 違いは，政策の並び順を固定したうえで各個人の優先順位の高さを山の峰とし てとらえたとき，峰が1つか否かという点に依存している。たとえば，個人 Aの峰は公共投資にあり，個人Bの峰は社会保障にある。個人Cについては， 当初の峰は社会保障と低負担の2カ所に存在するが，かっこ内の優先順位によ

ると低負担のみが峰である。優先順位に関する選好に峰が1つだけ存在することを**単峰型**と呼び，すべての個人について単峰型の選好が実現しているときには投票のパラドックスは生じないのである。

しかし，民主主義の性質によれば，個人Cには選好順序の決定についての自由がある。このような性質を維持する限り，投票のパラドックスの生じる余地は残る。20世紀に活躍した最も重要な経済学者の1人であるアローは投票のパラドックスを一般化し，多数決による決定が民主主義の基本的な性質と矛盾なく行われることは不可能であることを数学的に証明した。この議論は**アローの不可能性定理**と呼ばれる。

多数決原理　アローの議論に従えば，多数決は必ずしも望ましい結果をもたらさない。それでは全員一致がよいのだろうか。それとも独裁的な意思決定がよいのだろうか。多数決を採用するとして過半数を基準にするのだろうか，3分の2だろうか。

社会的な意思決定に必要な人数を設定する問題について，ブキャナンとタロックは外部費用と意思決定費用という概念を用いた説明を行った。**外部費用**とは，ある決定に従った場合，反対者が望まない決定を我慢しなければならないことから発生する費用である。したがって，可決に必要な人数に対して外部費用は右下がりとなる。極端なケースとして全員一致が採用されていれば，外部費用はゼロとなる。**意思決定費用**とは，合意形成を行う際に必要となる意見の調整や説得のための費用である。こちらは可決に必要な人数に対して右上がりとなる。極端なケースとして独裁者が決定を下す場合には，意思決定費用はゼロである。

図12-1に外部費用と意思決定費用，さらに2つの合計である総費用を描いた。総費用が最小になる人数で可決することが最も合理的といえる。どのような人数が最適なのかは，外部費用と意思決定費用が人数に対してどのように変化するのかに依存するので，決定すべき問題によって異なると考えられる。しかし，一般に独裁や全員一致は費用最小化という点では合理的といえないだろう。独裁が民主主義の基本的な性質を満たさないことはいうまでもないが，それはきわめて高い外部費用を伴う決定過程でもある。また，全員一致は高い意思決定費用を要するが，それと同時に多数意見を軽視していることを意味する。全員一致は少数派に拒否権を与えることと同じであり，多数派にもかかわらず

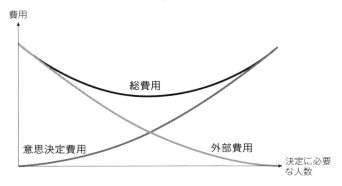

図 12-1　社会的な意思決定と費用

図 12-2　中位投票者定理

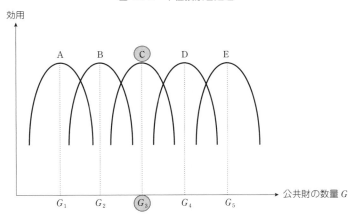

意見が通らないという費用を覚悟しなくてはならない。

中位投票者定理　　　　各個人の選好が単峰型を満たす場合には，多数決による社会的選択が可能であることはすでに確認した。ここでは，代表的な議論として**中位投票者定理**の考え方を見よう。

　いま，個人 A から E の 5 人で構成される社会が公共財 G の量についての意思決定に直面しているものとする。**図 12-2** の横軸は公共財の量を示しており，縦軸は公共財から得られる各個人の効用を示している。たとえば，個人 A の効用は公共財の量が G_1 のときに最も高い単峰型となっている。他の個人についても同様であるが，各個人の効用が最大となる公共財の量は異なる。

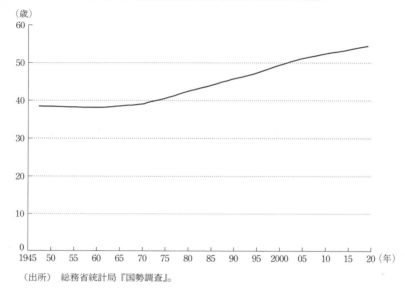

図 12-3　20 歳以上人口の中位年齢（年齢の中央値）

（出所）　総務省統計局『国勢調査』。

　このとき，多数決で公共財の量を決定すると個人 C の効用最大点 G_3 が選ば
れる。まず G_1 と G_2 を比較すると，G_1 に投票するのは A だけであり，B から
E は G_2 に投票するので，多数決では G_2 が選ばれる。同様にして G_4 と G_5 の
比較では G_4 が選ばれる。次に G_2 と G_3 を比較すると，G_2 に投票するのは A
と B であり，C から E は G_3 に投票するので，多数決では G_3 が選ばれる。同
様にして G_3 と G_4 の比較でも G_3 が選ばれる。

　個人 C のように中位の選好をもつ投票者のことを中位投票者と呼ぶ。投票
のパラドックスが生じないときに，多数決原理による社会的選択が中位投票者
の選好に一致するというのは説得的な結論であろう。

　政策に対する選好はさまざまな要因により異なるが，たとえば年齢の影響は
無視できない。ライフステージによって必要とする公共財や公共サービスの種
類が異なると考えられるからである。一般に，若年層は子育てや教育関連の
財・サービスを好むが，高齢層は年金や介護などの伝統的な社会保障制度を好
むだろう。戦後日本において有権者の年齢構成は大きく変化してきており，年
齢による選好の違いは社会的選択にも大きな影響を及ぼしているはずである。

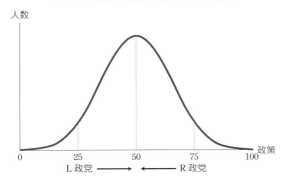

図12-4 政策の選好に関する人数の分布

図12-3に，ほぼ有権者にあたる20歳以上人口の中位年齢（年齢の中央値）の推移を示した。1970年頃までは有権者の中位年齢は40歳未満であったが，1970年代に入り中位年齢は上昇し始め，2020年では54.3に達している。このような年齢構成の変化により，社会的選択に高齢層の選好が反映されやすくなる。ただし，2016年から選挙権年齢が18歳に引き下げられた。18歳以上人口で計算すると，2020年の中位年齢は53.6である。

間接民主制

二大政党モデル　多くの政策決定過程では直接民主制ではなく間接民主制が採用される。間接民主制の議論を始めるにあたり，まずアメリカの政治学者ダウンズの**二大政党モデル**を見てみよう。このモデルでは政策の違いは直線上の位置で表される。**図12-4**の横軸の数値がそれである。縦軸には，その政策の水準を最も好む人数が表されている。このとき，政党が横軸上のいずれかに対応する公約を提示すると，公約の±25の幅に存在する人々の支持を得られるものとしよう。

　L政党が横軸上の25，R政党は75の点で公約を提示すると，左半分の人々の票はL政党に，右半分の人々の票はR政党に集まる。しかし，両政党とも公約を50へ近づけると，より多くの得票を見込めることに気づくだろう。なぜなら，公約を50へ近づけると，端の人々の支持を失うものの，中央のより多い人数を獲得できるからである。こうして両政党の公約は次第に近づき，最終的には中央で落ち着く。つまり，二大政党制を考えても，社会的選択は中位

表 12-2　選挙区の構成

		選挙区		
		1	2	3
ケース 1	X の支持者	3	2	0
	Y の支持者	0	1	3
ケース 2	X の支持者	3	1	1
	Y の支持者	0	2	2

投票者の選好を反映したものとなる。

選挙区の構成　しかし，別の視点から考えると，間接民主制が人々の選好をうまく反映してくれるとは限らない。ここでは人々が選挙区において代表を選び，その代表が最終的な政策決定を行うという制度を考えよう。

　いま，9 人からなる社会が 2 つの政策 X と Y の選択に直面している。9 人のうち 5 人は X を支持しているので，直接民主制によれば X が選ばれる。それでは間接民主制ではどうだろうか。ここでは，3 人ずつ 3 つの選挙区に分かれて代表者を選び，それぞれの代表の投票により X と Y が決定されるものとしよう。各選挙区における X と Y の支持者の構成は**表 12-2**のように表される。ケース 1 の選挙区割りでは，選挙区 1 と 2 において X の支持者が選ばれ，選挙区 3 において Y の支持者が選ばれるので，最終的には政策 X が選択される。しかし，ケース 2 の選挙区割りでは，選挙区 1 において X の支持者が選ばれるものの，選挙区 2 と 3 において Y の支持者が選ばれるので，最終的には政策 Y が選択されてしまう。

　つまり，選挙区の構成によっては，間接民主制と直接民主制の結果は異なる可能性がある。また，ケース 1 とケース 2 を比較すると，同一の選挙区内には同じタイプの人々が集中していたほうが直接民主制と同じ結果を導き出しやすいことがわかる。ケース 2 のように，異なる政策の支持者が混在する選挙区が多いほど，間接民主制と直接民主制の結果が乖離（かいり）する可能性が高くなる。このような問題は，比例代表制よりも小選挙区制でより深刻であると考えられる。

1 票の格差と選挙結果　現実には，さまざまな要因によって選挙区の構成が投票結果を歪める。たとえば，**1 票の格差**である。1 票の格差とは議員定数 1 人当たりの有権者数が異なることを意味し，1 票の重み

表 12-3　第 49 回衆議院選挙の得票・獲得議席の主要政党別シェア

（単位：%）

	小選挙区		比例代表		合計	
	得票率	議席率	得票率	議席率	得票率	議席率
自由民主党	48.1	64.7	34.7	40.9	41.4	55.7
立憲民主党	30.0	19.7	20.0	22.2	25.0	20.6
公明党	1.5	3.1	12.4	13.1	7.0	6.9
日本維新の会	8.4	5.5	14.0	14.2	11.2	9.8
日本共産党	4.6	0.3	7.2	5.1	5.9	2.2
国民民主党	2.2	2.1	4.5	2.8	3.3	2.4
その他	5.3	4.5	7.2	1.7	6.3	3.4

（注）　2021 年 10 月 31 日実施。
（出所）　総務省「衆議院議員総選挙・最高裁判所裁判官国民審査結果」。

　が異なるという点で問題視されると同時に，本来選ばれるべき政策が選ばれない可能性を指摘できるだろう。日本の場合，地方部で 1 票が重く，都市部で軽くなる傾向があり，地方部の選好が政府の決定に強く反映される可能性が指摘されている。

　1 票の格差は選挙の種類によって異なる。議員定数 1 人当たりの有権者数を最大値と最小値で比較すると，近年の衆議院小選挙区では格差（＝最大値/最小値）が 2 倍強になるのに対して，衆議院比例区では 1 倍を少し超える程度にすぎない。参議院では格差の是正が遅れており，近年でも 5 倍前後の格差が生じている。

　このような 1 票の格差は選挙結果に歪みをもたらしている可能性がある。例として，2021 年 10 月に行われた第 49 回衆議院選挙の結果を見てみよう。**表 12-3** には主要政党別の得票数のシェアと獲得議席数のシェアを示した。表によると，小選挙区では得票シェアと獲得議席シェアに大きな乖離が生じていることがわかる。これに対して，比例代表における得票シェアと獲得議席シェアの乖離は小選挙区に比べてかなり小さい。小選挙区と比例代表をあわせると，小選挙区の影響が強く残り，得票シェアと獲得議席シェアには相当程度の乖離が生じることがわかる。

🗗 官 僚 行 動

　ここまで政策決定過程に関連する多くの限界を見てきた。しかし，仮に既述の問題がすべてクリアされたとしても，民意に従って政府が動いてくれなければ望ましい結果は得られない。政策を実際に策定する際に強力な権限をもつのは官僚であるため，官僚がどのように行動するのかはきわめて重要である。

　官僚行動に注目した経済学者ニスカネンは，官僚の目的が**予算規模の最大化**にあると主張した。予算規模が大きいほど，自らの権限が強くなるからである。この指摘が正しいとすると，官僚の意思決定は公共サービスの純便益が最大になるところでは決まらない。純便益がマイナスにならない程度まで公共サービスを行い，できるだけ多くの予算を使おうとするのである。もちろん，有権者が公共サービス供給に関するすべての情報をもっていれば，このような官僚行動は許されない。しかし，一般に公共サービス供給のための費用に関する情報は官僚に独占されているので，官僚は費用を過小に見積もることで容易に有権者を欺く（あざむ）ことができる。

　ニスカネンの想定は公共サービスの過剰供給を予想させるものであり，予算が拡大傾向に陥りやすいことも説明できる。このような可能性を排除するためには官僚が独占している情報を政治家や有権者に開示することこそ重要である。また，公共サービス供給の費用構造を偽らないように，官僚間の競争を促すことも有効であろう。

🗗 利益団体とレント・シーキング

　政治家や官僚の意思決定に対して影響を及ぼそうとする集団も存在する。これらの集団は一般に利益団体と呼ばれる。利益団体は集団を代表し，その集団の利益となる政策を実現するために行動する。しかし，すべての集団が利益団体を組織するわけでない。

　オルソンの集合行為論によれば，大規模な集団では利益団体が組織されにくい。規模が大きいと1人当たりの利益が薄められてしまうこと，構成員が多いために自ら努力せず，他の構成員にフリーライドしたほうが得なことが理由である。したがって，集団には利益団体を組織できるものと，そうでないものが出現し，利益団体を組織できた一部の集団の選好のみが社会的選択に反映されやすくなってしまう。

表 12-4　景気局面別の選挙回数（1951〜2020 年）

	拡張局面	後退局面
衆議院選挙	20	4
参議院選挙	12	11

（注）　選挙の日時は投票日とした。衆議院選挙は第 25 回（1952 年 10 月 1 日）から第 48 回（2017 年 10 月 22 日）。参議院選挙は第 3 回（1953 年 4 月 24 日）から第 25 回（2019 年 7 月 21 日）。景気局面は内閣府「景気基準日付」による。

　利益団体が自らの選好を反映した政策を実現しようとする場合，全体のパイを増やすのではなく，他の集団のパイを奪うことも魅力的な選択肢である。たとえば，ある製品の市場において参入を規制すると，独占により製品の価格は高くなる。このとき，消費者の便益は減少するが，当該製品の独占的生産者は高価格によって得をすることになる。このようにして得られた利得のことをレントと呼び，利益団体がレントの獲得をめざして行動すること（この場合は参入規制を実現しようと働きかけること）を**レント・シーキング**という。このように他人のパイを奪う活動は経済全体としては無駄である。もし，その労力を生産活動に振り向ければ，全体のパイを増やすことができたはずだからである。

政治的景気循環と党派的景気循環

　政治家が政権の維持のみに腐心するとき，経済政策によって景気循環をコントロールしようという誘惑が生じる。もし，有権者が一時的な好況に反応して現政権に投票してくれるのであれば，選挙の直前に拡張的な経済政策が実施され，結果として一時的に景気が改善する。しかし，長期的には，その反動で不況になることが予想されるから，このような政権維持を目的とした行動は，政治的景気循環を発生させる。

　また，政策の選好が異なる政党の間で政権交代が行われる場合，より拡張的な政策を好む左翼寄りの政党が政権に就くと好況となり，逆に保守政党が政権に就くと不況となる。このような政権交代に伴う景気循環のことを党派的景気循環と呼ぶ。unit 9 で見たように，景気の変動が激しくなることは社会全体にとって費用の発生を意味するから，これら 2 つの景気循環はマクロ経済にとって好ましくない結果をもたらす。

表12-4は景気の拡張局面と後退局面で行われた選挙回数を比較したものである。解散により選挙日時を選択できる衆議院選挙では，圧倒的に拡張局面での投票が多い。制度上，任期が定まっており，選挙日時を選ぶことのできない参議院選挙では拡張局面と後退局面がほぼ半分ずつである。このような歴史的事実は，選挙にあわせて景気循環を発生させているというより，拡張局面にあわせて衆議院を解散する誘因があることを示唆している。

要　約

□　多数決によって社会的選択を行う場合，投票のパラドックスが生じる可能性がある。一般に，多数決による決定が民主主義の基本的な性質と矛盾なく行われることは不可能であり，このことをアローの不可能性定理と呼ぶ。

□　選好が単峰型の場合には多数決原理は機能する。この場合の代表的議論として中位投票者定理がある。中位投票者定理によれば，多数決原理による社会的選択は中位投票者の選好に一致する。

□　ダウンズは，間接民主制のもとでも社会的選択が中位投票者の選好を反映する可能性を示した。しかし，選挙区割りによっては間接民主制の投票結果は直接民主制による投票結果と一致しない可能性もある。

□　政策決定に強い影響を及ぼす官僚や利益団体は，必ずしも有権者の選好に十分配慮しているわけではない。彼らが自らの利益最大化をめざすと，社会的には厚生損失が発生する可能性がある。

確認問題

□　*Check 1*　表12-1の例にもとづき，人数が5人に増えた場合について投票のパラドックスが生じる可能性があることを説明しなさい。

□　*Check 2*　図12-2においてG_1やG_5を好む極端な人々が多数いる場合にも中位投票者定理が成立することを説明しなさい。

□　*Check 3*　図12-4で二大政党が中道化していくことと，多くの国々で極左政党や極右政党が台頭していることを関連づけて説明しなさい。

□　*Check 4*　護送船団方式が望ましくない理由をレント・シーキングの概念を用いて説明しなさい。

第 **4** 章

地方財政と政府間財政関係

▶東京都世田谷区が発行している広報誌。ふるさと納税を通じて区民が他自治体へ寄
附することにより，区の財源が毎年数十億円規模の減収となっていることや，区
民に対して区に寄附することを呼びかけている（提供：時事）

この章の位置づけ

　本章では，日本の地方財政と政府間財政関係（国と地方の財政関係）について学習する。まず，国と地方の役割分担や地方財政の実態を概観する。unit 13 では，地方歳出と地方歳入の相対的な大きさや地方財政の重要性とともに，適切な地方財政運営を行うためには国から地方への財政移転が不可欠であることを学ぶ。さらに，unit 14 では，政府間財政移転の仕組みについて解説し，そのなかで財政移転制度と不可分の関係にある地方債についても学習する。

　次に，この日本の地方財政の実態を理解する場合に役立つ経済学的な見方を学習する。とくに unit 15 では，地方政府（地方公共団体）が独自の権限で財政運営を行う場合（地方分権）の経済学的帰結を考察し，地方分権には利点とともに難点もあることを学習する。政府間財政移転は，これら地方分権の利点を保ちながら難点を是正する仕組みとしてとらえることができるが，unit 16 ではその政府間財政移転の経済学的な意義について学習する。

　本章の unit 13 と unit 14 を学習することにより，日本の地方財政制度と実態をコンパクトに概観することができるだろう。また，地方分権に関する経済学的な議論に興味ある読者は，本章の unit 15 と unit 16 の議論を手がかりにして，巻末に付してある文献案内を参考に学習を続けてほしい。

地方財政制度の概要

🗔 国と地方の事務配分

　日本の地方政府部門は 2 層制であり，47 の都道府県（都 1，道 1，府 2，県 43）と 1718 の市町村（市 792，町 743，村 183）から構成されている（2023 年 7 月 15 日現在）。市町村は最も住民に近い**基礎自治体**であり，人々の生活に直結する広範なサービスを提供している。一方，都道府県は空間的に市町村を包含する**広域自治体**であり，中央政府と市町村との連絡・事務調整，および，市町村単位では処理できない事務をその主な業務とする。**表 13-1** は国と地方の事務配分を例示したものである。このように，日常生活に直結する公共サービスのほとんどは地方政府部門によって提供されている。

　これら都道府県と市町村は（**普通**）**地方公共団体**と呼ばれ，その組織と運営に関する枠組みや国（中央政府）との基本的関係は**地方自治法**によって定められている。同法では地方の役割を「地方公共団体は，住民の福祉の増進を図ることを基本として，地域における行政を自主的かつ総合的に実施する役割を広く担う」と規定し，「住民に身近な行政はできる限り地方公共団体にゆだねる」としている（第 1 条の 2）。一方，国の重点的な役割として，①国際社会における国家としての存立に関わる事務，②全国的に統一して定めることが望ましい国民の諸活動もしくは地方自治に関する基本的な準則に関する事務，③全国的な規模や全国的な視点に立って行わなければならない施策および事業の実施などを挙げている。

　さらに地方自治法は，地方公共団体の事務を法定受託事務と自治事務に分けている（第 2 条）。**法定受託事務**（正確には，第 1 号法定受託事務）とは「法律又はこれに基づく政令により……処理することとされる事務のうち，国が本来果た

表13-1　国と地方の事務配分

	国	都道府県	市町村
公共の秩序・安全	外交，防衛，司法	警察	消防，戸籍・住民台帳管理
経済業務	通貨，関税，通信，経済政策	地域振興，職業訓練，中小企業指導	地域経済振興，農地利用調整
公共資本	高速自動車道　国道（指定区間）　一級河川管理	国道（除く指定区間），都道府県道，一級河川（指定区間）・二級河川管理，港湾	市町村道，準用河川管理，港湾
住宅・地域環境		公営住宅	都市計画事業（公園他），上下水道，公営住宅
保　健	医師等免許，医薬品許可免許，その他基準の設置	保健所（町村）	ごみ・し尿処理，保健所（市）
教　育	大学（国立大学法人），私学助成（大学）	高等学校，特別支援学校，小中学校教職員の給与・人事，私学助成，大学（都道府県立）	小学校，中学校，幼稚園，大学（市立）
社会保護	社会保険	生活保護（町村部住民），児童福祉，高齢者福祉	生活保護（市），高齢者福祉，介護保険，国民健康保険

すべき役割に係るものであつて，国においてその適正な処理を特に確保する必要がある」事務とされる。これには，生活保護，児童福祉，障害者福祉，老人福祉，公衆衛生費などに関わる項目が列挙されている。一方の**自治事務**は，地方公共団体の事務のうち法定受託事務ではない事務として残余的に規定されている。ただし，地方自治法によって自治事務と規定されている事務であっても，国の法律や政令に従って地方公共団体が処理しなければならない事務は多い。そのような自治事務は，本来の意味での自治事務（**法定外自治事務**）と区別するために，**法定自治事務**と呼ばれることがある。

　地方の事務は**地方財政法**によって国庫補助の観点からも分類される（第10条）。第1は，国と地方公共団体相互の利害に関係のある事務のうち，その円滑な運営を期するために国が進んで経費を負担する必要がある事務である。それには，義務教育費（教職員給与，建物建築），生活保護費，児童福祉費（児童手当，児童扶養手当，児童福祉施設などの経費），障害者福祉費（身体障害者の更生援護，知的障害者の援護，精神障害者福祉，特別支援学校など），高齢者福祉費，公衆衛生

146

費（結核および感染症予防）などが含まれる。

　第2は，法律や政令で定める土木その他の建設事業に要する事務のうち，国民経済に適合するよう総合的に樹立された計画に従って地方公共団体が実施しなければならない事務である。これには，道路・河川・砂防・海岸・港湾などに関わる重要な土木施設，重要な農林水産業施設，国土保全施設，重要な都市計画事業，公営住宅建設，そして，社会福祉施設などの諸施設の建設，および，土地改良・開拓が含まれる。

　第3は，地方税法や地方交付税法ではその財政需要に適合した財源を得ることが困難な事務である。これには災害救助や災害復旧などが含まれる。

　第4は，もっぱら国の利害に関係のある地方公共団体が行う事務である。これには国政選挙，最高裁判所裁判官国民審査，国民投票，国の統計や調査，国民年金，雇用保険，および，特別児童扶養手当に要する事務である。

　なお上記以外で，国の施策を達成するために地方公共団体が行う事務も存在する。地方財政法第16条は，そのような事務が国の地方に対する一般的な指導だけでは目的を達することが困難な場合，補助金を与えて当該事務・事業を奨励・促進することができるとしている。

国と地方の歳出規模

　表13-2は，2021年度の国民経済計算（SNA）を用い，3つの政府部門（中央政府・地方政府・社会保障基金）の歳出を，全政府歳出に占める地方政府の割合（同表最右列）とともに示したものである。

　SNAにおける**社会保障基金**とは，厚生年金や国民年金のように，独立した会計をもつ社会保障給付制度を示す。したがって，地方政府が保険者である国民健康保険（9.35兆円）と介護保険（10.98兆円）に加え，後期高齢者医療（15.79兆円）と児童手当（1.86兆円）も社会保障基金に含まれる。ただし，**表13-2**では実際の地方の歳出規模を反映させるために，これら4つの給付制度は社会保障基金ではなく地方政府に含めている。

　表ではSNAに従い政府部門の**最終消費**を現実最終消費と現物社会移転に分けている。政府部門の**現実最終消費**とは，政府部門内で実際に支払われる人件費や物件費などである。これは国民もしくは地域住民が等しく受ける便益への経費とも解釈可能であり，この意味で，それは**集合消費支出**とも呼ばれる。こ

表 13-2　地方歳出の規模（2021 年度）

（単位：兆円，％）

	中央政府	地方政府[1]	社会保障基金[1]	地方比率(%)
現実最終消費（集合消費支出）	16.2	29.6	0.0	64.6
現物社会移転（個別消費支出）	2.8	55.8	14.5	76.3
市場産出の購入	0.1	39.1	12.5	75.6
非市場産出	2.7	16.7	2.0	77.9
現物社会移転以外の社会給付[2]	1.1	13.8	57.7	19.1
現金による社会保障給付	0.0	2.0	57.7	3.4
社会扶助給付	0.6	10.1	0.0	94.6
その他の経常移転[3]	5.4	14.0	4.8	57.7
総固定資本形成	7.5	15.0	0.1	66.3
上記の合計	33.0	128.2	77.2	53.8

(注)　1)　「社会保障基金」から，国民健康保険（現金 0.07 兆円；現物 9.28 兆円），介護保険（現金 0.05 兆円；現物 10.93 兆円），後期高齢者医療（現金 0.04 兆円；現物 15.74 兆円），児童手当および子ども手当（現金 1.86 兆円）を取り除き，「地方政府」に加算している。
　　　2)　政府部門の「その他の社会保険非年金給付」「無基金雇用者社会給付」（政府部門が雇主として雇用者に支払う公務災害補償，労災にかかる見舞金，家族手当，退職一時金などの給付）を含んでいるため，「現金による社会保障給付」と「社会扶助給付」との合計値に一致しない。
　　　3)　非生命純保険料，一般政府内の経常移転，および，経常国際協力を除く。
(出所)　内閣府経済社会総合研究所「令和 3 年度版 国民経済計算」（2021 年度数値）。

の集合消費支出に占める地方の割合は約 64.6％ に至る。

　一方，**現物社会移転**は実際の個人消費のうち公的部門が現物支給する部分であり，その意味で，**個別消費支出**とも呼ばれる。現物社会移転は**市場産出の購入**と**非市場産出**に分かれ，それらに占める地方の比率はかなり大きい。市場産出の購入は医療や介護サービスの公的負担部分を含む。国民健康保険や介護保険の給付を地方政府の歳出とみなすと，表で示しているように，地方比率は 75.6％ に至る。非市場産出には公立保育所等への経常費補助等が含まれており，この地方比率は 77.9％ である。

　現物社会移転以外の社会給付には，現金による社会保障給付と社会扶助給付がある。**現金による社会保障給付**はそのほとんどが国民年金，厚生年金，雇用保険給付金等の社会保障基金からの現金給付であり，地方の割合は 3.4％ にすぎない。一方，生活保護や恩給等の**社会扶助給付**（統計上の制約により，地方政府による現物給付も含む）に関しては，地方は 94.6％ ものシェアを有している。

その他の経常移転は，私立保育所への補助や社会福祉法人への扶助費等，上記には含まれない移転である。SNA統計上は，非生命純保険料，一般政府内の経常移転，および，経常国際協力が含まれるが，これらを除くと，地方政府の割合は6割弱である。

最後に，**総固定資本形成**とは公共施設等の**公共（社会）資本**の増加分であり，公共事業費から土地代等を除いたものと考えればよい。この地方シェアは66％を超え，多くの公共事業が地方によって担われていることを示している。

このように，地方政府部門は現実最終消費，現物社会移転，社会扶助給付，給固定資本形成では，約6割から9割の非常に大きい歳出シェアをもっている。

🔲 国と地方の税源配分

地方税制度　地方公共団体のうち，道府県が課す地方税は道府県税，市町村が課す地方税は市町村税と呼ばれる。なお，東京都においては，道府県税の規定が都に，市町村税の規定が特別区に準用され，さらにいくつかの税目については準用規定にかかわらず独立した都税が設けられている。地方税は，原則として**地方税法**，およびそれにもとづく地方公共団体の条例により設定される。地方税法は，地方税の賦課・徴収の手続き等を定めた法律であり，この法律の枠内で地方税に関わる地方公共団体の条例が制定される。なお，税収の用途が指定されている税は**目的税**，そうでない税は**普通税**と呼ばれる。

地方税法は道府県および市町村別に税目を定めている。地方税法に定めのある地方税は**法定税**と呼ばれ，それが普通税の場合は**法定普通税**，目的税の場合は**法定目的税**と呼ばれる。地方税法は，一部の税目を除き，法定税を定める際に参照すべき税率（**標準税率**）が定められている。地方は，必要に応じて標準税率と異なる税率を設定することはできる。しかし，標準税率を超えて課税する場合（これを**超過課税**という），**制限税率**が設定されているならば，それを超えて課税することはできないし，標準税率未満で課税する場合は地方債（unit 14参照）の起債に制限が加えられる。

地方税法に税目の定めのない地方税は**法定外税**と呼ばれ，それが普通税なら**法定外普通税**，目的税なら**法定外目的税**という。地方税法には法定外税の税目についての定めはないから，法定外税の税率は地方公共団体が任意に定めるこ

表13-3　国と地方の税目の配分と総額（主要な税のみ） （単位：兆円）

		国　税	地方税			
			都道府県税		市町村税	
個人	所得税	21.4	個人住民税	5.0	個人住民税	8.3
			個人事業税	0.22		
法人	法人税	13.6	法人住民税	0.51	法人住民税	2.0
			法人事業税	4.7	事業税	0.40
消費・流通	消費税	21.9	地方消費税	6.2	地方たばこ税	0.87
	酒　税	1.1	地方たばこ税	0.14		
	たばこ税	0.91	軽油取引税	0.93		
	揮発油税	2.1	ゴルフ場利用税	0.04		
	石油ガス税	0.0005				
	航空燃料税	0.03				
	石油石炭税	0.64				
	電源開発促進税	0.32				
	国際観光旅客税	0.002				
	関　税	0.89				
	とん税	0.01				
資産	相続税	2.8	不動産取得税	0.39	固定資産税	9.3
	自動車重量税	0.39	自動車税	1.6	都市計画税	1.3
					軽自動車税	0.29
総額（比率）		66.1（61%）	19.7（18.2%）		22.5（20.8%）	

(注)　1)　2021年度決算値。
　　　2)　上記に記載されていない税目の税収は0.13兆円（国），0.09兆円（都道府県），0.02兆円（市町村）であり，それぞれの総税収に占める割合はほぼゼロ（国），0.5%（都道府県），0.1%（市町村）となっている。総額にはこれらの税収を含んでいる。なお，国税分には印紙収入は含まない。

(出所)　財務省「令和3年度租税及び印紙収入決算額調」（https://www.mof.go.jp/tax_policy/reference/account/data.htm），および総務省『令和5年度版地方財政白書（令和3年度決算）』。

とになる。ただし，地方税法は，法定外税の執行における申告納付方法・延滞金・加算金・徴税吏員による調査・滞納処分等については定めており，この意味で一定の枠は存在する。また，法定外税が新設・変更される場合は，総務大臣との協議のうえ，その同意が必要となる。ただし，①国税または他の地方税と課税対象を同じくし，かつ，住民負担が著しく重くなる場合，②地方公共団体間の物流に重大な障害を与える場合，そして，③国の経済施策に照らして適当でない場合のいずれかを除き，総務大臣の同意は与えられることになってい

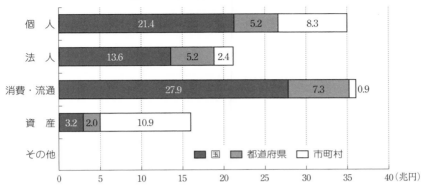

図 13-1　種類別の国と地方の税収額

個　人　21.4　5.2　8.3

法　人　13.6　5.2　2.4

消費・流通　27.9　7.3　0.9

資　産　3.2　2.0　10.9

その他　■ 国　■ 都道府県　□ 市町村

0　5　10　15　20　25　30　35　40（兆円）

（出所）　表 13-3 の数値を用いて作成。

る。

国と地方の税配分　　表 13-3 および図 13-1 は，2021 年度の決算値を用いて国と地方の主要な税を，①個人，②法人，③消費・流通，④資産の課税対象別に記したものである。ここから理解できるように，国税は地方税よりも大きいシェアを有している。まず税収総額では国税は60.9％ と 6 割以上のシェアを占めている。また，課税対象別に比率を見ると，**図 13-2** に示しているように，個人と法人に関しては 6 割強，そして消費・流通に関しては 8 割弱が国税である。一方，資産に関しては，そのほとんど（8割）が地方税であり，うち 7 割弱が固定資産税と都市計画税を有する市町村が占めている。

また**図 13-3** には国と地方（市町村，都道府県）の税収に占める課税対象別の割合が示されている。地方と国の割合を比べると，まず都道府県税に関しては国税よりも法人の比率が高く，個人の比率が低いことがわかる。一方，市町村税に関しては，消費・流通にかかる税のシェアが低く，固定資産税と都市計画税，軽自動車税からなる資産にかかる税が半分近くとなっている。

🏛 垂直的財政不均衡と財源の偏在

垂直的財政不均衡　　既述のように地方歳出は国の歳出よりも大きい一方で，地方税収は国の税収よりも小さく，国と地方の間には

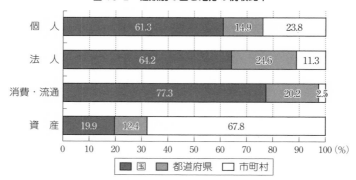

図 13-2　種類別の国と地方の税収比率

（出所）　表 13-3 の数値を用いて作成。

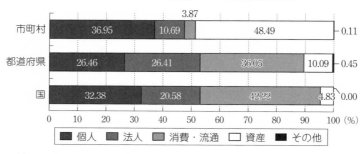

図 13-3　国税および地方税における種類別税収比率

（出所）　表 13-3 の数値を用いて作成。

垂直的財政不均衡が存在している。**図 13-4** に示すように，2021 年度決算では地方税は地方歳入の総額の 33.1% にしかすぎず，地方歳出のすべてを賄ってはいない。この垂直的財政不均衡は，unit 14 で説明する，国庫支出金や地方交付税などの国からの財政移転によって埋められる。2021 年度決算では，これら財政移転が地方歳入に占める割合は地方税より大きい 42.1% であり，そのうち国庫支出金が最も大きく（25.0%），次いで地方交付税（15.2%），そして，地方譲与税（1.9%），となっている。

　　　　　　　　　　　　国の財政との比較における地方総体としての不均衡で
水平的財政不均衡　　ある垂直的財政不均衡とともに，地方政府間の財政的
な不均衡である**水平的財政不均衡**も存在する。地方税が（個人住民税の対象とな

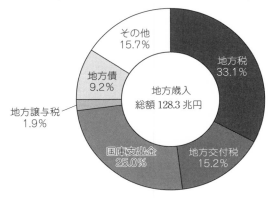

図 13-4　地方歳入（2021 年度決算）

その他
15.7％

地方債
9.2％

地方譲与税
1.9％

地方歳入
総額 128.3 兆円

地方税
33.1％

国庫支出金
25.0％

地方交付税
15.2％

（出所）　総務省『令和 5 年度版地方財政白書（令和 3 年度
決算）』。

る）所得，（地方消費税の対象となる）消費，（固定資産税などの対象となる）資産などの地域的偏りのある経済活動に課される限り，地方税収には必ず地域的偏りが存在する。

　表 13-4 は，2019 年度の県民経済計算を用い，都道府県を単位に 1 人当たりの個人所得，企業所得，および，消費の都道府県別総額と 1 人当たり金額にかかる記述統計を示している。ここで地方公共団体の税源の地域間格差を表す指標として変動係数（標準偏差を平均値で割った値）を用いると，格差の度合いは，企業所得，個人所得，消費の順に大きくなる。なお，これら 1 人当たり金額の最大値と最小値の比率は，総額を用いると，個人所得 42 倍，企業所得 115 倍，消費 36 倍の開きがあり，そして 1 人当たり金額を用いると，個人所得 1.7 倍，企業所得 57.3 倍，消費 1.7 倍の開きがある。

　このような課税標準の偏りに加え，行政需要にも偏りが存在する。日本では人口約 380 万人の横浜市とともに人口約 170 人の青ヶ島村が存在するように，人口規模にはかなりの開きがある。1 人当たりの行政費用は人口規模に相関することが知られており，とくに人口規模が小さい地域では，人口が減少するほど 1 人当たり歳出が増加する傾向にある。これは人口に関する **規模の経済**（unit 15 参照）によるところもあるが，小規模自治体ほど離島や山間部などの自然環境が厳しい地域に位置しており，また若年労働者流出により高齢化率も

表 13-4　課税標準の偏り（都道府県別変動係数）

	総額（単位：兆円）			人口1人当たり額（単位：100万円）		
	消　費	個人所得	企業所得	消　費	個人所得	企業所得
最大値	43.71	34.70	24.10	3.12	2.48	1.72
中央値	3.33	2.81	0.74	2.28	1.82	0.47
最小値	1.21	0.82	0.21	1.81	1.47	0.03
平均値	6.55	5.42	1.55	2.29	1.84	0.53
標準偏差	7.80	6.53	3.43	0.19	0.23	0.24
最大値/最小値	36.1	42.3	114.8	1.72	1.69	57.3
変動係数	1.19	1.21	2.21	0.08	0.13	0.46

（注）　個人所得を「県民雇用者報酬」のうち「賃金・報酬」と「企業所得」のうち「持ち家」
　　　を除く「個人企業」の合計，企業所得を「企業所得」のうち「民間法人企業」，そして，
　　　消費を「民間最終消費支出」で代理している。すべて都道府県人口1人当たりの数値であ
　　　る。
（出所）　内閣府「令和元年度　県民経済計算」（2019年度数値）より作成。

高いため，同じ公共サービスを提供する場合でも追加的な歳出が必要とされる
ためと考えられる。さらに，そのような小規模自治体では，十分な税源が存在
しない場合が多い。

　このような垂直的財政不均衡と水平的財政不均衡が存在するなかで，標準的
な行政を遂行するためには，次の unit 14 で詳しく説明する国からの財政移転
が必要とされることになる。

　要　約 ━━━━━━━━━━━━━━━━━━━━━━━━━━━━━━━●━●●

　□　わが国の歳出の大部分は地方公共団体（都道府県と市町村）によって担われ
　　　ており，その性質も公共投資から社会保障給付まで多岐にわたる。
　□　地方公共団体の税収はその歳出を賄うには十分ではない。
　□　地方公共団体の税源は偏在しており，その偏在は，企業所得に対する税，個
　　　人所得に対する税，消費に対する税の順番で大きい。

●━●●━━

□ *Check 1* 　読者が居住している基礎自治体（市町村・東京都特別区）と広域自治体（都道府県）がどのような公共サービスを提供しているかをできるだけ多く列挙しなさい。

□ *Check 2* 　読者が居住している基礎自治体（市町村・東京都特別区）と広域自治体（都道府県）の歳出規模を調べなさい。

□ *Check 3* 　読者が居住している基礎自治体（市町村・東京都特別区）と広域自治体（都道府県）の独自財源（地方税および手数料）の規模を調べなさい。

政府間財政移転と地方債の実際

　unit 13 では，国と地方との間の垂直的財政不均衡と，地方政府間の水平的財政不均衡について議論した。これらの財政不均衡は国から地方への財政移転によって緩和されることになる。わが国では，主たる財政移転制度として国庫支出金，地方交付税，そして，地方譲与税という 3 つの制度が存在し，それらは地方歳入の 4 割を占めている。本 unit では，これら 3 つの財政移転制度について解説を加え，さらに財政不均衡の是正に重要な関連をもつ地方財政計画と地方債制度について議論する。

🔲 国庫支出金

　国庫支出金とは，国の一般会計の歳出として計上される，用途が指定された財政移転の総称である。後に unit 16 で学習する用語を用いると**特定補助**として分類される。unit 13 で見たように，地方公共団体は国の法令にもとづいて多くの事務を実施しており，なかでも以下の 4 つに区分される事務は国庫支出金の対象となり，国がその全部もしくは一部の経費を負担している。
　①　国と地方公共団体相互の利害に関係のある事務のうち，その円滑な運営を期するためには，なお，国が進んで経費を負担する必要がある事務。
　②　国民経済に適合するよう総合的に樹立された計画に従って地方公共団体が実施する，法律または政令で定める土木その他の建設事業に要する事務。
　③　地方税または地方交付税ではその財政需要に適合した財源獲得が困難な事務。
　④　地方公共団体が行う事務のうちもっぱら国の利害に関係のある事務。
　これらのうち①〜③に対して支払われる国庫支出金は**国庫負担金**と呼ばれ，

表14-1　地方財政法による国庫支出金の分類

	条　項	対象となる地方の事務	具体例
国庫負担金	第10条	国と地方公共団体相互の利害に関係のある事務のうち、その円滑な運営を期するためには、なお、国が進んで経費を負担する必要がある事務	義務教育費（教職員給与，建物建築），生活保護費，児童福祉費（児童手当，児童扶養手当，児童福祉施設などの経費），障害者福祉費（身体障害者の更生援護，知的障害者の援護，精神障害者福祉，特別支援学校の就学奨励），老人福祉費（老人保健事業，老人養護，老人ホームなど），公衆衛生費（結核および感染症予防）など
	第10条の2	地方公共団体が国民経済に適合するよう総合的に樹立された計画に従って実施しなければならない土木その他の建設事業に要する事務	道路・河川・砂防・海岸・港湾等にかかる重要な土木施設，重要な農林水産業施設，国土保全施設，公営住宅建設，社会福祉施設建設，土地改良および開拓
	第10条の3	地方税または地方交付税によってはその財政需要に適合した財源を得ることが困難な事務	見舞金や施設修復など災害復旧に関わる経費
国庫委託金	第10条の4	もっぱら国の利害に関係のある事務	国政選挙・最高裁判所裁判官国民審査・国民投票，国の統計および調査，国民年金，雇用保険，および，特別児童扶養手当に要する経費
国庫補助金	第16条	施策を行うため特別の必要があると認める補助金（奨励的補助金）	
		地方公共団体の財政上特別の必要があると認める補助金（財政援助補助金）	

それら経費の種目，算定基準や国の負担割合などは，別途，法律または政令で定められる。国庫負担金の対象となる事務経費のうち地方公共団体が負担する部分は，後述する地方交付税の算定基準となる基準財政需要額に算入され（地方財政法第11条の2），これによって自主財源が少ない団体でも，その事務に充てられる財源が保障される。なお，④に区分された事務経費は全額国の負担となり，それに充てられる国庫支出金は**国庫委託金**と呼ばれる。

　上記①〜④に該当しない国庫支出金も存在する。地方財政法は「国は，その施策を行うため特別の必要があると認めるとき又は地方公共団体の財政上特別の必要があると認めるときに限り，当該地方公共団体に対して，補助金を交付することができる」としている（第16条）。これによる国の歳出は**国庫補助金**

表 14-2　地方譲与税

譲　与　税　目	地方揮発油譲与税	石油ガス譲与税	自動車重量譲与税
譲　与　総　額	地方揮発油税収入額の全額	石油ガス税収入額の1/2	自動車重量税収入額の357/1000〔当分の間, 1/3→431/1000に引上げ〕
課　税　標　準	製造場からの移出または保税地域からの揮発油引取数量	石油ガス充てん場からの移出または保税地域からの引取重量	自動車検査証を受ける車・車両番号の指定を受ける軽自動車
譲　与　団　体	都道府県・市町村（特別区含む）	都道府県・指定都市	市町村・都道府県（特別区含む）
譲　与　基　準	都道府県・指定都市：一般国道・高速自動車国道・都道府県道の延長と面積　市町村：市町村道の延長と面積	一般国道・高速自動車国道・都道府県道の延長と面積	市町村道の延長と面積
譲与額（令和4年度実績額）	2,214 億円	47 億円	2,947 億円
令和5年度地財計画額	2,164 億円	50 億円	2,874 億円

（注）　＊令和6年度（2024年度）までは，地方公共団体金融機構の公庫債権金利変動準備金を活した額を譲与することとされている。
（出所）　総務省資料。

と呼ばれ，さらにそれは**奨励的補助金**と**財政援助補助金**に分けられる。奨励的補助金は「施策を行うため特別の必要があると認めるとき」に与えられ，地方公共団体に対する一般的な指導だけでは地方の事務や事業を進めることが困難な場合に用いられる。一方，財政援助補助金は「地方公共団体の財政上特別の必要があると認めるときに」交付され，法律または政令で対象経費の種目，算定基準，および，補助率を定める必要はない（**表 14-1** 参照）。

🔲 地方譲与税

地方譲与税とは，特定の国税の一部もしくは全額を原資とし，一定の基準に従って地方に配分される財政移転である。地方譲与税には，①地方揮発油譲与税（地方道路譲与税を含む），②石油ガス譲与税，③自動車重量譲与税，④航空機燃料譲与税，⑤特別とん譲与税，⑥森林環境譲与税，および⑦特別法人事業譲与税の7つがある。具体的な内容は**表 14-2** のとおりである。同表の譲与額

航空機燃料譲与税	特別とん譲与税	森林環境譲与税[*]	特別法人事業譲与税
航空機燃料税収入額の2/13 〔令和5〜6年度の間，4/13に引上げ〕	特別とん税収入額の全額	森林環境税収入額に相当する額	特別法人事業税収入額の全額
航空機に積み込まれた航空機燃料の数量	開港へ入港する外国貿易船の純トン数	国内に住所を有する個人	基準法人所得割額および基準法人収入割額
空港関係都道府県 空港関係市町村	開港所在市町村	市町村・都道府県 （特別区含む）	都道府県
着陸料収入額と騒音世帯数	開港所在市町村 開港への入港に係る特別とん税の収入額に相当する額	私有林人工林面積，林業就業者数および人口	人口（財源超過団体に対する譲与制限あり）
135 億円	120 億円	500 億円	2 兆 1,659 億円
152 億円	124 億円	500 億円	2 兆　137 億円

用し，令和4〜5年度は500億円，令和6年度は森林環境税の収入額に相当する額に300億円を加算

からわかるように，これら譲与税の総額は約2兆円の特別法人事業譲与税以外は1兆円を大きく下回り，国庫支出金や地方交付税の金額よりはるかに小さい。

森林環境譲与税は森林整備等に必要な財源を確保するために創設され，2024年度から課税される森林環境税（国税）を原資として都道府県・市町村に与えられる地方譲与税である。

また，特別法人事業譲与税は2020年度から地域間の税収偏在を是正するために導入され，法人事業税の税率の一部を充てる形で創出された特別法人事業税（国税）を原資として都道府県に与えられる地方譲与税である。

⊡ 地方交付税

地方交付税は用途が指定されていない国から地方への財政移転である。用途が指定されていないという意味で，後に unit 16 で学習する用語を用いると**一般補助**として分類される。地方交付税は2つの形態をとる。1つは地方交付税

総額の 94% を占める普通交付税であり，地方の行政需要のうち自主財源だけでは足りない部分を補塡する機能をもつ。いま1つは，残り 6% を占める特別交付税であり，自然災害による財政需要などのように，普通交付税の算定時には予測できない地方歳出の増加に対応するとされている。

　地方交付税の大部分を占める普通交付税は，一定のルールに従って配分される。普通交付税は，各地方公共団体に関して算定された基準財政需要額と基準財政収入額の差額として与えられる。ただし，基準財政収入額が基準財政需要額よりも大きい場合，普通交付税は交付されない。

　基準財政需要額とは，各地方公共団体が等しく，合理的かつ妥当な水準で事務を遂行するのに必要な年間経費の推計値である。基準財政需要額は，歳出項目ごとに，①測定単位，②単位費用，および，③補正係数の積として算定され，それら歳出項目ごとの積の和が当該団体の基準財政需要額となる。①**測定単位**とは行政需要を測る単位である。たとえば，教育には，生徒数，学級数，および，学校数が用いられ，道路には道路延長や道路面積が用いられる。②**単位費用**とは測定単位1単位にかかる経費であり，全地方公共団体に一律に適用される。この値は，平均的な特徴をもつ仮想的な「標準団体」の行政需要額とされるが，実際は，地方公共団体ごとの地方交付税額を積み上げた金額が地方財政計画による地方交付税総額（後述）に等しくなるよう，前年度の実績と今年度の需要予測をふまえて算定されている。最後に③**補正係数**とは，単位費用ではとらえられない費用の変動を調整する係数である。これは，測定単位の水準とともに単位費用が変動する場合や，都市化，自然環境，産業構造など外的な地方特性により単位費用が変動する場合に対処するものである。

　なお 2007 年度からは，以前の「投資的経費」として分類された基準財政需要額の複数の歳出項目のうち「道路橋りょう費」および「港湾費」を除く部分が，従来の「個別算定経費」と異なり，人口と面積を用いて算定されるようになった。これは従来どおりに算定されている部分に対し，「包括算定経費」と呼ばれ，基準財政需要額の1割程度を占めるものとされている。

　一方，**基準財政収入額**とは，地方公共団体ごとに推計された標準的な地方税収の 75% にその地方公共団体が受け取る地方譲与税を加えた値である。ここで標準的税収と地方譲与税の推計方法は，後述する地方財政計画における歳入総額の推計に準じている。なお，税収推計の対象となる税目は地方税法に規定

されている法定地方税のみであり，さらに，推計に利用される税率は実際に採用されている税率ではなく地方税法に規定されている全国一律の法定税率である。標準的な税収のうち 25％ は**留保財源**となり，基準財政収入額に計上されない。この留保財源には，基準財政需要額ではとらえきれない行政需要に対応する財源として，また，地方の税源涵養のための誘因としての役割が期待されている。

なお，地方交付税が交付されている地方公共団体を**交付団体**，交付されていない団体を**不交付団体**という。これら交付・不交付団体の数は経済状況に応じて変化する。たとえば不交付団体は，いわゆるバブル経済による好況期の末期である 1990 年では 4 つの都道府県（東京都，神奈川県，愛知県，大阪府）と 180 の市町村であったが，第 1 次石油ショック後では初めてマイナス成長となった 1999 年では東京都と 74 の市町村だけとなった。また，その後 2007 年では東京都，愛知県と 140 の市町村であったが，リーマンショックの影響を受けた 2010 年では東京都と 41 の市町村だけとなった。

🔲 地方財政計画

国の一般会計の大きな部分を占める地方交付税総額の算定は，国の予算編成において重要な部分を構成する。この地方交付税の総額を決定する役目を担っているのが**地方財政計画**である。**表14-3** は 2023 年度の地方財政計画である。同表に示されているように，地方財政計画では，地方の歳入と歳出の総額が推計される。

歳出総額は，「標準的な額」として，地方職員の給与，一般行政経費，投資的経費，公債費などの項目別に推計される。たとえば，給与関係経費は国家公務員の給与水準に準じて決定され，一般行政経費や投資的経費に関しては各中央省庁の予算に計上された事業に対応する補助率と経費基準を用いて算定される。公債費については国が指定した地方債のみが計上される。

一方の歳入総額は，それを構成する，地方税，地方譲与税，国庫支出金，地方債などごとに推計される。地方税収には地方税法に規定されている税目（法定地方税）のみが考慮され，同法に明記された標準税率と別途推計された課税標準の予測値にもとづいて税収額が予測される。地方譲与税にはその原資となる国税の予測値が，そして国庫支出金には各省庁の予算で決定される国庫補助

表14-3　2023年度の地方財政計画

（単位：億円）

歳　　入		歳　　出	
地方税	428,751	給与関係経費	199,053
地方譲与税	26,001	退職手当以外	187,724
地方特例交付金	2,169	退職手当	11,329
地方交付税	183,611	一般行政経費	420,841
国庫支出金	150,085	補　　助	239,731
地方債	68,163	単　　独*	149,684
うち臨時財政対策債	9,946	国民健康保険・後期高齢者医療制度関係事業費	14,726
うち財源対策債	7,600	デジタル田園都市国家構想事業費	12,500
使用料及び手数料	15,646	地方創生推進費	10,000
復旧・復興事業一般財源充当分	△3	地域デジタル社会推進費	2,500
雑収入	45,867	地域社会再生事業費	4,200
全国防災事業一般財源充当分	60	公債費	112,614
計	920,350	維持補修費	15,237
		うち緊急浚渫推進事業費	1,100
一般財源	650,535	投資的経費	119,731
（水準超経費を除く交付団体ベース）	621,635	直轄・補助	56,594
		単　　独	62,137
		うち緊急防災・減災事業費	5,000
		うち公共施設等最適化事業費	4,800
		うち緊急自然災害防止対策事業費	4,000
		うち脱炭素化推進事業費	1,000
		公営企業繰出金	23,974
		企業債償還費普通会計負担分	13,997
		その他	9,977
		不交付団体水準超経費	28,900
		計	920,350
		（水準超経費除く交付団体ベース）	891,450
		地方一般歳出	764,839

（注）　＊通常収支分のみ。東日本大震災分は除く。
（出所）　総務省資料。

部分から逆算した値が用いられる。最後に，地方債発行額には後述する地方債
計画によって定められた額が利用される。

　地方財政計画が算定する地方歳出の総額は，国が適切とみなす地方の財政需
要の総額である。この総額は地方交付税を除くすべての地方歳入項目を含んで
いるから，歳出総額が歳入総額より大きい場合，この差額は地方交付税が補塡
すべき金額となる。

　地方交付税は，5つの国税（所得税，法人税，消費税，酒税，地方法人税）から

の税収の一定割合もしくは全額を原資とし，これら原資は，国の一般会計から**交付税及び譲与税配付金特別会計**（交付税特会）に繰り入れられた後に，地方公共団体に配分される。この繰入率は**地方交付税率**と呼ばれ，所得税と法人税は33.1%，消費税は19.5%，そして酒税は50%となっている（2014年度までは所得税は32%，法人税は34%であり，たばこ税からも25%が繰り入れられていた）。また，2014年から創設された**地方法人税**の全額もその原資として利用されるようになった。この地方法人税は国税であるが，その新設された税率は，地方税である法人住民税の税率を下げ，その減少税率分を充てたものである。したがって，法人に課される税率は地方法人税創設の前後では変わらない。地方法人税の税収には大きな地域格差があるため，これにより地方の財政格差が緩和されることになる。2019年度の消費税10%引上げ時には地方法人税はさらに拡大されている。

　地方財政計画で算出される地方交付税が補填すべき地方の財源不足額は，通常，地方交付税に充てられる既述の5税からの収入だけではカバーできない。地方交付税法は，そのような財源不足が持続する場合は，地方交付税率を引き上げるとしている。しかし，実際には地方交付税率の引上げは困難であるため，**地方財政対策**と呼ばれる財務省と総務省との調整において財源不足が対処されることになる。通常は，①一般会計から交付税特会への加算（**一般会計加算**），および②特例法による地方債の発行（**臨時財政対策債**等）によって，財源不足が補充される。

🔲 地 方 債

地方債許可制度

　地方債とは，地方公共団体が歳入の不足を補うために負う債務のうち，その返済が会計年度を超えるものをさす。その一方，会計年度を超えない地方公共団体の債務は**一時借入金**と呼ばれ，年度内に返済されるため当該年度の追加的財源にはならないから，地方債とはみなされない。地方債の機能として以下の点が指摘されている。

①　地方債が充当される事業（以下，「充当事業」と略）が償還財源を生む場合，他の歳出に制約をかけることなく，その事業の遂行が可能となる。

②　充当事業の便益が後年度にわたる場合，その事業の負担を後年度世代にも担わせることができる。

③　災害時の財政需要急増や不況時の大規模税収減少等，緊急時の財源となる。

　2005 年度まで日本の地方公共団体は**地方債許可制度（起債許可制度）**のもとにあり，地方債の発行には，総務大臣（都道府県の場合）や都道府県知事（市町村の場合）の許可が必要であった。地方債の発行が認められる条件は，原則として，①充当事業の収益によって償還財源が確保される場合，②すでに発行済み地方債の借換え等，債務の増加がない場合，③災害のように突発的事由により事業執行が必要となる場合，そして，④充当事業の便益が後年度に及ぶ場合（将来の地方税源の増強を含む）に限られていた。これらの条件を備えた事業は**適債事業**と呼ばれ，それに充てられる地方債は**建設地方債**，もしくは，これらの条件が規定されている地方財政法第 5 条にちなんで**5 条債**と呼ばれる。

　この 5 条債に加え，国会で特例法を制定することにより適債事業の範囲を広げ，**特例債**と呼ばれる地方債を発行することができる。それには大きく 2 つのケースがある。1 つは，とくに重要な事業推進のための起債である（地震対策緊急整備事業債，災害復旧事業債，過疎対策事業債など）。いま 1 つは，地方財政における財源不足に対処するための起債である（臨時財政対策債，減収補塡債，減税補塡債，退職手当債など）。実際，これらの特例債は頻繁に発行されており，たとえば臨時財政対策債だけでも，2021 年度末の地方債現在高総額約 145 兆円のうち 37.4% をも占めている。

地方債協議制度　2006 年度からは**地方債協議制度**が導入された。ただし，同制度は財政状況が悪く（後述する実質赤字や実質公債費比率等が一定基準以上），かつ，十分な課税努力が見られない（税率が標準税率未満等）団体は，いまだ許可制の適用対象となる。

　協議制度が適用される団体の場合，地方債発行に際して総務大臣（都道府県の場合）や都道府県知事（市町村の場合）と協議を行う必要はあるが，それらの同意がなくとも，原則自由に地方債を発行できる。ただし，同意がない地方債は，後述する地方債計画に算入されず，国による公的資金の充当はなされないため，地方自ら充当する資金を探し出す必要がある。また，同意のない地方債の元利償還費は，地方財政計画の財政需要に算入されないため，地方財政計画における財源保障の対象にもならない。

　2012 年度からは地方債協議制度が一部見直され，事前届出制が導入されて

いる。これにより，協議制度の対象となる団体のうち，財政状況が一定の基準を満たす団体が民間資金を用いて起債する場合には，原則として協議は不要となり，市町村は自己が属する都道府県に，都道府県と指定都市は総務大臣に届け出ればよいことになった。また，2016年度からは，事前届出の条件に関わる財政状況の基準がさらに緩和されている。

健全化判断基準　2007年に公布された「地方公共団体の財政の健全化に関する法律」（健全化法）にもとづき，4つの「健全化判断比率」が設定された。これらの指標は，地方公共団体の財政悪化を早期に発見し，迅速に国が対応する措置をとるために利用される。健全化法では地方財政の状態を，(a)健全段階，(b)財政の早期健全化，(c)財政の再生の3つに分ける。(b)や(c)と判断されると財政健全化団体となり，法が定める手続きに従って財政再建に歩み出すことになる。この4つの健全化判断比率は以下のとおりである。

① 実質赤字比率：普通会計（地方の一般会計等を共通の基準で整理したもの）におけるマイナスの繰越金が標準財政規模に占める割合。

② 連結実質赤字比率：普通会計と公営事業会計を連結した場合のマイナスの繰越金が標準財政規模に占める割合。

③ 実質公債費比率：普通会計・公営事業会計（一部事務組合・広域連合を含む）の元利償還費が標準財政規模に占める割合（ただし，分母からは元利償還にかかる基準財政需要額，分子からは元利償還にかかる特定財源や基準財政需要額を除く）。

④ 将来負担比率：地方公社・第三セクター等の公営企業・出資法人等を含めた全会計の債務残高が標準財政規模に占める割合（ただし，分母からは元利償還にかかる基準財政需要額，分子からは充当可能基金額や地方債残高にかかる基準財政需要額等を除く）。

これらの比率の分母に用いられている「標準財政規模」とは，標準的な状態で地方が獲得できる地方税と普通交付税の規模とされ，特定の方式に従い国によって算定されている。なお，①と②における「赤字」は「負の値をとる繰越金」を意味し，本書の他の部分で「財政赤字」と呼んでいるものとは異なる。ここではまず，地方公共団体の1年間の歳入決算額から歳出決算額を引いた金額を「形式収支」と呼び，これが負の値をとる分が形式収支の赤字となる。次

に，この形式収支から翌年度に繰り越す金額（計画より遅れた用地取得や工事の費用等）を除いた値が「実質収支」と呼ばれ，それが負になった分が実質収支の赤字，つまり，上記①と②における「実質赤字」である。したがって，ここの「赤字」には地方債発行分は含まれず，収支が赤字であっても，ほとんどの地方公共団体では，その程度は大きくない。

　地方債制度における協議制や届出制の適用の判断には，健全化判断基準の一部が用いられている。たとえば，協議制が適用されるためには，実質公債費比率が18％未満であり，実質赤字比率が規定の値（標準財政規模により閾値が段階的に変化）未満である必要がある。また，事前届出制が適用されるためには，さらに実質赤字比率と連結実質赤字比率がゼロであり，加えて，将来負担比率が，都道府県および政令指定都市の場合は400％未満，市町村の場合は350％未満である必要がある。

地方債計画　　　国の予算編成に並行して策定される**地方債計画**は，**財政投融資**（unit 2 を参照）と連動する，地方公共団体への資金供給計画として理解できる。以前の許可制度のもとでの地方債計画では，地方債の起債許可予定額とともに，地方債に充てるべき公的資金等が資金別・事業別に割り振られていた。現在の協議制度のもとでの地方債計画でも，地方債の資金を割り振るという意味ではその機能は変わらないが，既述のように同意のない地方債に対しては地方債計画による資金の割り振りは行われていない。なお，以前の地方債計画には根拠法が存在しなかったが，協議制度が始まった2006年度以降は地方財政法に規定のある法定計画となっている。

地方債と地方交付税

　既述の地方財政計画と地方財政対策の仕組みからわかるように，国庫支出金，地方交付税，および，地方債には相互依存関係がある。地方交付税に充てられる国税からの収入は地方交付税が埋めるべき金額より小さい。地方交付税率を上げることができない場合，国の一般会計からの加算や臨時財政対策債等の特例法による借入を充てることになる。とくに臨時財政対策債は2001年から導入された制度で，地方交付税の原資不足額のうち半分に充てられる地方債である。

　国庫支出金の削減も，地方債の追加発行につながる場合がある。国が財政逼

迫のため補助率を削減する場合を考えよう。当該事業が国庫負担金の対象ならば，削減分だけ基準財政需要額が増額するため交付団体の負担は変化しない。しかし，不交付団体は負担増となるし，当該事業が国庫負担金の対象外ならば，全団体において負担が増加する。この場合，補助対象が投資的経費ならば，補助の削減に応じその事業に充てる地方債の率（**起債充当率**）を増加させ，資金不足を回避させることができる。

　もちろん，国は地方に起債を強制することはできない。また，地方債の発行は将来の地方負担の増加につながる。したがって，地方債を起債させるためには，地方公共団体に何らかの誘因を与える必要がある。そこでしばしばとられるのが，地方債の元利償還費を基準財政需要額に算入して後年度の地方交付税で手当てするという方法である。臨時財政対策債の発行にも，この方法がとられている。

　このような，地方財政計画を軸とした地方債と地方交付税のあり方についてはさまざまな批判が存在する。ここではそれらの批判については言及しないが，続く unit 15 と unit 16 で議論する地方分権と政府間財政移転に関する経済分析を学習した後で，もう一度，日本の地方財政制度を自分で再検討してほしい。

> ### コラム ⑦
>
> **ふるさと納税**
>
> ◇ 控除制度としてのふるさと納税
>
> 　ふるさと納税とは，個人が任意の地方公共団体（都道府県や市区町村）へ寄附をすると，その寄附金から 2000 円を除いた残りの分だけ，自分が支払わなければならない所得税（国税）や個人住民税（地方税）が減る仕組みである。したがって，所得が低く，所得税や個人住民税を納める必要がない人は，ふるさと納税は利用できない。
>
> 　ふるさと納税は，所得課税における地方公共団体に対する寄附金に適用される複数の控除制度からなる。ここで地方公共団体への寄附額を A 円としよう。まず，所得税から所得控除として，$(A-2000)$ 円控除される。ここで，納税者の課税所得が $A-2000$ 円減ることになるから，その納税者が直面する限界税率を m とすると，所得税の納税額は①$(A-2000)\times m$ 円減少することになる。なお，この所得税の寄附金控除は地方公共団体への寄附に限った制度ではなく，他の指定された団体への寄附金にも適用される。
>
> 　次は個人住民税の控除である。これには「基本分」と「特例分」がある。「基本分」は，所得税と同様，所得控除 $(A-2000)$ 円分により個人住民税の課税所得が

減少する。ここで，個人住民税（所得割）の限界税率は一律 10% であるから，個人住民税所得割の納税額は，②$(A-2000)\times0.1$ 円減少する。ただしこれは，形式上は所得控除ではなく，税額控除率 10% の税額控除と位置づけられている。なお，所得税と同様，この個人住民税における寄附金控除は地方公共団体への寄附金に限らず，他の指定された団体への寄附金も対象としている。

　上記の①と②は地方公共団体以外の団体への寄附にも適用される寄附金控除であるから，残る「特例分」が，ふるさと納税の要点になる。地方公共団体へ A 円寄附すると，この特例分では，個人住民税の納税額から，③$(A-2000)\times(1-0.1-m)$ 円が税額控除される。ここで，上記①，②，③の納税額の減少分を足し合わせると，$(A-2000)$円$\times m+(A-2000)$円$\times0.1+(A-2000)$円$\times(1-0.1-m)=A-2000$ 円となる。つまり，一般的な寄附金控除（①と②）に特例分（③）を追加することで，所得税と個人住民税をあわせた税額から，地方公共団体への寄附額から2000 円を引いた値が引かれることにより，支払うべき税額が（寄附額－2000）円も少なくなる。

　なお，この算定にはいくつかの但し書きがある。第 1 に，所得税の寄附金控除の上限額は総所得金額等（給与収入だけの場合は給与収入から給与所得控除を引いた値）の 40% であり，①でも同様の上限が適用される。第 2 に，特例分③の所得税限界税率 m は，個人住民税の課税所得金額から人的控除差調整額（所得税と個人住民税の人的控除の差を調整した値）を差し引いた金額により求めた所得税の税率であり，それは①における m と異なる場合がある。第 3 に，特例分③が個人住民税所得割額の 2 割を超えると，③は住民税所得割額×0.2 円に置き換えられる。したがって，これらの条件に該当する場合，節税額は全額控除額（寄附額－2000 円）より小さくなる。

　このように，ふるさと納税による節税額（①＋②＋③）は，所得税と個人住民税における寄附金控除上限の違い，所得税の限界税率，個人住民税所得割額，そして，人的控除差調整額により影響を受けるから，それらに影響を与える収入と世帯の構成によって，全額控除（寄附額－2000 円）となる収入の上限は変化する。**図14-1** は，収入が給与収入だけであることを前提として，総務省によって算定された年間の全額控除の上限額を，家族構成と給与収入別にグラフ化したものである。ここから理解できるように，全額控除の上限は給与収入が増えるほど高くなり，また，同一の給与収入では，扶養家族が多い世帯ほど低くなる。

◇ 政府間財政移転としてのふるさと納税

　この寄附金控除自体は，国と自分が居住する地方公共団体へ支払われるはずであった税の一部を，寄附先の地方公共団体へ振り替えることを意味する。寄附者の負担という観点からは，寄附者寄附をしない場合よりも 2000 円よけいに支払うわけ

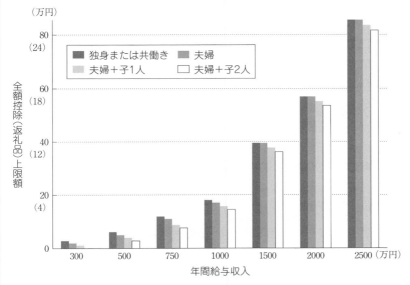

図 14-1　給与収入と全額控除（返礼品）上限額

（注）　1)　「共働き」とは配偶者控除もしくは配偶者特別控除が適用されないケースをさす。
　　　　2)　「夫婦」とは配偶者に収入がないケースを指す。
　　　　3)　「子1人」は高校生と想定。
　　　　4)　「子2人」は高校生・大学生と想定。
　　　　5)　縦軸のかっこ内は返礼品の割合の上限である 0.3 を掛けた数値。

であるから，この段階では，公的部門全体の収入は増えるはずである。しかし，寄
附を受けた団体は寄附者に対して，その価値が寄附額の 3 割までの商品等（返礼
品）を贈与でき，実際，ほとんどの地方公共団体は上限（3 割）近くの返礼品を寄
附者に送っている。

　なお，返礼品の費用だけが，地方公共団体によってふるさと納税のために支出さ
れる費用ではない。①返礼品の調達費用，以外にも，②返礼品の送付にかかる費用，
③広報費用，④決済等にかかる費用，⑤事務にかかる費用がある。国は，①から⑤
にかかる経費の上限を寄附金額の 50% としている。なお，2023 年 10 月より前は
⑤に含まれる寄附金受領証の発行費用，ワンストップ特例事務の費用，仲介サイト
事業者への手数料などは含まれていなかった。また返礼品は，以前から元で生産
されたものを建前としていたが，2023 年 10 月からは基準が厳格化され，熟成肉や
精米の返礼品は原材料が同じ都道府県産であること，地元産の品と他の地域産の品
をセットにする場合，地元産の品は全体価格の 70% 以上であることが追加された。

　いずれにせよ，寄附者が，全額控除になる上限いっぱいの寄附を行うと，2000

円支払うことで上限額の3割の価値をもつ返礼品を手に入れることができる。このような返礼品制度はさまざまな不都合を引き起こしている。

第1に、ふるさと納税制度は、高所得者に有利で低所得者に不利な制度である。ふるさと納税は、所得控除と税額控除の特殊な組合せであり、それら控除は還付可能ではないから、税額以上の控除は不可能である（既述のようにその他にも制限がある）。もちろん、所得税や個人住民税を払っていない場合、それら控除の恩恵に浴することはできない。納税者であっても、給与収入にかかわらず寄附のコスト＝返礼品の対価（2000円）は同一であるが、給与収入に応じて全額控除の上限が増加する（支払っている税額が増加する）ので、高所得者ほど高額の返礼品を受け取ることができる。

各団体は地元の特産品を出品しているとしても、1700以上の地方公共団体が存在するので、ポータルサイトを利用することで、あたかも品揃え豊かな通販サイトで購入するように、自分が手に入れたい返礼品を選ぶことができる。そして、そこで選べる品物の合計金額の上限は高所得者ほど高くなる。**図14-1**の縦軸のかっこ内の数値は、かっこの上に記した全額控除の上限に0.3を掛けた数値である。つまり、同図は返礼品の価値の上限も表したグラフでもある。ここに示しているように、年収500万円の世帯は2000円支払って0.6万～1.6万円の返礼品しか手に入れられないが、年収2500万円の世帯は同額支払って24.3万～25.5万円もの返礼品を受け取ることができる。

第2に、返礼品競争によって大きな無駄が生じる。ふるさと納税は、全地方公共団体間での税収の奪い合いである。ここでは、寄附者が居住する団体の税収の一部が寄附先の団体に移動するだけであり、いくら地方公共団体が寄附金獲得に努力し、費用をかけても、地方全体の税収は増えることはない。さらに、ふるさと納税は返礼品を伴うから、その分だけ、本来の地方行政サービスに充てられるはずであった地方税収の全国合計額は減少する。しかも、既述のように固定された当該合計額（パイ）の奪い合いであるから、各地方は返礼品を含むふるさと納税に関連した活動経費を制限額ギリギリまで使う傾向にある。この制限額は既述のように寄附額の5割であるから、本来は地方行政サービスに充てられていたはずである、ふるさと納税全国合計額の最大半分に相当する税収が霧散することになる。

ふるさと納税の費用は、これら直接的な経費だけではない。多くの（すべての？）地方公共団体が、返礼品の品揃えの充実、寄附金呼び込みのためのPR、そして、その他の事務的な付随作業等、ふるさと納税の企画準備のために追加的な人的リソースを割いている。たとえば、1つの団体で1人の職員が割り当てられれば、日本全体で1700人以上の職員が、（既述の行政サービスの向上には役立たないという意味で）無駄を生む競争のために使われている。

このように、日本全国で見ると地方公共団体の多大なリソースをつぎ込んだ競争

が行われているのであるが，その結果，都市部の歳入が非都市部に流れることもあるであろう。しかし，個々の地方公共団体にとっては，それがいかほどの歳入になるかは予測が難しい。むしろ，都市部から非都市部への財政移転を増加させたいならば，ふるさと納税のような1700以上の地方公共団体を総動員させた寄附金獲得競争ではなく，国が地域間の財政移転制度を熟考のうえ，改革すればよい。そのほうが，より少ない労力ですむし，移転額も予測可能になる。さらにふるさと納税によって所得税の寄附控除という形で国庫の減少も伴っているだけではなく，ふるさと納税がなければ起こらなかったさまざまなトラブルの対処にも貴重な国の行政リソースが割かれている。このように考えると，地域間の財政移転の手段としてのふるさと納税は無駄以外の何者でもない。

第3に，ふるさと納税は日本の経済全体に悪影響を与えているかもしれない。もちろん，返礼品が地域の特産品ならば，その分だけ地域経済に貢献する部分はある。しかし，返礼品を販売する業者の選定プロセスにおいて汚職発生する可能性もあろう。また，寄附者が自己負担2000円でそれ以上の価値の返礼品を手に入れることができることに着目すれば，ふるさと納税は，寄附先の地方による，寄附元の地方の税収を使った，自己地域の産品に対する価格補助であるため，経済学的には死加重損失が発生すると考えられる。また，この補助によって，生産性が低い企業が地域経済に残存し，結果として地域経済の成長，ひいては日本全体の経済成長を阻害することにつながっているかもしれない。これらはいまだ推測の域を出ず，その真偽については今後の実証研究を待つ必要があるが，十分注意しなければならない重要な点である。

要　約

- □　日本の政府間財政移転は，主に，国庫支出金，地方譲与税，および，地方交付税から構成される。
- □　国庫支出金は国の一般会計から直接支出され，国からその用途が指定されている特定補助である。
- □　地方交付税は財政需要に比べ自主財源が過少な地方公共団体に交付される，用途が指定されない一般補助である。
- □　地方交付税の総額は地方財政計画によって決定され，その総額は国が計画する地方債の総額と不可分の関係にある。

確 認 問 題

□ *Check 1* 政府間財政移転は定率・定額および特定・一般という軸で分類できるが（unit **16** の表 16–1 参照，187 頁），これら 2 つの軸を用いると国庫支出金，地方譲与税，および，地方交付税はどのように分類できるか，示しなさい。

□ *Check 2* 地方交付税が個々の地方公共団体に交付される場合，どのようなルールに従って配分されるかを説明しなさい。

□ *Check 3* 地方財政計画において地方交付税の総額がどのように決定されるかを説明しなさい。

□ *Check 4* 地方債の発行は「地方交付税の先取り」といわれるが，その理由を説明しなさい。

地方分権の経済分析

🔲 効率的分権化論

　日本において 2000 年の地方分権一括法の成立や近年の三位一体改革のように，地方分権が具体性を帯び，また，地方財政が重要な財政問題と認識されるにつれ，地方分権と地方財政の問題は経済分析の主要な研究対象になっている。しばしば，地方分権をめぐる議論では，「地方分権は効率化を促進する」と主張される。本 unit では，そのような議論を効率的分権化論と呼び，その前提や論理構成を吟味しながら，地方分権が望ましい結果につながるための留意点を検討しよう。

足による投票　　unit 6 で見たように，公共部門が存在しない社会では，公共財の最適な供給は難しく，過小供給される傾向にある。さらに公共部門が公共財を供給する場合でも，最適な供給のためには各個人の公共財に対する選好が正確に把握される必要がある。通常，そのような個人情報は各個人の申告に依拠せざるをえない。しかし，選好顕示の問題により，人々は自己の公共財需要を過小申告することになり，公共財は過小に供給されることになる。

　ティブーは，この選好顕示の問題に対し，**足による投票**という考え方を提示した。この発想の優れた点は，公共財の便益が空間的に遮断される場合に着目したことである。その便益が空間的に限定される公共財は**地方公共財**と呼ばれる。地方公共財の便益が及ぶ空間と地方政府が管轄する空間が一致するならば，地域住民だけに公共財を供給し，他地域の住民を排除することが可能になる。また，地方公共財がその地域の住民への課税のみで賄われているならば，個人が居住地を選択することは，その個人が特定の価格（＝税）で地方公共財を購

入することと解釈できる。したがって，地方公共財（便益）と税（価格）の組合せが地方政府によって異なり，個人選好の多様性に対応できるほど多様な地方政府が存在しているならば，居住地選択は所与の価格のもとで公共財の需要を正直に申告することに等しい。つまり，居住地選択という「足による投票」によって，公共財供給における選好顕示の問題が解決される。

地方政府が多数存在し，それぞれが特定の地方公共財と税率の組合せを提示しているのならば，そのような組合せを好む住民が当該地域に居住する。その結果，特定の地方に類似した選好をもつ個人が集中し，地域内で住民の選好が同質化する。これは足による投票の 1 つの帰結として，**ティブー分住**と呼ばれるが，それは次の分権化定理と深い関係をもつ。

分権化定理　　多種多様な選好を有する個人が存在する社会で厚生損失（死荷重損失）を最小化するためには，選好の種類に応じた複数の政策が必要となる。しかし，その等量消費性によって公共財を個人別に異なった数量で提供することができないように，すべての異なった個人に応じた政策を展開することは難しい。この問題に対処する方法として，選好の種類別に政策単位を分割し，単位別に独自の政策を実行させることが考えられる。この政策単位の分割を地域の分割に求めたのが，**オーツ**による**分権化定理**である。

分権化定理は，公共政策に対する選好が地域単位で異なる場合，全国画一的な政策よりも地域別に異なった施策のほうが厚生損失を小さくできると議論する。そのためには，ティブー分住が成立すること，つまり，特定の地域内の個人選好が同質化され，その選好が地域間で異なることが重要である。たとえば，個人選好が地域内で異なっており，その異なり方（＝分布）が地域間で同一であるならば，中央政府による最適な政策は地方政府による最適な政策と同一になる。むしろその場合，政策の執行において規模の経済が存在していれば，中央政府による政策のほうが効率的であろう。ただし，そうであっても地方分権によって多くの地方政府が多様な政策を展開することになれば，足による投票を通じてティブー分住が進むかもしれない。つまり，足による投票はティブー分住を通じて分権化定理と結びつくことになる。

この分権化定理を，**図 15-1** を用いて説明しよう。ここでは 3 つの種類の選好（$i=1, 2, 3$）をもった個人が同じ数だけ存在すると仮定して，横軸に公共財

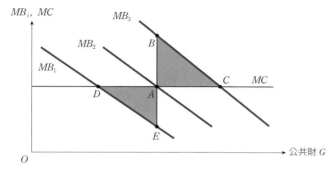

図 15-1　分権化定理

水準 G, 縦軸に公共財の限界費用 MC とタイプごとの公共財の限界便益 MB_i が示してある。まず, これら 3 つのタイプが同一の地方に居住し, 多数決によって公共財の供給水準が決定される場合を考えよう。多数決による投票では中位投票者定理によって中位の選好をもつ個人が決定権をもつため（unit 12 参照）, 公共部門の意思決定にはタイプ 2 の最適解が反映され, MB_2 と MC が交わる点 A で公共財が供給されることになる。この水準はタイプ 2 にとっては最適であるが, タイプ 1 と 3 にはそれぞれ▽AED と△ABC の厚生損失が生じる。

次に, この地域が 3 つに分断され, それぞれに同一タイプの個人が居住し, さらに各地域で公共財の水準が独自に決定されるとしよう。この分断化によっても公共財生産の構造は変化せず, 限界費用 MC も変化しないならば, タイプ 1 の地域では D, タイプ 2 の地域では A, タイプ 3 の地域では C で公共財が提供される。この「分権化」された世界では, 先の「中央集権化」した状況での厚生損失は存在していない。つまり, 分権化は効率的となる。

レヴァイアサン仮説　　足による投票や分権化定理の議論では, 地方政府は何らかの住民の厚生を最大化するように行動すると考えられる。しかし, 地方政府は地域住民の厚生に反するような独自の行動をとるかもしれない。そのような公共部門（この場合は, 地方政府）は, 聖書に登場する巨大な海獣にたとえられて**レヴァイアサン**と呼ばれ, ここから**レヴァイアサン仮説**では, 企業が利潤を最大化するように, 公共部門は財政余剰を最大化すると仮定される。ここで財政余剰とは, 公共部門の意思決定者が自らの便益のために使用できる（＝浪費できる）税収等の収入であり, 公共部門会計におけ

る黒字ではないことに注意しよう。さらに同仮説では，独占市場で企業が利潤最大化するように，単一の政府が公共サービスを供給（＝集権化）すると財政余剰が最大化し，反対に，市場における企業数の増加に応じて企業利潤が減少するように，地方政府数の増大に応じて財政余剰も減少すると議論される。つまり，レヴァイアサン仮説の要点は，競争的な市場経済のように多数の地方政府が存在する分権的環境において効率的な政策運営が達成されることにある。

ヤードスティック競争　地方分権は住民が自己の地方政府を監視するための物差し（ヤードスティック）も提供する。地方分権によってさまざまな地方政府が異なった政策を展開すると同時に，地域住民による地方政府の監視度も高まると考えられるが，その場合，地域住民は他の優れた地方政府をヤードスティックとして，自己の地方政府を監視することになるであろう。とくに他地域で優れた政策が採用されると，地域住民は同様の政策をとるよう自己の地方政府に圧力をかけるかもしれない。

　ヤードスティック競争とは，そもそも地域独占的な企業群が経営成果の優れた企業を物差しにしながら競争することをさす。この場合，ヤードスティックは規制当局により提示されるが（unit 11「インセンティブ規制」〔129頁〕参照），地方分権の文脈では地域住民がヤードスティックたる他の地方政府をみつけだす，もしくは，地方政府が住民の意向を織り込み自発的に優れた他の地方政府を基準とすることになる。いずれにせよ，地方分権下において地方政府が独自の政策を展開することは，他の地方政府の優れた事例から公共政策を評価するヤードスティックをみつけだし，それを物差しとした政策の改善につながるとされる。

🔲 地方規模と地方分権

　このような効率的分権化論は，小規模な地方政府が数多く存在することを前提とする。足による投票と分権化定理では，個人選好に十分対応できるだけの地方政府の数が必要とされ，レヴァイアサン仮説からは完全競争との類比で無数の地方政府の存在が必要とされる。また，ヤードスティック競争においては，優れた他の地方政府による政策の存在と地方政府に対する住民による監視や圧力が重要な要因であるが，そのような好ましい要因も，以下のような理由で，小規模な地方政府が数多く存在することを前提とする。

近接性と住民監視 地方政府は住民に近いため，その地域の消費者の選好やニーズについてよく把握していると議論される。この議論は分権化定理とは異なることに注意しよう。分権化定理は，中央政府も地方政府も消費者の選好は十分理解しているにもかかわらず，均一にならざるをえない中央の政策が，多様な地方の政策に劣ってしまうという議論であった。一方，この議論は，地方政府は単に住民に近い（**近接性**）という理由で，住民の選好を把握する能力そのものが中央政府よりも優れているとする。

もちろん，地方政府がそのような優れた能力を有していたとしても，それが活用されるという確証はない。ここで重要なのは地方政府に対する住民の監視であり，それが十分でない場合は地方分権によって近接性が好ましくない方向へ向かう可能性もある。たとえば，地方政府と地域が緊密な関係にあるのならば，中央の関与が外れることによって地方政府に地域の特定利益が影響を与える機会が提供され，汚職や身内びいきの温床を生むかもしれない。

ただし，住民監視が機能すればその限りではないだろう。とくに，小規模な地域では政策と個人利益との関連が明確になりやすく，選挙における1票も重いため，住民が地方政府を監視するインセンティブをもちやすいと考えられる。反対に，地方政府の規模が大きくなると行政機構が複雑化し，住民による地方政府の監視費用が大きくなり，監視のインセンティブが弱まるかもしれない。また，人口の増加は政治過程における各個人の決定力を低下させ，地方政治への無関心や他者の決定へのただ乗りを誘発し，選挙等を通じた政策決定者への圧力を減ずるかもしれない。

政策実験とリスク分散 数多くの地方政府が存在し，それぞれが異なった政策を開発すれば，優れた公共政策が効果的に展開できるかもしれない。この状況は地方政府が異なった**政策実験**を行っている状況に等しい。実験には失敗も成功もある。しかし，地方の財政規模は小さいため，失敗に終わっても中央が同様の政策に失敗するよりは損失は少なく，リスクを分散させることができる。その一方で，優れた政策が生み出された場合は，ヤードスティック競争によって，その果実は他の地方政府に容易に波及することになる。これが政策実験としての地方分権の利点とされる。

規模の経済 以上が多数の小規模な地方政府がもつ利点と考えられるが，反対に，地方の規模が小さいことによる不利も

ある。それはとくに公共サービスの生産性に関わる，規模の経済と範囲の経済の問題である。一定の公共サービスを達成するために必要となる1人当たり費用は，人口規模が比較的小さい場合には規模の経済によって人口が増加するに従い低下するが，人口規模が比較的大きくなると公共サービスの混雑効果が大きくなり，1人当たり費用は上昇することが確認されている。つまり，1人当たり歳出は人口規模に関してU字型をとるとされ，その1人当たり歳出が最小化される**最小効率規模**（MES：minimal efficient scale）は日本では20万〜30万人とされる。このMESより小さい人口規模では，地方の規模の増大は費用効率性の観点からは望ましい結果につながることになる。

範囲の経済　複数の財・サービスを同時に生産することによって，そうでない場合よりも生産性が向上する場合，**範囲の経済**が存在するという。範囲の経済は，複数の用途で共有可能な生産要素が存在する場合に発生しやすい。実際，地方公共サービスの提供においては同一の生産要素が異なった部門でシェアされることが多い。たとえば，庁舎は資本投入として地方政府による全公共サービスの中心であり，地方公務員も複数部署の兼務や定期的異動によって複数のサービスに寄与することが多い。日本の地方公共団体は，多岐にわたる複数の公共サービスを提供する**総合行政主体**として位置づけられるが，それは範囲の経済から正当化できるのかもしれない。

　地方政府の規模が拡大し，以前よりも多種多様な公共サービスが提供されるならば，地方の規模増大は，規模と範囲の経済の双方を通じて地方の費用効率性の改善に寄与するかもしれない。そうであるならば，効率的分権化論から推論される地方の規模拡大による不利点は，地方の規模増大による費用効率性の向上とのバランスで判断されるべき問題となる。

外部性と分権の失敗

　上記の地方の規模に関わる議論で見たように，効率的分権化論は規模の経済が存在しないことを前提にしている。これに加えて，効率的分権化論の成立にはいくつかの条件が前提となる。とくに，足による投票と分権化定理に関しては地域間の外部性が存在しないことが前提となる。この外部性は地方政府のレベルで発生する**財政外部性**と地域移動を行う個人レベルで発生する**移住外部性**の2つに分かれる。さらに財政外部性は以下の2つの外部性に分けて考えるこ

とができる。

直接的財政外部性　ある地方政府の政策が他の地域に居住する住民に直接影響を与える場合，これを**直接的財政外部性**と呼ぶ。その典型的な例として地方公共サービスの**便益漏出（スピルオーバー）**がある。便益漏出とは地方公共サービスが他の地方へ漏れ出し，後者の住民によって負担なしに消費される状態である。便益漏出をもつ地方公共サービスは他の地域にとっては外部経済となるから，外部経済の議論より，そのような地方公共サービスは過小供給されることがわかる（unit 5 を参照）。

　さらに，足による投票が前提とする世界では，地方公共財の便益が及ぶ空間がそれを供給する地方政府の管轄空間と一致する必要がある。そうでなければ，居住地外にいても公共財の便益を享受することができるため，居住地選択は公共財に対する選好顕示という行為として解釈できなくなる。つまり，足による投票の議論からも便益漏出は問題となる。

　また，既述の政策実験とリスク分散における他の地方政府による優れた政策技術は，それが容易に模倣することができる場合，便益漏出としてとらえられることに注意しよう。自らの実験は試行錯誤と費用を強いるが，他者の成果の模倣はそのような費用を発生させない。したがって，地方政府は自ら政策実験を行うよりも，他の政府の成果にただ乗りをする誘因をもち，地方による技術革新の水準は過小になるかもしれない。

間接的財政外部性　課税対象や地方歳出の受益者たる住民や企業などが自由に地域間を移動できる場合，ある地方の政策変化はこれらの地域移動を引き起こし，他地域の財政収入や支出に影響を与える場合がある。これを**間接的財政外部性**と呼ぶが，それは住民や企業などの地域間移動を媒介した地方政府間の相互依存関係を意味する。

　ある地域の税率の変化が他の地域に影響を与えることは**租税外部性**と呼ばれる。たとえば，移動費用が無視できるほど小さく，さらに他の条件が等しければ，人々は所得税率が高い地域から低い地域へと移動するだろう。また，交通費用が無視できるほどに小さく，物価が同一であれば，消費者は消費税率が低い地域で買い物するであろう。さらに，企業も他の条件が等しければ税負担が小さな場所に立地するであろう。このように特定の地域による税率の上昇は他の地域の経済資源の増加につながり，その結果，後者の地域の税収は増加する

であろう。つまり，ある地方の税率上昇は他の地方に税収増加という形で正の外部効果（外部経済）を発生させている。

　地方政府が互いに租税外部性を及ぼし合う状況は**租税競争**と呼ばれ，その結果として地方税率は過小となることが知られている。これは上記のように地方税率の上昇が外部経済となることからも理解できるが，以下のような直感的な説明も可能である。つまり，他の地方政府が税率を引き下げると，どの地方政府も経済資源の流出を防ぐために自己の税率を低く設定するであろう。しかし，各地方政府とも低い税率を設定するため税率の地域差は生じず，結果として経済資源も地域間ではほとんど移動しない。その結果，税率だけが低く設定されることになり，税収が不足するという状況が発生してしまう。

　さらに地方政府は，公共サービスや補助金等の歳出によっても人や企業の移動に影響を与えることができる。たとえば，産業基盤の整備や他の公共サービスの充実化を通じて企業を誘致する場合や，生活環境の整備や公営住宅の提供によって住民を呼び込もうとする場合がそれにあたる。この場合，公共サービスの充実は他の地域の経済資源の流出を招くことになるから，それは他の地方政府にとっては外部不経済となる。複数の地方政府が公共サービスなどの歳出増を通じて経済資源を互いに引き寄せる相互依存関係は**歳出競争**と呼ばれる。この場合，各地方政府とも歳出増によって経済資源を引き込もうとするが，それぞれが同じように行動するので，結果として経済資源の地域配分はほとんど変わらず，歳出だけが無駄に増加する結果に陥ってしまう可能性がある。

　　　　　　　　　　　　　　　　上記の外部性は地方政府の意思決定において発生する
移住外部性　　　　　が，居住地選択という個人の意思決定レベルで発生する外部性も存在する。地域人口の増加は地域経済に便益と費用をもたらす。まず，①人口増加は，労働力の増加を通じて地域生産を増加させる（労働の限界生産）。それとともに，②人口が増加した分だけ当該地域の消費が増加し，既存住民が消費できる資源が減少する（既存住民の消費削減）。また，地方公共サービスの消費に混雑が存在するならば，③人口増加は公共サービスの質の低下を引き起こすため，それを補うための追加的な費用を発生させる（混雑効果）。したがって，この人口移動による限界的な純便益は，①の効果から②と③の効果を差し引いた数値となり，人口が最適に配分されるためには，この人口の限界純便益（①−②−③）が地域間で等しくなる必要がある。

コラム ⑧

2つの財政外部性と移住外部性

本文中では，ある地方政府の政策が他の地方政府に影響を与えることを，「財政外部性」と表現した。しかし，政府間財政関係の経済理論では，本文中で「人口の限界純便益」と表現した効果も，人口移動が地方政府の財政に与える（外部）効果という意味で「財政外部性」と呼ばれることがある。以下では，本文中で議論した「移住外部性」という言葉とともに，この点を詳しく議論しよう。

本文中で議論したように，地域人口が1人増加することによる純便益の増加は，［①労働の限界生産－②既存住民の消費削減－③混雑効果］と表現できる。ここでは，この点をもう少し詳しく議論しよう。まず，［①労働の限界生産＝賃金（個人所得）］，および，［②既存住民の消費削減＝新たに流入した個人の消費量］となるから，［①－②＝個人所得－個人消費量］となる。貯蓄を無視することができれば，この個人消費量は可処分所得に等しくなるから，①－②は，個人所得から可処分所得を引いた残り，つまり，租税負担と等しくなる。ここで地方政府だけが存在する場合を考えると，この租税負担は地方政府が徴収する税となり，それは，地域人口が1人増えることによる地方歳入の増加と等しくなる。つまり，［①－②＝租税負担＝地方歳入増］と解釈できる。次に，③混雑効果は，地域人口が1人増えることによる行政費用の増加であるから，それは地方歳出の増加を意味することに留意しよう。つまり，［③混雑効果＝地方歳出増］となる。したがって，これらの点から，地域人口が1人増えることによる純便益［人口の限界純便益＝①－②－③］は，地域人口が1人増えることによる地方歳入の純増［①－②－③＝地方歳入増－地方歳出増］として理解できる。したがって，この限界純便益は人口流入による地方財政への効果も表すことになるため，本文中で説明した財政外部性と異なった意味をもって，財政外部性とも呼ばれている。

なお本文中では，移住者が考慮していない（＝内部化していない）効果という意味で，②と③の効果を「移住外部性」と表現している。この移住外部性には人々が移住する場合に考慮すると考えられる①の効果は含まれておらず，本文中で議論した「財政外部性＝人口の限界純便益」とは異なっている。しかし，この移住による「財政外部性」を本文で説明した地方政府の政策による「財政外部性」から区別するために，前者と同じ意味で「移住外部性」という言葉が用いられる場合がある。さらに，地方政府の政策による外部性であっても，人口移動を介した（間接的）財政外部性であれば，「移住外部性」と呼ばれることもある。このように移住外部性という言葉は，財政外部性という言葉と同様に，関連はしているものの複数の意味で用いられる場合があるため，それらがどのような意味で用いられているのかについて注意する必要がある。

ここで個人が居住地を選択する場合に考慮する要因は，公共サービス，課税負担，および，賃金である。限界生産原理（賃金＝労働の限界生産）が成立しているならば，居住地選択において賃金が考慮されることで，①〜③のうち①の効果が考慮される。一方，人口流入が既存の居住者に与える影響である②と③の効果は，個人が居住地を選択する場合には考慮されない外部効果（＝移住外部性）となる。移住が止まるのは，公共サービス，課税負担，および，賃金から得られる総合的な便益（効用）がどの地域でも同一になり，いずれの地域にも移住するインセンティブがなくなる状況（移住均衡）である。したがって，移住均衡では地域間で個人の効用水準が均等化することはあっても，一般的に①〜③の効果を考慮した人口の限界純便益が等しくなることはない。つまり，分権化された財政制度のもとでは，移住外部性の存在により，人口の地域間配分に非効率性が発生することになる。

再分配政策と地方分権

効率的分権化論は地方公共財の供給を中心に展開されてきた。しかし，地方の役目は必ずしも地方公共財の供給だけではない。とくに日本の地方公共団体は，効率的分権化論が前提としている地方政府の機能（地方公共財の供給）とは異なった機能も有している。地方公共団体は社会福祉法に定められているように「福祉の措置の実施機関」であり，公的扶助（生活保護）から対人社会サービス（老人福祉，障害者福祉，児童福祉，母子福祉）まで，多様な再分配的施策を実施している。また，社会保険に関しても市町村が国民健康保険と介護保険の保険者となっている。このように地方が再分配的な事務を担っている場合は，少なくとも給付の基準設定と財源に関して地方分権を進めると，以下に述べるような問題が発生するかもしれない。

利他主義　利他的選好をもつ高所得者の所得移転問題として再分配政策をとらえると（unit 8 参照），再分配政策にも分権化定理を応用できる。ここで低所得者への所得移転は，利他的な高所得者に便益をもたらすため，175頁の**図15-1**の「公共財」を「低所得者への所得移転額」と読み直し，同図の限界便益を地域の高所得者のそれとみなせば，分権化定理がそのまま適用できる。しかし，この適用には注意が必要である。まず分権化定理ではティブー分住を前提としていた。そうであるならば，低所得者

だけのコミュニティが形成されているはずであり，そこでは高所得者から低所得者への再分配は起こりえない。また，域外の低所得者まで気にかける利他主義者が存在する場合は，分権によって公的な再分配を行うことができないため，個人単位での自発的な所得移転を行うしかない。しかし，unit 8 で議論したとおり，最適な所得移転が達成されることは難しいであろう。

底辺への競争　他の条件が等しければ，再分配政策の受給者は給付水準がより高い地域に居住するであろう。したがって，ある地方政府が給付水準を上昇させれば，他の地方政府から受給者を引きつけることになり，後者の再分配的歳出を抑えることになる。これも間接的財政外部性の一例であり，この場合，ある地域の給付水準の上昇は他の地域に外部経済（歳出の抑制）を与える。したがって，外部経済の発生源（給付水準）は過小となり，分権化は過小な再分配をもたらすことがわかる。さらに，代表的な理論モデルに従うと，地方政府の数が増加すると過小の度合いは大きくなり，その数が無限大となると再分配はまったく行われなくなることが示される。この分権化による再分配の低下は，分権化による引下げ競争，つまり，**底辺への競争**の典型例とされる。

社 会 保 険　社会保険を通じた事後的な再分配は，リスク回避的な個人の事前の厚生を増加させることができる（unit 8参照）。リスクによって変動する個々人の所得を集計し，所得変動を打ち消すことを，リスクをプールするという。そのためにはリスクを集計する集団規模が十分大きいこと（大数の法則）と，個人のリスクが互いに相関することなくバラバラに変動すること（個人リスクの独立性）が必要とされる。したがって，他の条件が等しい限り，被保険者の数は多いほど好ましく，その居住地は広範囲に分散していることが望ましい。とくに，保険がカバーする空間が狭いほど個人リスクは相関しやすいであろう。

　たとえば，個人のリスクに加えて，労働市場の変動のように地域単位で変動するリスク（地域的な集計ショック）が存在するならば，地域単位の社会保険はリスクを十分にプールできない。赤字地方債の発行によりそのような変動を時間的に平準化することも可能だが，国と違って地方では住民が域外に移動しやすいから，住民は地方債の将来負担から逃れることができる。その一方で，国が全国民を対象とした保険者となれば，地域的な集計ショックもプール可能で

あるし，全国規模でもプールできないショックに対しては，国家間の人口移動は地域間ほど容易ではないから国債の発行によって通時的な平準化が可能となる。

分権の失敗と政府間財政移転

上記のように，地方分権にはメリットとともにデメリットも存在する。そのような地方分権の失敗は中央集権化によって矯正されると考えられるが，もちろん中央集権にもデメリットが存在する。したがって，地方分権のメリットを保ちながら，そのデメリットを矯正する制度設計が必要となる。そこで重要な役割を果たすのが次の unit 16 で考察する政府間財政移転である。

要　約

- □ 地方財政の分権化はメリットとともにデメリットをもたらす。
- □ 分権化のメリットとしては，①足による投票を通じた公共財の選好顕示問題の解消，②分権化定理が示す厚生損失（死荷重損失）の減少，③レヴァイアサン仮説が示す財政的な浪費の減少，そして，④ヤードスティック競争を通じた住民からの望ましい政策採用への圧力などが挙げられる。
- □ 分権化のデメリットとしては，①租税競争や歳出競争等の財政外部性を通じた非効率的な地方の政策選択，ならびに，②自由な人口移動による非効率的な人口の地域配分による過小税率設定等が挙げられる。
- □ 再分配政策が地方政府によって担われている場合，利他主義の観点からは分権化定理を応用することによって厚生損失が減少することが考えられるかもしれないが，底辺への競争や社会保険の観点からは効果的な再分配政策は期待できないであろう。

確認問題

- □ *Check 1*　足による投票がなぜ選好顕示の問題を解決するのかを説明しなさい。
- □ *Check 2*　分権化が行われると厚生損失（死荷重損失）の減少することを，それが成立するための前提とともに説明しなさい。
- □ *Check 3*　地方政府の規模が費用効率性に与える影響を，規模の経済，範囲

の経済，混雑効果という観点から議論しなさい。

☐ *Check 4* 地方公共財の便益漏出はなぜ過小な地方公共財供給を引き起こすのかを，unit 5 の外部性の議論を応用することによって説明しなさい。

☐ *Check 5* 租税競争はなぜ過小な地方税率を引き起こすのかを，unit 5 の外部性の議論を応用することによって説明しなさい。

☐ *Check 6* 地方財政が分権化された世界では自由な人口移動が非効率的な人口の地域配分につながることを説明しなさい。

☐ *Check 7* 再分配政策が地方分権された場合にどのような帰結が起こりうるかを議論しなさい。

政府間財政移転の経済分析

🗂 政府間財政移転

政府間財政移転の類型　　　**政府間財政移転**とは，政府間で移転される資金，もし
くは，そのやりとりをさす。ここで「政府」とは「地
方政府」だけでなく「中央政府」も含むが，実際は中央政府から地方政府への
財政移転がほとんどである。なお，中央から地方への財政移転は，とくに補助
（金）という言葉が使用される。したがって，マスコミ等では「補助金」とは，
unit 14 で説明した国庫補助金を意味する場合が多いが，学術的には中央政府
から地方政府への財政移転一般を意味する。また，政府間財政移転の代わりに
地域間財政移転という言葉が使用される場合があるが，この言葉は「中央から
地方」ではなく地方「同士」の財政移転というニュアンスが強い。したがって，
日本のように，地方間の直接的な財政移転は行われず，中央が国民から徴収し
た国税を原資にして地方へ財政移転を行う制度においては，この地域間財政移
転という用語は必ずしも適切ではない。

　中央から地方への補助は次の3つの基準で**表16-1**のように分類できる。第
1は，中央による補助の用途指定の有無である。用途が指定されない補助は**一
般補助**，用途が指定される補助は**特定補助**と呼ばれる。第2は，地方歳出に応
じて交付額が変動するか否かである。とくに，地方歳出の一定割合で交付額が
変化する場合は**定率補助**，交付額が地方歳出とは独立した一定金額である場合
は**定額補助**と呼ばれる。第3は，地方歳出に従って増加する定率補助に上限を
設けるか否かである。一定限度額以上は交付されない場合は**閉鎖型補助**，そし
て，交付金額に上限が設けられない場合は**開放型補助**と呼ばれる。

表 16-1　補助の種類

	地方歳出から独立（定額）	地方歳出に対応（定率）	
		補助上限なし（開放型）	補助上限あり（閉鎖型）
用途指定なし	一般定額補助	開放型一般定率補助	閉鎖型一般定率補助
用途指定あり	特定定額補助	開放型特定定率補助	閉鎖型特定定率補助

定額補助と定率補助　この分類では，とくに一般定額補助と特定定率補助が重要である。複数の公共サービスを提供している地方政府を考えよう。特定の公共サービスの歳出に定率補助が与えられると，その公共サービスの相対価格は低下する。その結果，地方政府はその公共サービスの価格を過小に認識し，その供給量を増大させる。これは，価格の誤った認識による歪みの一形態である。一方，一般定額補助は公共サービスの相対価格に影響を与えないため，歪みをもたらすことはない。このことは，補助額が同額ならば一般定額補助のほうが特定定率補助より高い地域厚生を発生させると理解できる。ただし，この結果は，地方公共サービスに便益漏出が存在しない場合を前提としている。便益漏出は他の地方にとっては外部経済であるので，当該サービスに定率補助（ピグー補助）を与えることで効率性を改善することができる。

🔲 政府間財政移転と公平性

水平的公平性　財政学には垂直的公平性と水平的公平性という2つの公平性の概念がある（unit 17 も参照）。**垂直的公平性**に関しては，所得稼得能力に応じ租税負担を行うべきといった考え方が例示されることが多い。もちろん，能力に応じた負担の度合いは無数に考えることができるため，達成すべき垂直的公平性の度合いについては先験的に定まった答えはない。一方，**水平的公平性**とはルールに関わる概念で，同様の特性をもつ個人は同様に取り扱われなければならないという原理である。とくに地方財政の文脈では地域差に関わる問題として，たとえば，同一の国民ならばどこに居住していようが同一の租税ルールのもとで同様の公共サービスを享受できなければならない，ということが水平的公平性の問題となる。

中央から地方への財政移転は垂直的公平性よりも水平的公平性に関連する。

たとえば，弱者を救済する公的扶助制度を考えよう。日本のように公的扶助が憲法の理念にもとづくならば，それは全国民に対し平等で無差別の制度であるべきであろう。しかし，公的扶助の給付基準や財源調達まですべて地方の責任となると，地方の財源の大小や政治構造の違いによって給付基準や給付水準が地域間で異なるかもしれない。そうなると，たまたま居住している地方によって，同一の逆境にある個人でも救済されず，救済されたとしても給付額に差が存在することになる。したがって，水平的公平性を維持するためには国によって均一の制度を構築するとともに，その執行を地方に委ねる場合は，財政移転を通じてその財源を保障する必要がある。つまり，水平的公平性の観点から政府間財政移転は，地方をして個人を対象とした国の政策を全国同一のルールで実施させる手段として位置づけることができる。

地方政府の機会均等化　国が積極的な関与を行わない分野に関しては，地方政府の機会均等化から政府間財政移転を意義づけることができる。財政移転が存在しない場合，地方政府の活動は地方税をはじめとする自主財源に依存する。自主財源は地域経済の状況に依存するから，たとえば首都圏と山陰地方のように構造的な経済格差が存在する場合は，財源にも地域間格差が存在し，その結果，各地方政府がとりうる政策にも格差が生まれることになる。そこで財政移転を通じ何らかの基準で地方の財源を平衡化することにより，地方独自の政策を行うための財源＝機会を均等化することが可能となる。

人口移動と公平性　しかし，人々の移住に費用がかからないならば，上記の水平的公平性や機会均等化という大義を用いても，政府間財政移転による地域間の再分配は正当化されないという議論がある。というのも，移住費用が存在しないならば，人々は自分が望む地方に居住することが可能であり，人々の移動は，どこに居住しても享受する厚生水準が同一となる時点でやむからである。つまり移住均衡では，等しい特徴を有する個人はどこに居住しても同じ効用を得ることになり，これをもって水平的公平性が満たされると考えられる。

　ただし，この議論に関しては次の3点に留意する必要がある。第1に，そのような移住は長期的には可能かもしれないが短期的には困難である。財政的に不利な地域に相対的に多く居住している高齢者のような人々には，長期的では

なく短期的配慮が必要であるから，必ずしも長期的な傾向だけでは公平性の問題は解決しない。

第2に移住には必ず費用が伴う。「不便であっても愛する郷土に住むという形で便益を得ることができる」という主張もある。しかし，そのように考えると郷土愛も移動することで犠牲にしなくてはならない移住費用の一部となる。利便性のよい地域にたまたま生まれ育った人々は移住する必要がないため，移住に伴う物理的な費用を支払うことも郷土愛を犠牲にすることもない。一方，たまたま利便性の悪い地域に生まれ育った人々は，他地域で現状より高い厚生を得られる場合は移動を行うが，そのためには物理的な移住費用に加えて，郷土愛も犠牲にする必要がある。また移住しない人々は，移住すると，物理的な費用と郷土愛の犠牲が発生し，現状よりも悪い結果がもたらされる。いずれにせよ，同一の特徴を有した個人であっても，たまたま条件のよい地方に生まれ育った人々と，たまたま条件の悪い地方に生まれ育った人々の間には構造的な不平等が存在する。

第3に，地域移住は unit 15 で見たように財政外部性と移住外部性による分権の失敗を引き起こし，資源配分に歪みをもたらす可能性がある。政府間財政移転は上に述べた地域間再分配だけではなく，この人口移動による資源配分の非効率性を矯正する機能も有する。以下では，この効率性の観点から政府間財政移転を意義づけよう。

🔲 政府間財政移転と効率性

財政外部性の内部化　　unit 15 で見たように，分権の失敗の1つの要因として地方政府間の財政外部性がある。この外部性は，ある地方の政策が別の地方の政策や地域住民に影響を与える場合に発生し，資源配分の非効率性をもたらす。外部性の理論が示すように（unit 5 参照），この外部性は，外部経済の場合にはピグー補助を，外部不経済の場合はピグー税を用いて矯正できる。これを地方財政に適用すると，中央政府が地方に対する補助や課金を利用して，地方が認識する便益や費用を適切な水準に調整し，地方政府間の外部経済を矯正することになる。また個人レベルで発生する移住外部性に関しても，中央政府が直接個人に対して財政移転を行うことで，移住均衡における人口の限界純便益を地域間で均等化し，人口の地域配分の最適性を達成

┌───┐

コラム ⑨

財政等価原理

　財政外部性を内部化するいま1つの方法は，外部経済が波及する範囲内の地方を単一の意思決定機関に管理させ，公共サービスの及ぶすべての空間の費用と便益を適切に考慮させることである。この原則は，**財政等価原理**と呼ばれるが，それは外部性が及ぶ地方をすべて合併し，合併後の単一地方政府に公共サービスを提供させることを意味する。

　しかし，地方政府による外部性は複数種類存在し，それが及ぶ範囲も外部性の種類によって異なる。この状況で財政等価原理に従うと次の2点を指摘することができる。第1に，所与の外部性に関して，それが波及する範囲に応じて，地方政府の規模が変化することになる。波及規模が大きい外部性の場合は，中央集権化につながるかもしれない。第2に，複数種類の外部性が存在し，それらが及ぶ範囲が異なるならば，1つの空間に，外部性を引き起こす各種公共サービスに特化した地方政府が，公共サービスの種類と同数だけ存在することになる。つまり，各種サービスに特化した大小さまざまな地方政府が，1つの空間で幾重にも重なり合って存在することになる。したがって，財政等価原理を完璧に踏襲した地方財政制度は複雑に錯綜したシステムになるであろう。

└───┘

することが可能となる。このように，政府間財政移転は地方間に発生する財政外部性や移住外部性を矯正する手段として位置づけられる。

歳入と歳出の垂直調整　　国税は全国統一的な基準とシステムを用いて徴収されている。そのシステムを用いて地方税を国税とともに調達すれば，地方が独自の機構を用いて徴税するよりも，税収当たりの徴税費用は小さくなるであろう。これは全国で膨大な税を徴収することによる規模の経済と国税のシステムを地方税徴収に利用することによる範囲の経済による。その一方で，歳出の大部分に関しては unit 15 で整理したように，地方によるメリットが存在するかもしれない。そうであるならば，効率性の観点から，歳入の重点は中央に，歳出の重点は地方に置かれることになり，中央から地方への政府間財政移転は，このような財源と事務の配分を可能にする手段としてとらえることができる。

地方歳入の安定化　　予測どおりに歳入を確保することは効率的・効果的な財政運営にとって重要である。しかし，地域経済の規模が小さくなるほど，個人所得，企業所得，消費などの課税対象の変動は大き

くなり，将来の税収を適切に予測することは困難になる。一方，このような財源の変動のうち地域間で独立した部分が存在する場合，各地域の税収を中央政府がいったんプールし，地方へ再分配することによって地方歳入の変動を小さくすることができる。つまり，本来は地方税に相当する部分を国税として徴収し，国が当該収入を特定のルールに従って地方間で再分配することによって地方歳入の安定に資することができる。

🗗 政府間財政移転が引き起こす問題

　もちろん，政府間財政移転は上に述べたようなメリットばかりをもつわけではない。財政移転のデメリットとしては，しばしば以下の3つが指摘される。

フライペーパー効果　　政府間財政移転が定額性を満たす場合は，地方歳出に対して所得効果のみが存在する。したがって，地方が税率を自由に選択できるならば，政府間財政移転の交付と地域所得の増加は地方歳出に対して同等の効果をもつ。また，地方税率が固定され地方歳入が所与の場合でも，分野別の地方歳出の配分に対して地方政府が裁量をもつのであれば，政府間財政移転の交付額と地方歳入は同等の効果をもつと考えられる。しかし，アメリカにおける地方歳出を扱った実証分析では，このような同等の効果は確認されず，一般定額補助には地域所得の効果よりも大きい歳出拡大効果があることが示されている。この効果は，ハエ（交付金）がハエ取り紙＝フライペーパー（交付金の用途）に張りつくことにたとえて，**フライペーパー効果**と呼ばれている。

　日本でもアメリカの先行研究にならい，一般交付金たる地方交付税の定額性について実証分析が行われている。その結果，地方交付税にフライペーパー効果が存在することが示され，多くの研究が地方交付税は地方歳出に歪みをもたらすと議論している。しかし，このような議論には注意が必要である。第1に，日本の地方歳出は社会保障や義務教育など再分配的な歳出が大半を占めるため，フライペーパー効果がもとづく，地方歳出を個人の消費選択にたとえた需要モデルで概念化することは適切ではないかもしれない。第2に，基準財政需要額の設定方法を精査すれば，地方交付税は実質的な定率補助となる場合もあり，フライペーパー効果が検出されるのはむしろ当然の結果といえる。第3に，すでに見たように地方歳出が外部性を有する場合は，効率性達成のために補助は

定率になる必要がある。したがって，補助が定額か定率かという基準だけでその効率性を判断することはできない。

補助と課税努力　地方交付税のように，多くの政府間財政移転は地方の財政収入の不足分に応じて交付額が増加する仕組みになっている。その場合，地方税などの自主税源が増加すれば交付額が減少するから，交付団体では自主財源の増加は総額としての地方収入の増加にはつながりにくい。ここから，しばしば交付団体は課税努力を怠る傾向があると議論される。

課税努力は，税率の大きさ（徴収率を含む）と所得や消費などの課税対象の増加という2つの要因に分けて議論することができる。確かに企業誘致など課税対象を増加させる行為に関しては，補助の存在は，課税努力を抑制するかもしれない。しかし，税率に関しては必ずしもそうではない。

しばしば，交付額の算定に使用される地方税収には，実際の税収ではなく課税対象に「標準的な」税率を掛け合わせた数値が用いられる。たとえば，地方交付税の場合は地方財政法に明示された標準税率が用いられており，また，カナダの平衡交付金の場合は全国一律の平均税率が使用されている。このような場合，所得や消費などの課税対象が税率に反応しなければ，実際の税率は交付額を変化させないため，地方に実際の税率を操作する誘因はないと考えられる。その一方で，課税対象が実際の税率に反応する場合，むしろ税率は上昇する可能性がある。というのも，税率の上昇で経済活動が低迷するならば，地方税の増加は課税対象の縮小を通じて補助の算定で用いられる税収値を減少させ，補助の交付額が増加するからである。この場合，政府間財政移転の存在は税率で測った課税努力を促進することになる。

ソフト・バジェット　ソフト・バジェット（柔らかい予算制約）とは「資金を受け取る客体が，事前に最適とみなされていた水準よりも多くの補助や貸付を事後的に引き出すことができる状態」をさす。ここで問題となるのは，補助を受け取る者が選択を行う前と後で，補助を与える者の最適な選択が変わるという意味で時間を通じて整合的な選択をとることができないという問題である。この点から，ソフト・バジェットは動学的非整合性の一形態とみなされている。

この問題が国（中央）と地方との関係に適用される場合を，**図16-1**を用い

図16-1　ソフト・バジェット

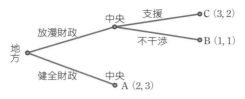

て考えよう。ここで中央が最も望んでいる状態は，地方政府が健全に財政を運営し，中央からの補助を必要としない状態である。しかし，いったん地方が放漫財政に陥ると，中央は放置（不干渉）するよりも救済（支援）することを好む。ここで地方の「健全財政」と「放漫財政」の選択いかんで，中央が望む選択肢が変化することに注意しよう。一方，地方は健全財政をつらぬくことよりも，放漫財政によって救済されることを最も望んでいるが，反対に放漫財政のまま放置されることは最も回避したいと考えている。

　ここで中央と地方の選択いかんで，[A. 地方の健全財政]，[B. 地方の放漫財政と中央の不干渉]，[C. 地方の放漫財政と中央の財政支援] という3つの組合せを考えることができる。上の議論から各組合せからの利得構造は，（地方の利得，中央の利得）と表し，各々の利得を数字の大きさ（1, 2, 3）で表せば，Aで（2, 3），Bで（1, 1），そして，Cで（3, 2）となる。

　このような利得構造が存在する場合，先に選択を行う地方は次のように考えるであろう。まず地方が健全に財政を運営するのならば，考えられる状況はAのみである。次に地方が放漫財政を行うと，BとCのいずれかになり，中央は不干渉よりも財政支援を好むため，Cが達成される。したがって，地方は，健全財政の結果としてのAと，放漫財政の結果としてのCを比較することになる。ここでAよりCが好まれるため，放漫財政が地方の選択になる。

　反対に，中央が不干渉を選択すると地方政府に信じさせることができれば，地方がとりうる選択はAとBのみになる。この場合，地方政府にとってはAが好ましいので，健全財政が選択される。したがって，中央政府が補助を与えないと**コミット**することができれば（＝地方政府に信じさせることができれば），中央にとって最も好ましい結果を得ることができる。しかし，地方が中央の選好を知る限り，中央はそのようにコミットすることはできない。ソフト・バジェットの問題は，本来ならば健全に財政を運営することができる地方が放漫財

政に陥ることであるが，その本質は財政難に陥れば中央が財政的に支援せざる
をえないと地方が理解していることにある。

* 本章の執筆におけるデータ更新や制度変更の確認に関して，橋都由加子氏にお手伝いい
  ただいた。

要　約

□　政府間財政移転は公平性と効率性の双方の観点から意義づけることができる。

□　公平性の観点からは，政府間財政移転は，①水平的公平性と，②地方政府の
機会均等化に資する。ここでの水平的公平性とは，同じ国民ならば，同一の特
徴をもつ限り，国内のどの地域に居住しようとも同一の財政的取扱い（同じ租
税負担，同じ公共サービス）を受けられることを意味しており，②の地方政府
の機会均等とは構造的な地域経済の格差とは関係なく地方政府がとりうる選択
が等しくなることを意味している。

□　効率性の観点からは，政府間財政移転は，①財政外部性の内部化，②歳出と
歳入の垂直調整，および，③地方歳入の安定化に資すると考えられる。

□　政府間財政移転は必ずしも利点だけを備えているのではない。たとえば，財政
移転には，①必要以上に歳出を増加させるフライペーパー効果や，②課税努力
を怠る効果などが指摘されている。また，③地方政府が放漫財政に陥ったとき
に中央政府が追加的に財政移転を与えるような場合は，健全財政が可能な地方
政府までも放漫財政に陥るというソフト・バジェットの問題も指摘されている。

確認問題

□　*Check 1*　定額補助と定率補助の違いを説明し，財政外部性が存在しない場
合，どちらが効率的かを説明しなさい。

□　*Check 2*　公平性の観点から政府間財政移転は，①水平的公平性と，②地方
政府の機会均等化に資するとされるが，これら2つについて説明しなさい。

□　*Check 3*　効率性の観点から政府間財政移転は，①財政外部性の内部化，②
歳出と歳入の垂直調整，および，③地方歳入の安定化に資するとされるが，こ
れら3つについて説明しなさい。

□　*Check 4*　政府間財政移転には，①フライペーパー効果，②課税努力の抑制，
および，③ソフト・バジェット等の問題が指摘されているが，これらが日本の
地方交付税制度にどれくらい当てはまるかを議論しなさい。

第 5 章

租税制度とその効果

▶2014 年 4 月に実施された消費税増税に先
駆けて作成された政府広報ポスター。
税率の引上げ分の用途について記載さ
れている（提供：内閣府）

この章の位置づけ

　本章では，政府財政の収入の中心を占めている租税について，その特徴や経済に及ぼす影響，課税において必要とされる経済的条件について学ぶ。ここでは租税を学ぶ際の観点を以下の2つに置いている。1つは，個々の税の内容と制度を理解するということである。もう1つは，その税のもつ影響を経済学の視点から評価するということである。このときに重要になるのは，課税によって人々の経済活動にどのような変化が生じ，その結果として，資源配分が課税前と比較してどのように変化するかということである。本章では，これまでの unit で学習した理論や考え方を応用して，それぞれの税の影響を検討することにしよう。

　すべての読者は最初に unit 17 を読み，租税に対する基礎的な知識を整理することが望ましい。その後，消費（unit 18），所得（unit 19），法人（unit 20）の各課税について，順にすべて読んでほしい。なお，これらの各 unit を読む前に，unit 3 で基礎概念をもう一度復習すると，理解が速まるであろう。初学者は unit 21 の資産に対する課税をいったん飛ばし，次章以降をすべて読み終えてから時間に余裕があれば戻って学習するようにしてもいいであろう。

租税の基礎理論

🔲 課税の要件

この unit では，租税に関する基礎理論と実際の租税制度を確認する。はじめに，課税の機能について概観した後，公平・中立・簡素と呼ばれる課税の基本原則および応能・応益と呼ばれる課税の根拠論を学習する。続いて，実際の税の内容を理解するために，国の歳入に占める各租税の地位や租税の項目を概観する。次に，直間比率の観点から日本の税制の特徴を見る。そして最後に，財政学・経済学の見地から租税を考える観点について解説する。

租税の機能　　ここではまず，現代の経済社会において租税が存在する意味を確認する。日本国憲法では，国民の三大義務として，勤労・納税・教育が挙げられている。これにもとづけば，日本には税制が存在し，それに従って納税を行うことは，議論の余地なくあらかじめ定められていることであるとも考えられる。ただし，unit 0 で官房学を議論した際に触れたように，かつて王宮の支出を賄うための資金調達という性格をもっていた徴税が，現代の国家にも存在する理由は，単に歴史的経緯による残滓があるからというわけではない。近代の民主主義国家における課税は，「代表なくして課税なし」，あるいは租税法律主義の原則のもとに，国民が合意し，ルールに従ってその必要性を納得して行われているシステムとみなすことができる。それでは，現代の租税は，われわれの経済社会にとってどのような機能をもっているのであろうか。ここでは，unit 1 で学習した財政の機能にもとづき，その内容を確認することとする。

第 1 に，租税には行政機関をはじめとした政府の行うさまざまな活動を資金的に賄うという，きわめて実務的な機能が存在する。この政府の行う活動には，

197

公共財の供給といった経済的な側面のほかに，国防や司法，文化・芸術活動や科学技術研究の支援など非経済的な側面も含まれている。いずれにしろ，議会で議決された国または地方の予算において，これらの行政活動に対して財政支出が容認された活動の裏づけとなる財政収入として，租税が存在する。この場合，所得税のように政府の特定の行政活動とはリンクしていない税制（普通税）も存在すれば，地方税の国民健康保険税のように，特定の目的と対応している税制（目的税）も存在する。

第 2 に，課税を通じて市場経済に価格面から介入する手段としての役割が存在する。unit 5 で見たとおり，負の外部性に対する政策として挙げたピグー税等は，課税によって汚染物質を排出している経済主体の費用を引き上げることで，市場の失敗を通じた過大供給を防ぐ目的をもっている。また，輸入品に課される関税は，安価な外国製品の価格を高め，競合する国内の特定の産業を保護するという目的で実施される。これらのケースは税収を得るということよりも，課税を通じた市場価格の変化により政策的な目的を果たすことに主眼が置かれている。

第 3 に，unit 7 で挙げた政府の機能にも含まれる所得再分配の目的も，租税制度に含まれる。その例としては，高額所得者に対して累進課税を行う一方で，低所得者には課税を免除する所得税，資産の保有や移転に対する課税により特定の個人に資産が集中することを緩和する相続税や贈与税が挙げられる。

第 4 に，経済の安定化機能も税制の役割に含まれる。再び累進課税による所得税を考えるならば，景気が低迷した場合には軽い課税の国民が増え，景気が過熱した場合には累進的に重い課税をされる国民が増えることで，異時点間の可処分所得をなめらかにし，景気を安定化させる機能をもっているといえる。

第 5 に，租税には最近注目されてきている政府の機能である将来世代への配慮という役割もある。相続税は世代を通じた資産の移転に税制を通じて介入することにより，将来世代との間での所得の不均衡を是正する機能をもつ。また，二酸化炭素排出税などのように環境保護関連税制は将来世代にとって適切な環境の維持の役割をもっている。なお，税制は課税を行って納税者に負担を負わせることだけがその手段とは限らない。たとえば，特定の経済活動に対して，税を免除もしくは軽減することで，その経済活動が促進されることを企図する税制も存在する。このように，課税を免除することで経済主体に恩恵を与える

表 17-1　比例税と累進課税

Y：所　得	A：定率課税		B：累進課税		C：超過累進課税	
	t：税率	T：納税額 （T＝Y・t）	tp：税率	T：納税額 （T＝Y・tp）	tc：税率	納税額
1000 万円	10%	100 万円	10%	100 万円	10%	100 万円
2000 万円	10%	200 万円	20%	400 万円	1000 万円 超だけ 20%	100 万円＋200 万円 ＝300 万円
3000 万円	10%	300 万円	30%	900 万円	2000 万円 超だけ 30%	300 万円＋300 万円 ＝600 万円
4000 万円	10%	400 万円	40%	1600 万円	3000 万円 超だけ 40%	600 万円＋400 万円 ＝1000 万円

政策を租税支出という。

公平な課税　　以下では，課税の原則について考える。租税に関する第 1 の原則としては，課税が公平であることが挙げられる。ここで，課税が公平であることを考えるための概念として，unit **16** でも触れた水平的公平と垂直的公平を説明する。まず**水平的公平**とは，所得に対する課税を例にとるならば「同じ所得には同じ課税」ということを意味する。**表 17-1** に示すとおり，水平的公平の基準のもとでは，たとえその所得の種類が何であっても，同じ 1000 万円の所得を得た個人または企業は，同じ額だけの税金を支払うべきであることを意味する。

　次に，**垂直的公平**とは，再び所得に対する課税を例にとるならば「多い所得にはより多い課税」といえる。**表 17-1** に示すとおり，垂直的公平性の基準のもとでは，2 倍，3 倍の所得を得た個人または企業は，2 倍，3 倍以上のより多くの税金を支払うことを意味する。これは，所得が 2 倍，3 倍と増えるにつれて，徴収される税の負担感は相対的に小さくなるため，高額の所得にはより多くの税金を課したほうが公平であると説明することができる。このように，課税の対象となる所得が大きくなればなるほどより高い税率が適用される制度を，**累進課税制度**（表の B）という。これに対し，所得の額にかかわらず税率が一定のものを**定率による課税制度**（比例税。表の A）という。なお日本の実際の個人に課される所得税は，所得が多くなるに従っていくつかのランクに区分されており，その一定額を超えた部分について順次高い税率が適用される**超過累進課税**（表の C）と呼ばれる制度である。一方，法人税の税率は資本金等による

区別はあるが原則定率である。

　課税が公平であることは，（税）法のもとで個人や企業が平等に扱われるということを示す。これに加え，次の中立性の議論とも関わるが，もし同じ所得をもたらす2つの経済活動が課税において異なって扱われるとすれば，より課税の少ない経済活動のほうに人々が集中し，資源配分に歪みが生じる。たとえば，同じ土地の譲渡益に対する課税でも，その土地の所有期間によって税率が異なっている。したがって，法的にも経済学的にも課税の公平性が求められることになる。

中立な課税　　次に租税に関する第2の原則として，課税が中立であることが挙げられる。ここでいう中立と，先に挙げた公平な課税とどのように異なるのであろうか。課税の中立性はタックス・ニュートラリティと呼ばれ，課税がニュートラルであることを意味する。自動車の変速ギアのニュートラル・ポジションがエンジンと車輪をつなぐギアを物理的に切断しているように，中立な課税の条件のもとでは課税が実際の経済活動と切断されている，あるいは影響を与えないことを意味する。

　課税と経済活動の切断とは，より厳密に表現すれば，課税によって，人々の消費や投資，労働供給などの意思決定における資源配分の選択に影響を及ぼさないということである。先に述べたように，もし課税によって経済活動が影響を受けるならば，ここでも資源配分に歪みが生じて，死荷重損失が生じることになる。そのため，さまざまな経済活動にもとづいて課税が行われるとしても，課税によって人々の経済活動に関する「選択」が影響を受けないことが望ましい。

　また，課税の中立性は税務執行上の現実的な側面からも要請される条件である。もし課税が特定の経済活動に影響を与える場合，人々の経済活動は課税の負担を避ける方向へ動くであろう。このように，人々が課税対象となる経済活動を避けていく結果，その経済活動の規模は縮小して，最終的に当初の税収は減少していくことになり，課税の本来の目的は果たされないことになる。

簡素な課税　　最後に，租税に関する第3の原則として，課税が簡素であることが挙げられる。たとえ完全に公平・中立な税をデザインできたとしても，税額の計算にきわめて複雑な手順が必要であるならば，その税は非常に大きな**納税コスト**を伴うことになる。

コラム ⑩

窓税は簡素だが，中立性を満たさない税であった

　課税が中立であることが必要なのは，本文で述べたとおりである。ここでは，実際に課税の中立性が満たされなかった歴史的な例として，17世紀にイギリスで行われた「窓税」を見てみよう。

　窓税は，建物に課せられる税であり，「窓の数」に応じて納税額が決まるというものであった。より大きな建物ほど窓の数が多くなるので，この税は一種の固定資産税とも考えることができる。現在の日本の固定資産税は建物の用途や面積によって細かく納税額が分かれているが，この窓税は窓の数によって納税額が決まるので，税額の計算も簡単で，その意味では簡素な税となる。

17世紀イギリスの窓を
減らした建物

　しかし，この税は中立性を満たしてはいなかった。それは，人々が新たに建物を建てる場合に窓の数をどのようにしようとするかを考えてみればよい。課税の負担を避けようとするならば，窓の数はなるべく少ないほうがよいことになる。そして究極の節税策は，窓が1つもない建物を建てることである。その結果，白壁だけの建物が出現し，その窓がない建物のなかで人々は日中から明かりを灯して過ごしたそうである。これは明らかに課税が人々の活動に影響（しかもあまりよくない）を及ぼした例といえる。そしてこのように，窓の数を減らした建物が多量に出現すれば，やがて窓税による税収も失われることになる。

　なお，白壁だけの建物では見栄えが悪いので，人々はその白壁にあたかも窓があるかのようなペインティングを施してカモフラージュしたという話もある。

　また，もし税制が非常に複雑であるならば，その制度の複雑さをうまく利用して，節税や脱税などの租税回避行動をとろうとする者も出てくる可能性がある。節税は，税額を少なくするために納税者が税法の範囲内で，特別な行動をとることであり，**タックス・プランニング**とも呼ばれる。節税は税法の定めに従っているものの，そのために資源配分を歪めるような行動が誘発されることになれば，課税の中立性の観点からは問題である。たとえば，課税対象となる金額を少なくするために，節税対策を目的として意図的に不動産などに対する投資を行ったり，所得や資産を国外に移転したりするという例が挙げられる。

　また，**脱税**は節税と異なり税法の定めに反する行為である。いずれも現実の税制が複雑であればあるほど，制度の隙間を探して租税回避行動をとろうとす

るインセンティブが高まるであろう。さらに脱税は，同じ所得の者の間で納税額が異なってしまうという水平的公平性の問題を引き起こす。また，節税はわざわざ大きな額の不動産投資を行うなどの租税回避行動をとるため，そのコストを考えると，税率の高い高額所得者のみがその負担に見合う恩恵を得られることになり，垂直的公平性の問題も生じる。

　これらの租税回避行動を減らすためには，税務当局が厳重な税務調査を行ったり，個々の租税回避行動の原因となる税法のぬけ穴（ループ・ホール）ふさぎのための法律を作ったりするなどの対策が考えられる。しかし，このための徴税コストが大きくなりすぎれば，やはり非効率な税制となってしまう。したがって，税制は納税・徴税コストが小さく，租税回避行動の誘因が起こりにくい簡素なものが求められるといえる。

🔲 課税根拠論

　これまで，税制が兼ね備えているべき条件を公平・中立・簡素という基本原則から考えた。これらの原則を前提として，実際に税制を組み立てる場合には，何に課税するかを示す**課税対象**（これを数量または金額で表したものは**課税標準**という）と税率を決定すればよい。ここでは，課税対象を設定する場合にどのように考えればよいかを取り上げよう。課税の対象としては，主に消費税の対象となる消費，所得税の対象となる所得，そして地方税の固定資産税の対象となる資産などが挙げられる。

応益負担　租税を公共部門から提供される公共サービスに対する「対価」であると考えるならば，より多くのサービスを得ている者ほど，より多くの「対価」を支払うべきであるということになる。この考え方は，公共部門から得ている利益に応じて税金を負担するべきであるという意味で，**応益負担**と呼ばれる。応益負担の例としては，ガソリン税や地方税の固定資産税，都市計画税を挙げることができる。

　ガソリン税（揮発油税と地方道路税の総称）は，ガソリンの購入に伴って負担する国税である。ガソリンは主に自動車の運転に使用されるわけであり，道路利用の頻度が高く，道路整備からの「便益」が大きな者ほどガソリンを多く購入することになるため，結果として多くの税を負担することとなる。この観点にもとづきガソリン税の税収は**目的税**として，道路整備の財源（道路特定財源）

に充てられている。

　また，地方公共団体が下水道，街路，都市公園等の都市整備を進めることで，その地域のアメニティ（環境）が向上し，価値のある地域が形成されれば，人々はそのような地域に居住したいと思ったり，企業が事業の拠点を立地したいと考えたりするようになるであろう。そのような人々の地域への評価は，その地域に対する土地の需要等に反映され，結果としてその地域の地価の上昇をもたらすことになる。したがって，地方公共団体による地域整備からの「便益」は，その地域の土地や建物の所有者の「資産額の上昇」という形で反映されることになり，これらの価値を基準として課される**固定資産税**や**都市計画税**の増収分として課税に反映されることになる。

応能負担

　政府から得ている便益に応じて課税するべきであるという応益負担の考え方に対し，税金を負担して支払う能力に応じて負担するべきであるという考え方が**応能負担**である。日本の政府は，この税金を負担する能力として**担税力**という用語を用いている。この応能負担が端的に表れるのが所得税である。所得は，納税資金（税金を納めるための現金など）が実際に存在するために，担税力を最もよく反映しているといえる。

応能負担か応益負担か

　応益負担は，負担と受益が対応しているという意味で，納税者の納得が得られやすく，また国民がより多く需要している公共サービスの財源が確保されやすいため，求められる公共サービスがより多く提供されるという利点がある。しかし，応益負担は所得再分配や社会福祉の財源としてはふさわしくない。たとえば，生活保護や失業保険の財源のための課税を社会福祉や社会保障からの受益が大きな個人からより多く徴収することになれば，経済力の弱い個人を支援するという社会福祉の本来的な目的を果たすことができなくなる。

　これに対して応能負担は，もし先に挙げたように所得税であれば，実際に納税資金として所得のある個人から徴収するため，簡素で徴税コストも小さい税としてデザインすることができる。さらに，所得の多い者からより多く負担を求めるため，所得再分配を実現する手段としてふさわしいということができる。しかし，受益と負担が対応していないために人々の間に不公平感が生じるおそれや，累進的な所得課税によって労働供給にマイナスの影響が生じうることが指摘されている。

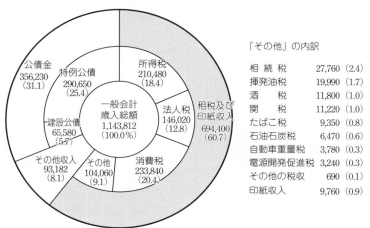

図 17-1 日本の歳入の内訳（2023 年度，当初予算）

「その他」の内訳

相 続 税	27,760	(2.4)
揮発油税	19,990	(1.7)
酒 税	11,800	(1.0)
関 税	11,220	(1.0)
たばこ税	9,350	(0.8)
石油石炭税	6,470	(0.6)
自動車重量税	3,780	(0.3)
電源開発促進税	3,240	(0.3)
その他の税収	690	(0.1)
印紙収入	9,760	(0.9)

（注）1) 金額単位：億円。なおかっこ内は構成比（単位：%）。
　　　2) 「その他収入」のうち，「防衛力強化のための対応」が 4 兆 5919 億円で歳
　　　　入総額の約 4% を占める。
（出所）財務省「日本の財政関係資料」（2023 年 4 月）。

日本の租税の概観

歳入に占める租税の地位と項目内訳
ここからは，実際の日本の税収を例にとって，租税の内容を概観しよう（**図 17-1**）。政府の歳入は，大きく分けて租税と公債（借入），そしてその他の収入に分けられる。政府の基本的な収入は租税及び印紙収入であるが，現状ではこれらは全体の 6 割程度にとどまっている。これに次いで，大きな項目になっているものが公債金収入であり，30% 以上を占めている。この公債金収入は最近の税収の低下を反映して増加しつつあり，公債金収入の増加に伴い，政府債務は累増している。この問題は，第 7 章（unit 26 以降）で詳しく扱うことにする。

次に税収の内訳を見ることとする。**図 17-1** からわかるとおり，租税収入のなかでは所得税と法人税に代表される所得課税が大きく，この 2 つの税目で租税及び印紙収入の約 40% を占めている。これに次ぐ税目が消費税として課される消費課税で，同じく 20% 程度を占めている。なお，この主要 3 税では，消費税収が最も多くなっている。

表 17-2　主要国における直間比率（国税＋地方税）の比較

日　　本	アメリカ	イギリス	ドイツ	フランス
65：35	77：23	58：42	55：45	55：45

（注）　日本は令和 2 年度（2020 年度）実績額。諸外国は OECD *"Revenue Statistics 1965–2021"* による 2020 年の計数（推計による暫定値）。OECD *"Revenue Statistics"* の区分類に従って作成しており，所得課税，給与労働力税および資産課税のうち流通課税を除いたものを直接税，それ以外の消費課税等を間接税等とし，両者の比率を直間比率として計算している。
（出所）　財務省「わが国税制・財政の現状全般に関する資料」より作成。

直接税と間接税　上に挙げた個別の税目という視点のほかに，税制を分類・評価する視点として，**直間比率**と呼ばれる直接税と間接税の比率がよく用いられる。このうち，直接税とは所得税や法人税など「税の負担者と納税者が同じである税」であるとされ，間接税は消費税や酒税・たばこ税など「税の負担者と納税者が異なる税」（税の負担者からは納税義務者を通じて間接的に納税しているように見える）であると，従来は説明されてきた。しかし，これでは給与所得者の給与から源泉徴収される所得税を「直接税」と説明することができない。そこで，最近は直接税は「税負担者の個別事情を考慮できる税」，間接税は「税負担者の個別事情を考慮できない税」とも説明されている。

　ここで，国際的な比較統計を見ながら，直間比率の面から日本の税制の特徴を明らかにする。**表 17-2** に見るとおり，ヨーロッパでは間接税の比率が高いのに対し，アメリカでは直接税の比率が高い。日本は両者の中間に位置していることに特徴がある。なお最近では直接税・間接税という課税方法分類に代わって，所得に対する課税，消費に対する課税，資産に対する課税という課税対象観点で税制を国際的に比較する統計が作成されている。

🏛 租税を考える視点

　最後に，租税を経済学的に考える視点をまとめておこう。税は，先に挙げた租税法律主義にもとづき，法律の条文によって規定される。実務上は運用のうえで法律条文を解釈する余地はあるものの，基本的にこの税法によって，租税の内容は定められる。しかし，税法で規定され想定されている課税の効果と，実際の経済活動に及ぶ影響は必ずしも一致しない。

**税の真の負担者を
見る視点**

たとえば，先に示した直間比率という指標は，税制に関する1つの事実を示しているといえる。しかし，それは税がどのような形式で徴収されているかという制度的な側面にもとづいた分類にすぎない。したがって，直接税であっても間接税であっても，その税の真の負担者が誰か，すなわち税負担が最終的に誰に転嫁され，帰着しているかということが税制を評価するうえで重要な視点である。この租税の転嫁と帰着は unit 18 で詳しく解説する。

**税の資源配分への
影響の視点**

また，「中立な課税」の項で述べたように，課税によって人々が市場における消費・貯蓄・生産行動や経済行動を変化させることがありうる。その結果，資本や労働，所得等の資源配分が受ける影響も，税制を経済学的に評価するうえで重要な視点である。たとえば，労働所得に課税を行うことは，単に課税後の可処分所得の減少や，そこから支出される消費への影響だけにとどまらない。労働することに課税がなされるならば，労働時間と余暇時間の間での個人の時間配分の選択に影響を及ぼすことになる。このため，課税後の労働供給に影響が生じれば，労働時間 h の変化（$h \to h'$）を通じた労働所得 $w \times h$（w は賃金率）が $w \times h'$ に変化し，最終的な労働所得税収 $T = w \times h' \times \tau$（$\tau$ は税率）が変化する。このように，課税の影響は人々の最適化行動を通じて資源配分に影響を及ぼし，人々の効用や一国の GDP や税収まで，広範に影響が波及することに注意する必要がある。

**税の時間を通じた
効果の視点**

さらに，人々の経済活動は今期だけで終了するわけではなく，毎期継続して行われるということも課税の影響を考えるうえで重要なことである。このことは，次の3つの視点を与えてくれる。

第1は，課税によって変化した今期の資源配分の影響がすぐに表れなくとも，来期以降に表れる場合があるということである。たとえば，今期の消費支出 C の選択に影響を及ぼすような税制改革は，貯蓄を S，所得を Y とすると，$S = Y - C$ であるから，S に影響を及ぼすといえる。そして今期の投資を I とすると，資本市場の均衡条件 $S = I$ により，I の変化を通じて，来期の資本蓄積 K_{t+1} に影響を及ぼし，将来の産出量水準 $Y = F(K, L)$ に影響を及ぼしうる。

第2に，たとえ1人の個人であっても，課税の影響は生涯を通じて考える必

要があるということである。たとえば，毎期 T だけの課税を行っている政府が景気対策として国民の可処分所得の増加を期待して，今期（第1期）に公債発行を財源として減税を行った場合に，今期の個人の可処分所得 $DY = Y - T$ は増加しうる。しかし，翌期（第2期）にこの公債の償還のための財源として追加的に T または $(1 + r) T$ だけ増税されるとすれば，期を通算して考えると，何ら減税政策の効果がないことがわかる。すなわち，公債を財源とした減税政策は最終的には当初期待された消費刺激効果はないことになる。

このように，第1，第2の視点をよりよく理解するためには，個人の生涯を通じた消費・貯蓄行動をモデル化したライフサイクル・モデルを用いて分析・検討することが重要である。この問題は unit **18** でも詳しく説明される。

最後に第3の視点として，個人での生涯の視点を拡張し，異なる世代が次々と現れて形成される経済社会（unit 3 で紹介した世代重複モデルのような社会）では，ある世代に対して行われた政策が，その後の世代の経済厚生に影響を及ぼす場合もありうることにも気をつけなければならない。たとえば，上に述べた減税政策で発行された公債の償還が後の世代の所得税に増税として行われた場合は，異なる2つの世代の生涯での税負担を個別に集計して評価する必要がある。なお，外部経済のあるケースでは，ある経済主体の活動は市場外部を通じてほかの経済主体に及ぶので，今期限りのある世代への課税が，想定しえない将来の世代の厚生に影響を及ぼしうる。

以上のように，税制の影響を実態的に評価するためには，unit 3 で確認したように，個人や企業は市場を通じた経済活動を通じて，効用や利潤の最大化を期間を超えて継続的に行っているという経済の現実の姿にもとづいた検討が必要である。

📑 経済学による租税の分類と実際の税制

ここまで，税制を分析・評価する場合に，実際の経済への影響を経済学の理論に従って見ていくことの重要性を述べた。実際には，法律や制度上での考え方や期待される効果と，経済学の理論にもとづいた考え方や予想される効果が一致しないことが起こりうる。このことから，実際の税制における税の分類と，経済学における税の分類についても，必ずしも一致していない。そこで，ここでは実際の税制での租税の分類と，経済学での税の分類の対応関係について整

表 17-3　経済学での租税の分類と実際の税制

	課税対象の例	実際の税制	経済学
観　点		課税の対象や課税の相手方	課税の対象（生産要素）や種類
分類の例	法人の事業所得	法人税，事業税など	所得課税 / 資本所得課税 労働所得課税
	利子，配当所得	所得税	
	労働所得	所得税	
	消　費	消費税，酒税など	消費課税
	資　産	固定資産税，自動車税など	資産課税

理しておく。

　経済学では資源，すなわち生産要素に注目して課税を分類し，分析する。この観点からすると，所得に対する課税は次の2つに分けて考えることができる。

　第1に，労働という生産要素や労働の需給市場に影響を及ぼすという観点にもとづく**労働所得課税**である。第2に，資本という生産要素や資本の需給市場に影響を及ぼすという観点にもとづく**資本所得課税**である。また，課税の対象が一般的・理論的にどのような経済活動にあたるかという観点から，消費課税，資産課税などという分類もなされる。

　これに対して，実際の税制は個々の税法が課税の対象としている実際の物品や課税の相手方が誰であるかという個別具体的な課税対象の状況に即して分類される。このため，消費課税であっても酒税やたばこ税という課税対象の物品にもとづいた分類や，所得課税であっても法人税という課税の相手方にもとづいた名称がつけられている。

　表 17-3 に示されている分類のうち，資本である金融資産からの所得に対する課税が，経済理論上で資本所得課税と分類されていることは理解しやすいであろう。しかし，商品の販売等の法人の事業活動から生じる所得に対する課税が資本所得課税と分類されているのは，やや理解しにくい点である。法人税については unit 20 で詳細に分析するが，法人の事業所得に対する課税により，もし法人の資本調達，すなわち法人の資本に対する需要を通じて資本市場に影響が及ぶようであれば，法人税を資本所得課税とみなして，その影響を分析することが適切であるといえる。

　このように，経済学での租税の分類と実際の税制との相違を厳密に取り扱う

ことは，初学者にはやや難しく感じられるかもしれない。そこで本書では，消費課税，所得課税，法人課税という構成を採用し，経済学の考え方にもとづきつつ，実際の税制との対応を意識しながら学習を進めていくことにしよう。

要　約

- [ ] 課税の要件としては，垂直的・水平的に公平な課税，課税によって人々の選択に影響を及ぼさないという意味での中立な課税，納税・徴税のためのコストや租税回避行為の誘因が大きくならないための簡素な課税が挙げられる。
- [ ] 租税負担の根拠をどこに求めるかは，公共サービスからの受益の大きさに注目する応益負担の考え方と，租税を負担する能力に注目する応能負担の考え方が挙げられる。
- [ ] 日本の政府収入に占める租税の比率は 6 割程度である。その租税収入のなかでも，消費税が中心的地位を占め，所得税と法人税がそれに続いている。不足する歳入は借入（公債）によって賄われる。
- [ ] 税収に占める直接税と間接税の比率を直間比率という。国際的に見ると，ヨーロッパでは間接税の比率が高く，アメリカでは直接税の比率が高い。日本の直間比率は両者の中間に位置している。
- [ ] 税制の実体経済への影響を評価するためには，個人や企業の効用や利潤の最大化行動，今期だけでなく来期以降の時間や世代を考慮した分析が必要である。

確認問題

次の文章を読み，正しければ○，誤っていれば×をつけなさい。

- [ ] *Check 1*　中立な課税とは，所得の多い者にも少ない者にも，どちらにも偏らず，中立の立場で，同額の税金を課すことをいう。
- [ ] *Check 2*　累進課税制度が導入されている場合では，同じ金額の租税回避行為を行っても，所得の多い者のほうが直面する税率が高いため，節税効果が大きく，それだけ租税回避行為を行う誘因が高いといえる。
- [ ] *Check 3*　自動車の運転に伴う道路から得る便益にもとづいて応益課税をしたい場合に，同じ税収を実現するのであれば，ガソリンの消費ではなく自動車の走行距離を基準に直接課税したほうが簡素な税制といえる。
- [ ] *Check 4*　間接税は経済学的に見て税を真に負担する者が間接的で明らかでないという欠点があるが，直接税では法律で税を負担するものがはっきりと示

されているので，経済学的に見て税を真に負担する者が明確であるという利点がある。

消費に対する課税

消費課税の基礎概念

消費課税の種類　本 unit では，消費に対する課税を学習する。消費に対する課税とは，財やサービスの消費を根拠として課税を行うことをいう。多くは，その財やサービスの支払い時点で消費の量や価格など何らかの基準に従って税が課される。消費課税の代表的なものとしては，国税としての消費税や地方税としての地方消費税が挙げられる。このうち消費税はどの商品を購入したかという消費の内容の区別はなく，消費金額に対して広く課税される。このほか，酒類やたばこの消費に対して課される酒税，たばこ税，ガソリンなどの揮発油の消費に対して課される揮発油税などが挙げられる。かつては，宝石や毛皮，自動車や電化製品などの比較的高価な商品の消費に対して個別に物品税が課税されていたが，消費税の導入によって廃止された。

従量税と従価税　上記では，その財やサービスの支払い時点で消費の量や価格など何らかの基準に従って課税されると述べた。ここでは，その消費に対する課税の方法として，従量税と従価税を概観する。**従量税**とは，取引される財の量に従って税額が決められるようなケースである。たとえば，ガソリン 1 リットル当たり τ 円の税額を支払うという形の課税方法である。この場合，もし生産者が納税義務者であるとすると，税込みの価格は**図 18-1（a）**に示すように供給曲線 S に τ の税額分だけを加え足した S' によって表される。一方で，取引される財の価格に税率 τ を掛け合わせて税額が決まるケースを**従価税**という。この場合の税込みの価格は**図 18-1（b）**に示すように右上方に開いた形の S'' によって表される。

以下では簡単化のために，供給曲線に平行な直線で税込み価格が表される従

図18-1 従量税と従価税

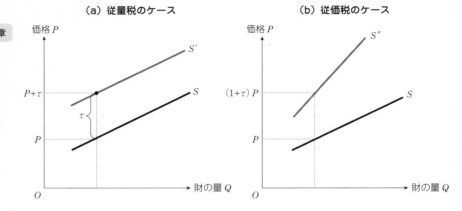

（a）従量税のケース

（b）従価税のケース

量税のケースを例にとり，消費課税の効果を考えることとする。

租税の転嫁と帰着　　税の影響を考えるにあたり，租税の転嫁と帰着の概念を整理する。租税の**転嫁**とは，納税義務のある経済主体が，その税の負担の一部または全部を他の経済主体にしわよせしてしまうことをいう。また租税の**帰着**とは，課税負担が最終的にある経済主体に帰属することをいう。転嫁が起きるときには，税負担は見かけ上，あるいは税法上の納税義務者とは異なる経済主体に帰着することとなる。

　ある財やサービスの取引に税が課されると，その影響はその財やサービスだけでなく，他の財やサービスにも波及することが考えられる。たとえば，コーヒーに対して課税がなされた場合は，コーヒーの価格と需給に影響が及ぶだけではなく，コーヒーの代替財の紅茶への需要のシフトを通じて，紅茶の需給と価格にも影響が及びうる。また，コーヒーの補完財としての砂糖やミルクの需給と価格にも波及することも考えられる。これらをすべて考慮に入れて，さまざまな市場への影響を分析する方法を**一般均衡分析**という。これに対して，税が課せられた財やサービスの市場だけに限定して影響を分析する方法を**部分均衡分析**という。

🔲 日本の消費税制

　ここでは，日本の消費税制を概観しよう。消費課税は文字どおり消費を対象

として税を課すものである。日本では，消費に対する課税の代表的なものとして，われわれが普段の買い物の際に課される消費税を挙げることができる。このほかの先に挙げた個別消費課税として，酒税，たばこ税，揮発油税などがある。

消費税は商品の価格 p（仮に 100 円とする）に一定の税率 τ（仮に 10% とする）を掛け合わせ，$\tau \times p = 10$ 円分の額を税として徴収するものである。したがって，消費税は価格に応じて課される従価税といえる。消費税は消費者が財サービスを購入するときに購入代金に上乗せして支払われるため，消費者が負担することを前提としている。しかし，消費者はこの $\tau \times p$ の額をそのつど税務当局に納税するのではない。消費者は商品価格 p と税額 $\tau \times p$ をあわせて $p + \tau \times p = (1 + \tau)p = 110$ 円の額を商品の販売者に支払う。消費税法では納税義務者は商品を販売する事業者であり，その事業者が税をとりまとめて税務当局に消費者に代わって納める制度となっている。したがって，消費税は間接税に分類される従価税である。

消費税の税率 τ は，商品の価格 p にかかわらず一定であり，累進税率とはなっていない。この消費税は 1989 年に税率 3% で新たに導入され，その後 1997 年に税率が 5%（うち地方消費税 1% 分を含む）に引き上げられた。導入当初は，一般消費税として一部の例外を除き原則としてすべての消費に税が課せられていた。しかし，税率 5% への引上げ時に，家賃，出産費用，授業料など政策的に配慮が必要であると考えられた品目については，課税対象から外された。諸外国では，食料品等の生活必需品が幅広く課税の対象から外されているケースもある。また，消費課税のタイプも売上税，付加価値税などさまざまである。

その後 2012 年に，日本では消費税率を 2014 年に 8%，2015 年に 10% とする法案が成立し，実際に 2014 年 4 月から消費税率は 8% に改正された。しかし，その年の 7～9 月期の実質国内総生産（GDP）成長率が 2 期連続でマイナスとなった。そこで政府は，消費税が実体経済に及ぼす負の影響を考慮して，2014 年 11 月に 2015 年に予定されていた消費税率の 10% への引上げを 1 年半延期し，2017 年 4 月とすると表明した。ところが，2016 年 6 月にはさらに 2 年半実施が延期され，2019 年 10 月に消費税は 10% に引き上げられ，その際に食料品に対して 8% の軽減税率制度も併せて導入された。

従量税の経済効果

消費者が納税義務者の場合

以下では，消費課税について，従量税のケースを設定して考えてみよう。実際の消費税は従価税であるが，以下で議論されることの本質は変わりがない。はじめに，消費者が税法上の納税義務者である場合について考える。また，ここでは簡単化のため，課税の行われる財の市場のみを分析の対象とする部分均衡分析によって消費課税の影響を考えることにする。

ここで，消費者に対して取引1単位当たりにτの従量税が課せられたものとする。**図18-2（a）**において課税前では均衡点E_1において価格P_1でx_1だけの取引が行われている。すでにunit 3で学習したように，このときの消費者余剰は$\triangle AE_1P_1$であり，生産者余剰は$\triangledown OE_1P_1$である。ここで，課税によって需要曲線Dに対してτの分だけ下方に位置する直線D'を考え，これと供給曲線Sとの交点より，新しい取引量はx_2となる。消費者が支払う価格は税込みでP_dであるが，生産者が受け取る価格は$P_d-\tau$のP_sである。このとき，消費者余剰は$\triangle AE_2P_d$に縮小する。生産者余剰は受取価格がP_sであるから$\triangledown OE_3P_s$に縮小する。ここで，P_dP_sがτにあたりP_dE_2の長さが取引量x_2にあたるから，$\square P_dE_2E_3P_s$は納税額を表す。

ここで重要なことは以下の2点である。第1に，$\square P_dE_2E_3P_s$で表される納税額のうち上半分はもともと消費者余剰であったため，消費者の負担ということができる。しかし，下半分はもともと生産者余剰であったため，この部分の税負担は生産者によって賄われているということになる。すなわち納税義務者である消費者が100%税の負担を負っているわけではなく，生産者に税の一部が転嫁されているのである。第2に，課税によって取引量がx_1からx_2に減少したため，$\triangleright E_2E_1E_3$によって表される余剰が市場から消滅したということである。取引において従量税が課されたため，税負担分だけ消費者余剰が減少し，そのうち消費者から生産者への転嫁によって生産者余剰の一部も減少している。さらに，税負担分の$\square P_dE_2E_3P_s$をそれぞれ消費者，生産者に戻したとしても，$\triangleright E_2E_1E_3$分の余剰分は回復することができない。この部分はunit 3で学習した**死荷重損失**にあたる。

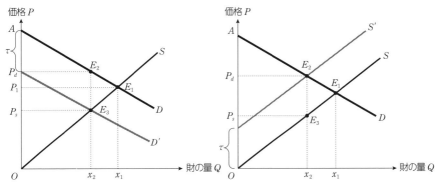

図 18-2　消費課税の効果

（a）消費者が納税義務者の場合

（b）生産者が納税義務者の場合

次に，生産者が税法上の納税義務者となっているケースについて考える。ここでは，生産者に対して財の取引量1単位当たりにτの従量税が課せられたものとする。課税後の状況は**図 18-2（b）**に示されている。課税による影響を考えるために，供給曲線Sに平行でτの分だけ上方に位置する直線S'を考えよう。S'によって税込みの価格が示されるので，S'とDの交点により，新しい取引量はx_2に減少していることがわかる。消費者が支払う価格は税込みでP_dであるので，このときの消費者余剰は△AE_2P_dに減少する。生産者が受け取る価格は$P_d-\tau$のP_sであるから，このときの生産者余剰は▽OE_3P_sである。**図 18-2（a）**のケースと同様にP_dP_sがτにあたり，P_sE_3が取引量x_2にあたるから，□$P_dE_2E_3P_s$は納税額を表す。

この納税額も上半分は消費者余剰から負担されており，下半分は生産者余剰から負担されている。納税義務者は生産者となっているが，ここでも税負担の一部が消費者に転嫁されていることがわかる。そして，▷$E_2E_1E_3$にあたる部分が死荷重損失となっていることもわかる。さらに消費者が納税義務者である**図 18-2（a）**のケースと生産者が納税義務者である**図 18-2（b）**のケースを比較すれば，課税後ではどちらも消費者の支払価格，生産者の受取価格，そして両者の差がτであること，また生産量が減少することについて両者は同様であるといえる。このことは，税法上の納税義務者が誰であるかということと，そ

の税の負担が実際に誰に帰着するかということは一致せず，課税前の需要曲線と供給曲線の形状によって決まるということを示している。

🔲 価格弾力性と帰着，厚生損失

弾力性と帰着　前項で，税負担の帰着は，需要曲線と供給曲線の形状によって決まることを説明した。ここでは，それぞれの形状についていくつかのケースを考え，税負担がどのように帰着するかを考える。

需要曲線と供給曲線の形状は，価格が変化したとき需要や供給がどの程度増減するかを表す**価格弾力性**（elasticity）によって与えられる。たとえば需要の（または供給の）価格弾力性 ε とは，

$$\varepsilon = \frac{需要（または供給）の変化率}{価格の変化率} \tag{18-1}$$

によって与えられる指標で，価格の変化に対する需要（または供給）の変化をそれぞれの変化率で表したものである。

図 18-3 は，価格弾力性についてさまざまなケースを想定したものである。**図 18-3（a）**は，需要曲線が垂直となっている。このことは，消費者はどのような価格が与えられても需要を変化させず，一定の量を需要することを意味する。このようなケースは需要の価格弾力性がゼロであるといえる。このとき，生産者が納税義務者であっても，課税 τ に伴う税負担はすべて消費者に転嫁されている。なぜならば，消費者は課税分を転嫁されてもまったく需要を変化させないからである。このことは，課税後も生産者余剰が変化しないことからわかる。

次に**図 18-3（b）**は，需要曲線が水平となっている。この場合は，少しでも価格が上昇すると需要は大幅に減少してしまうことを示している。すなわち，需要の価格弾力性の絶対値が無限大となっているケースを示す。この場合は，納税義務者が消費者であっても，税負担はすべて生産者が負担している。なぜならば，生産者が少しでも課税を価格に転嫁しようとすると需要が大きく減少してしまうため，生産者が負担せざるをえないからである。このことはその分だけ生産者余剰が減少していることからもわかる。

続く**図 18-3（c）**は，供給曲線が垂直になっている。このことは，市場でど

図18-3　価格弾力性と帰着

（a）　需要の価格弾力性がゼロ

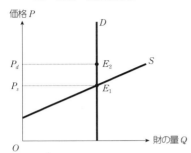

（b）　需要の価格弾力性が無限大

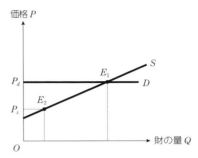

（c）　供給の価格弾力性がゼロ

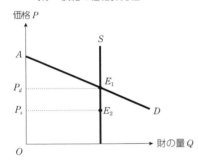

（d）　供給の価格弾力性が無限大

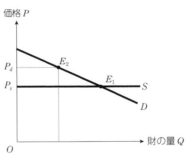

のような価格が与えられても，生産者は供給量を変化させずに一定量を供給し続けるような状況といえる。すなわち，供給の価格弾力性がゼロであるケースを示している。この場合は，税負担はすべて生産者が負うことになる。なぜならば，税負担によって生産者が受け取る価格が下落してもまったく生産量に変化なく，課税前と同じ供給量であるためである。このことは課税後も消費者余剰$\triangle AE_1P_d$が変化しないことからもわかる。

　最後に**図18-3（d）**では，供給曲線が水平となっている。このことは，生産者は市場で与えられる価格が少しでも下落すると，供給量を大幅に減少させてしまう状況といえる。すなわち，供給の価格弾力性が無限大であるケースを示している。この場合は，生産者は少しでも税負担を負うと供給を激減させてしまうために，負担は負わず，税負担はすべて消費者余剰の減少によって賄われていることがわかる。

図 18-4　価格弾力性と死荷重損失

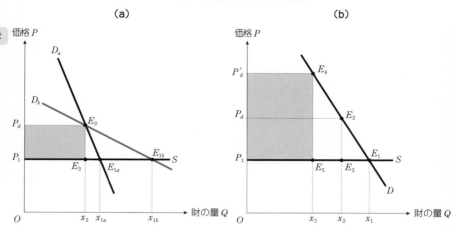

上では価格弾力性の大小によって，税負担の帰着が変化することを見た。ここでは，課税のもう1つの影響である死荷重損失の大きさが価格弾力性によってどのように変化するかを見ることとする。**図18-4（a）**は，需要の価格弾力性が小さい財の需要曲線 D_a と大きい財の需要曲線 D_b で消費者の死荷重損失を比べたものである。単純化のため，供給曲線は水平（弾力性が無限大）のケースで描かれている。この場合には，先に見たとおり税負担は100%消費者に帰着される。ここでは D_a のケースでも D_b のケースでも税収は□$P_d E_2 E_3 P_1$ で同じである。

このとき，図を見て明らかなように，需要の価格弾力性が小さい財に課税した場合の死荷重損失△$E_{1a} E_2 E_3$ のほうが，需要の価格弾力性が大きい財に課税した場合の死荷重損失△$E_{1b} E_2 E_3$ よりも小さいことがわかる。一般に，需要の価格弾力性が小さい財とは，価格がいくらか値上がりしても消費者は需要量をあまり変化させず，値上げ前と同じ量を必要として買い続けるような財であるから，生活必需品などが挙げられる。ここで，生活必需品に高い税を課したほうがよいという結果は，やや納得しがたいと思う読者もいるかもしれないが，課税に伴う死荷重損失を最小にするという効率性の観点からは，このような形の課税が支持されることになる。このルールは，**ラムゼイの逆弾力性の命題**と呼ばれている。

218

図18-4（b）は同じ財から消費課税による税収を2倍にするために税率を2倍に引き上げたときの，死荷重損失の内容を示したものである。この図から税率を2倍に引き上げることで，死荷重損失を表す$\triangle E_1 E_4 E_5$の面積は引上げ前の$\triangle E_1 E_2 E_3$の2乗である4倍になることがわかる。

いま，価格弾力性が同じ程度の財A，Bがあり，それぞれにτ_A，τ_Bの消費課税を実施し，T_A，T_Bの税収が得られていたものとする。そしてこのとき，財Aの市場ではλ_A，財Bの市場ではλ_B，合計で$\lambda_A + \lambda_B$の死荷重損失が発生していたものとする。財Aと財Bの市場はまったく同様であるとすると，両市場での死荷重損失λ_A，λ_Bの大きさも同様であるとみなされるので，$\lambda_A = \lambda_B = \lambda$とすると市場全体での死荷重損失は，$\lambda_A + \lambda_B = 2\lambda$と表すことができる。このとき総税収$T = T_A + T_B$を一定にしつつ，財$B$のみを非課税（$\tau_B = 0$）として税を軽減し，その分だけ財$A$の税率を2倍の$2\tau_A$に引き上げる税制改革を行ったものとする。このとき，財Aの市場では$2^2 \lambda_A = 4\lambda_A = 4\lambda$の死荷重損失となり，財$B$の市場では課税がなくなるので死荷重損失は0となる。

ここで，市場全体での死荷重損失は総税収Tの税制改革前で，$\lambda_A + \lambda_B = 2\lambda$であったのに対し，税制改革後では総税収$T$は変わらないものの，死荷重損失は$\lambda_A + \lambda_B = 4\lambda_A + 0 = 4\lambda$（$> 2\lambda$）と増加していることがわかる。このことから，特定の財に高課税を行うのではなく，なるべく同様の税率で課税することが望ましいことがわかる。これは**ラムゼイの均一税率の命題**と呼ばれる。

個別消費税（物品税）の問題点

前項では，部分均衡分析により，課税の対象となっている財の市場の需給のみを取り上げて，余剰分析を行った。ここでは，課税の対象となる財以外の財も含めた2財モデルで，消費課税が個人の厚生に及ぼす効果を分析する。**図18-5**は，2つの消費財c_1とc_2に所得を配分する個人の無差別曲線と予算制約線を示したものである。

はじめに，消費課税のないケースでは，**図18-5（a）**に示すように予算制約線DBと無差別曲線I_1との接点E_1が選択される。ここで，財c_2についてのみ消費課税がなされたとする。このとき，c_1とc_2の相対価格がc_2への課税により変化するため，予算制約線の傾きがFBへと変化し，均衡点はI_1より低い効用を与える無差別曲線I_2上の点E_2へと移る。このとき，課税によって個人

図18-5　個別消費課税の影響

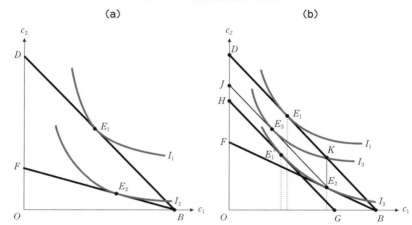

の経済厚生（効用）がどのような影響を受けたのかを知るため，**図18-5（b）**ではこの E_1 から E_2 への変化を，E_1 から E_1' への変化分と，E_1' から E_2 への変化分という2つのステップに分解して示している。点 E_1' は，当初の予算制約線 DB に平行で，E_2 を通る無差別曲線 I_2 に接する仮想の予算制約線 HG 上にある。

　はじめに E_1 から E_1' への変化を検討する。すでに述べたように，予算制約線 DB と HG は平行であるから，これは消費財 c_1 と c_2 の相対価格が変化することなく，個人が利用できる所得資源が減少するケースを示す。個人の利用可能資源が減少し，他の条件が一定であるため，この個人は消費財 c_1 と c_2 が正常財（上級財）である限り，両者の需要をともに減少させる行動をとることになる。これを**所得効果**と呼ぶ。

　次に，E_1' から E_2 への変化を検討する。E_1' も E_2 もともに同一の無差別曲線 I_2 上にあるため，ここでの変化は一定の効用水準を保ちつつ，消費財 c_1 と c_2 の組合せを代替させることによって生じたといえる。ここでは，第2財 c_2 のみに課税され，税込みの支払価格が増加したため，消費財 c_1 と c_2 の相対価格が変化し，相対的に価格の高い c_2 の消費を減らし c_1 の消費を増やした反応といえる。このように財の組合せが変化する効果を**代替効果**と呼ぶ。

　以上をまとめると，第2財のみに対する個別的な課税により，相対価格が変

化し，**図18-5（b）**では代替効果が大きいために結果としてc_2の消費が減少するケースが描かれている。

一括固定税の経済効率性　次に，この個別課税による消費の変化が，税額負担以上の経済厚生の損失をもたらしていることを考える。均衡点が点E_2にあるときの税負担は**図18-5（b）**の線分KE_2によって与えられる。このことは，同じだけのc_1を購入している状況のもとで，点E_2は点Kに比べてc_2の購入量が税負担分（線分KE_2）だけ小さくなることからわかる。このもとで，効率性の観点から，個別にかけられた消費課税と，同じ税収を一括固定税（定額税）として徴収したケースとを比較してみよう。一括固定税の場合の均衡点は予算制約線JE_2と無差別曲線I_3の接点E_3である。なぜならば，点E_3が存在する予算制約線JE_2は，当初の予算制約線DBをちょうど税負担KE_2分だけ下方にシフトしたものであるからである。このとき，点E_3で予算制約線JE_2と接する無差別曲線I_3は，同じ税収をc_2だけに課税して実現するI_2における効用水準よりも高い効用を与えている。このことから，同じ税収を上げるのであれば，個別の財だけに課税することは，厚生損失（死荷重損失）を招くことを示している。

　したがって，課税当局が同じ税収を期待するのであれば，財によって税率に差を設けるのではなく，均一の税率で課税するほうが実現される効用は高く，効率性が高いことがいえる。このことはラムゼイの均一税率の命題とも整合的な結論である。わが国の政策議論において，消費税率を引き上げる代わりに食料品などに軽減税率を導入したことを評価する意見が見られる。しかし，軽減税率の導入によって生じる代替効果と一定の税収を得るために非課税品目により高い税率を適用することによって生じる死荷重損失が2乗で拡大するため，純粋に経済効率性の見地から評価すれば，食料品などへの差別的な軽減税率の導入はコストを伴うことになる。

消費課税と所得課税の比較

所得課税と消費課税の等価性　読者のなかには，消費税に代表されるような消費課税に否定的な意見をもっている人も少なくないかもしれない。ここで，消費課税を否定的に考えるということは，以下の2つのことを意味するといえる。第1に消費課税に否定的な見解を

表18-1　累進労働所得税と消費課税の比較

	第1期	第2期	第3期	生涯所得 ＝生涯消費
所得A	100	400	100	600
累進税	10%（10）	20%（80）	10%（10）	生涯課税100
所得B	200	200	200	600
累進税	10%（20）	10%（20）	10%（20）	生涯課税60

もつことは，消費課税以外の税である所得課税と，ここで問題にしている消費課税は「異なる税」であると考えているということを意味する。確かに，消費課税と所得課税は税制のうえでは課税の対象が異なる税である。しかし，本書でこれまで問題としてきたとおり，税制の評価を行う場合は，その課税によって実質的な経済厚生がどのように変化するかに注目することが大切である。第2に，消費課税を否定的に考えるということは，消費課税は所得課税と異なる経済的効果をもち，かつ消費課税によって所得課税よりも経済的厚生が大きく損なわれると考えていることを意味する。

　そこで，以下では消費課税と所得課税との間に本当に消費課税に否定的な見解をもつ人が懸念しているような相違があるのかについて検討する。このことは，課税対象として所得が望ましいのか，消費が望ましいのかについての答えにも通ずるものといえる。

　ここでは，議論を簡単にするために所得は労働所得 y のみで，所得課税は労働所得課税だけが存在することとする。以下では，労働所得課税と一般消費課税の相違についてライフサイクル・モデルを用いて検討する。

　個人の生涯を勤労期の第1期と退職後の第2期に分け，生涯の予算制約式を求めると，

$$y = c_1 + \frac{c_2}{1+r} \qquad (18\text{-}2)$$

となる。この式は，左辺の生涯の労働所得 y と右辺に第1期と第2期を併せた生涯の消費額の割引現在価値 $c_1 + c_2/(1+r)$ が等しいこと，すなわち課税対象（左辺の所得と右辺の消費）の価値が同じであるということを示している。同じ対象に同じ税率で課税をすれば，その価値は同じといえる。これを**消費課税と労働所得課税の等価性**という。

表18-2　支出税の位置づけ

課税対象	間接税	直接税
所　得		所得税
消　費	間接税	支出税

　しかし，労働所得税の税率が累進的な場合は，労働所得が発生する時点での税負担が異なりうるため，この等価性は成立しない。**表18-1**はこのような例を示している。簡単化のため利子率をゼロとした場合に，所得A，Bともに生涯所得＝生涯消費は600であるが，Aは第2期に累進税率の適用を受けるため，生涯課税がBよりも重くなっている。この例では，第2期では垂直的公平性は満たされているが，生涯では水平的公平性が満たされていない。

支出税による消費に対する課税　　**表18-1**のように所得を中心とした累進課税では，各所得の発生時点では垂直的公平性は満たされるものの，消費課税との等価性は成立しないことがわかった。そこで，以下では生涯消費を課税対象としつつ，垂直的公平性を満たすために累進的な課税を考える。累進課税を行うためには，現在のような間接税としての消費税といった形式では不可能である。なぜならば，間接税は税の負担者と納税義務者が異なるため，1人の個人の消費を累積して把握し，累進的な税率を適用することができないからである。そこで，消費を課税対象とした直接税を考えることとする。このためには，個人の消費の額を総括的に把握できる必要がある。そこで，

$$所得＝消費＋資産の純増（貯蓄）\qquad(18\text{-}3)$$

の考え方より，これを消費について解くと，

$$消費＝所得－貯蓄\qquad(18\text{-}4)$$

が得られる。ここから，消費の額を1つひとつ把握しなくとも，個人の所得と貯蓄の額がわかれば，その個人の消費の額が算出できることがわかる。したがって，「所得－貯蓄」すなわち「所得から貯蓄を控除したもの」に累進課税を行えば，それは消費に対して累進課税を行っていることになる。言い換えると，貯蓄控除型の累進所得税は消費に対する累進課税を行っているのと同じである

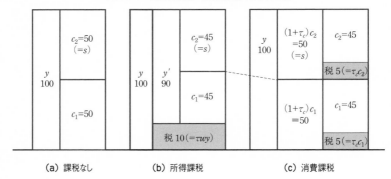

図18-6　所得課税・消費課税と資本蓄積

といえる。これは，**表18-2**に示すとおり現在の間接税型の消費税と区別して，とくに**支出税**と呼ばれる。

**消費課税の資本蓄積に
与える効果**

労働所得課税と消費課税が等価となっている状況においても，それぞれが貯蓄に及ぼす影響は異なる。なぜならば，労働所得は現在時点で課税が行われるのに対し，消費課税は将来時点の消費で支出された際に課税が行われるため，現在行われる貯蓄（＝投資を通じた資本蓄積）に将来での消費課税の納税分が含まれることとなるからである。したがって，労働所得課税と消費課税の等価性が成立しているもとでは，労働所得税を減税して消費課税に変更しても，現時点では個人に経済的な影響はないが，資本蓄積とマクロ経済に及ぼす効果を考えれば，消費課税のほうが望ましいこととなる。

ここで，再びライフサイクル・モデルを用いて考えることとする。ここで，課税がないケースは**図18-6（a）**に示されている。ここでは100の所得yを現在消費c_1と将来消費c_2に50ずつに分けている。このときの将来消費c_2の源泉は現在貯蓄になる。次に，現在所得に10だけ課税がなされた場合が**図18-6（b）**である。100の所得に対し10の所得課税（税率τw）がなされた後，可処分所得y'である90を45ずつ現在消費と将来消費に配分する。このため，将来消費の源泉である現在貯蓄sは45となる。最後に，各期の消費に対して課税がなされる消費課税の場合が**図18-6（c）**である。ここでは，100の所得を50ずつ現在と将来に配分し，そのなかから5ずつ，所得課税と同じ10となるように消費課税（税率τc）を行うこととする。このため，将来消費の源泉である

現在貯蓄 s は 50 となる。どちらのケースも税収の現在価値は 10＝(5＋5) となって等しいが，消費課税のケースでは，将来の消費課税分だけ貯蓄が大きいことがわかる。したがって，消費課税のほうがマクロの資本蓄積の観点からは望ましいことになる。

要　約

□　消費に対する課税のパターンには，取引される財の量を基準とする従量税と，取引される財の価格を基準とする従価税がある。また，課税の負担を納税義務者以外の者に負わせることを転嫁といい，最終的にある経済主体の負担となることを帰着という。

□　法律上の納税義務者が消費者であっても生産者であっても，課税の負担が消費者・生産者のどちらにどれだけ帰着するかは，課税前の需要曲線・供給曲線の形状による。このため法律上の納税義務者が 100％ 負担をするとは限らない。

□　課税によって，税負担以上に消費者や生産者の余剰が失われる部分を死荷重損失という。死荷重損失は需要または供給の価格弾力性が大きいほど大きくなる。したがって，需要の価格弾力性の大きな財には税率を小さくし，価格弾力性の小さな財には高い税率を課すことが効率性の観点からは望ましいといえる。

□　以上のことから，消費課税において食料品等を一部非課税としたり，軽減税率を適用したりすることは，経済効率性の観点からすれば望ましくない。

□　労働所得課税と消費課税は両者の税収の割引現在価値が同じであっても，消費に対する課税のほうが将来の消費課税分も含めて貯蓄され，資本蓄積が増加するので，マクロ経済に及ぼす影響を考えると望ましいといえる。

確　認　問　題

次の文章を読み，正しければ○，誤っていれば×をつけなさい。

□　*Check 1*　最適課税に関するラムゼイの逆弾力性の命題に従えば，贅沢品には高い消費税，生活必需品には低い消費税を課し，効率性と公平性のトレード・オフを解消することができる。

□　*Check 2*　労働所得課税と一般消費課税を比較すると，たとえ税収が同じでも，消費課税は支出した額よりも税を支払った分だけ実際の消費額は小さいため，効用を低下させて労働所得課税より超過負担が大きくなる。

□　*Check 3*　労働所得課税と消費課税を比較すると，たとえ税収の割引現在価

値が同じでも，労働所得課税は来期の消費のための貯蓄を減らすので，資本蓄積にマイナスの影響を及ぼす。

□ *Check 4*　所得税は所得を基準とした直接税であり，消費税は消費を基準とした間接税であるのに対し，支出税は消費を基準とした直接税であるといえる。

□ *Check 5*　商品によって税率が異なる現行の消費税制度は，公平・中立・簡単の点からどう評価されるか，考えなさい。

所得に対する課税

🔲 所得とは何か

　本 unit と次の unit 20 では，所得に対する課税を解説する。そのためここでは，はじめに所得の定義を明確にしておく。そのうえで，現実の日本の所得課税の問題点を概観する。最後に所得税として本 unit では労働所得税に注目し，所得税の効果を学習する。所得とは何かを明らかにしたものとしては，**ヘイグ＝サイモンズの所得の定義**が挙げられる。この定義によると，所得は以下の式に従って定められる。

$$所得＝消費＋資産の純増（貯蓄） \qquad (19\text{-}1)$$

　この定義は，unit 18 で説明した支出税の検討の部分で示されたものと同じものである。この定義では，所得の内容を直接列挙するのではなく，ある個人に消費と資産の純増が観察されたならば，所得が発生したとみなすのである。このほか，農家が自分で消費する農産物（**自家消費**）や，持ち家から生じる家賃分のサービス消費（**帰属家賃**）も消費として所得とみなされる。また，保有している土地や株式などの資産の値上がり益（キャピタル・ゲイン）は，実際にそれらを売却して現金を手にしていなくとも，資産の純増の観点からやはり所得となる。

🔲 包括的所得税とその問題点

　上では，所得を理論的な概念として定義した。実際の税制として所得税をデザインする場合には，日本は原則として**包括的所得税**という考え方によっている。すなわち，所得への公平な課税という立場から，所得の種類は不問とし，

労働所得，利子，地代，配当などすべての所得を列挙し，その所得を総合計し，**総合課税**を行うことになる。

このように，包括的所得税は所得の種類に差別を設けないという意味で理想的な税であるが，以下のような問題点をもっている。

まず，キャピタル・ゲインの取扱いの問題と難しさが挙げられる。(19-1)式のヘイグ＝サイモンズの所得の定義では，資産の値上がり益はたとえ未実現であっても，資産の純増として所得とみなされるが，現実の税制では，所得税としては課税されていない。もし，厳密に課税する場合でも，未実現のキャピタル・ゲインは，保有している資産価値の増加が起きていたとしても，実際に売ってみるまで正確な所得金額がわからないという問題点がある。また，未実現のキャピタル・ゲインは，たとえ資産が値上がりしても，実際に売却して代金を得たわけではないから，手元に納税資金が存在しないという流動性の問題もあるため，実現時にのみ課税される。

また，現在の所得税制では所得の発生が一時点に集中した場合にも問題がある。所得の変動が激しく，一時点に所得が集中して発生した場合は，垂直的公平のルールから累進課税が適用され，納税額が大きくなる。しかし，同額の所得を数年に分けて得た場合には，累進課税は同様には適用されず，納税額は小さくなる。この場合は，結果として所得額は同じであるにもかかわらず，納税額が異なることとなり，水平的公平のルールが満たされないことになる。

🔲 日本の所得課税制度

それでは，現実の課税はどのようになっているであろうか（**表19-1，図19-1**参照）。国税の所得税法には，利子所得，配当所得，不動産所得，事業所得，給与所得，退職所得，山林所得，譲渡所得，一時所得，および雑所得の10種類の所得が示されている。実際の所得税の計算は，はじめに1年間に生じた所得を確定する作業を行う。ただし，各所得の種類別の収入額がすべて課税対象所得額と等しくなるわけではない。たとえば事業所得の場合は収入から必要経費やその他所得控除の項目を差し引き，課税対象となる所得の金額を定めることになる。給与所得者の給与所得の場合も必要経費に相当する項目として給与所得控除が存在する。そして，包括的所得の概念に従って，所得の種類を問わず個人の所得を総合計し，課税対象となる総所得を算出する。その課税対象の

表 19-1　課税対象所得の内容

所得の種類	所　得　の　内　容
利子所得	公社債・預貯金の利子，合同運用信託（貸付信託など）・公社債投資信託・公募公社債等運用投資信託の収益の分配による所得
配当所得	法人から受ける剰余金・利益の配当，剰余金の分配，基金利息などによる所得
不動産所得	土地・建物など不動産の貸付け，地上権など不動産上の権利の貸付け，船舶・航空機の貸付けによる所得
事業所得	製造業，卸小売業，農漁業，サービス業などのいわゆる事業から生ずる所得
給与所得	俸給，給料，賃金，歳費，賞与などの所得
退職所得	退職手当，一時恩給，その他退職により一時に受ける給与などによる所得
山林所得	山林を伐採して譲渡したり，立木のまま譲渡することによる所得（取得後5年以内に譲渡した所得は，事業所得または雑所得）
譲渡所得	土地，借地権，建物，機械などの資産の譲渡による所得（事業所得，山林所得および雑所得に該当するものを除く）
一時所得	懸賞の賞金，競馬の払戻金，生命保険契約等に基づく一時金などの，上記の8種類の所得以外の所得のうち，営利を目的として継続的行為から生じた所得以外の一時の所得で，労務その他の役務または資産の譲渡の対価としての性質を有しないものなどによる所得
雑所得	上記の9種の所得以外の所得で，たとえば，非事業用貸金の利子，作家以外の者の原稿料や印税・講演料，公的年金等などによる所得

（出所）　税務大学校「税法入門（令和5年度版）」（税大講本）29頁。

図 19-1　収入から課税，納税までの流れ

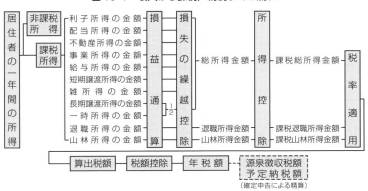

（出所）　表 19-1 に同じ。

表 19-2　実際の所得税率一覧

課税される所得金額	税率	控除額
195 万円未満	5%	0 円
195 万円以上　330 万円未満	10%	97,500 円
330 万円以上　695 万円未満	20%	427,500 円
695 万円以上　900 万円未満	23%	636,000 円
900 万円以上　1,800 万円未満	33%	1,536,000 円
1,800 万円以上　4,000 万円未満	40%	2,796,000 円
4,000 万円以上	45%	4,796,000 円

（注）　2015（平成 27）年分以降に適用される所得税率。ここでの課税される所得金額は，所得控除等の後の金額。表中の「控除額」とは，超過累進課税制度のうえで超過基準以下の所得に対する課税を調整するためのもの。
（出所）　国税庁ホームページ「タックスアンサー」。

　所得に応じた税率を掛け合わせ，税額を計算する。さらに，税額から控除される税額控除の金額を差し引き，最終的な納税額が求められる（**表 19-2** 参照）。なお，地方税としての所得課税は，住民税の所得割部分と呼ばれる都道府県民税（標準税率 4%）と市町村民税（標準税率 6%）が挙げられる。住民税の課税対象所得は，前年の所得から国税としての所得税と同じルールで計算される。

　ここまで，すべての所得を総合して課税の対象となる所得を求めると述べたが，実際には完全な総合課税にはなっていない。たとえば，退職所得，山林所得などは他の所得と分離して低い税率で課税されるという軽減措置があり，同じ所得金額の他の種類の所得よりも結果として納税額が少なくなる。このため，短期的には水平的公平性は守られていないともいえる。ただし，この措置は上で述べたように所得の発生が一時点に集中することから生じる問題点を軽減する観点からとられている措置である。

　このほか，総合課税によりすべての所得が合計されて課税されると述べたが，実際には個々人の所得が完全に捕捉できるわけではない。このため，同額の所得を得ている個人であっても，業種によって所得の捕捉率に違いが生じ，水平的公平性に差が生じていることをさして「クロヨン」（捕捉率が給与所得者，自営業者，農家という 3 つの業種で，それぞれ 9 割，6 割，4 割であるという意味）などと呼ばれることがある。

労働所得課税の効果

労働供給の決定モデル ここでは，個人の得る所得のうち代表的なものである労働所得に対する課税が，その個人の行動，すなわち労働供給にどのような影響を及ぼすかを見ることとする。この問題を明らかにするためには，まず個人の労働供給がどのようにして決まるかについて知っていなければならない。そこで，以下のような簡単なモデルを考える。個人は，労働の対価として受け取った所得 y を支出して得られる消費の量 c と，余暇時間（レジャー）l により，効用 u を得ているものとする。この所得 y を得るため，賃金率 w で h の時間だけ労働するものとし，物価水準を p とすれば，この個人の予算制約は，

$$wh = y,$$
$$= pc,$$

となる。また，この個人の利用可能時間を T とすると，時間制約は，

$$T = l + h,$$

となる。ここから $h = T - l$ であるから，

$$w(T-l) = pc, \tag{19-2}$$

となる。この個人は，（19-2）式の制約条件のもとで，消費財 c と余暇 l からなる効用関数，

$$u = U(c, l), \tag{19-3}$$

を最大化するべく，余暇と労働の間の時間配分を決定することになる。

このもとで労働供給がどのように決まるかを見てみよう。**図 19-2** は上に挙げた予算・時間制約のもとでの個人の意思決定を示したものである。

図 19-2 は横軸に余暇時間 l，縦軸に消費量 c をとり，この平面上に無差別曲線を描いたものである。**図 19-2** を見ると，この個人にとっては予算制約線 DB と無差別曲線 I が接する点 E が最適な点であることがわかる。このとき，この個人は OA 分の時間だけの余暇 l^* を需要し，その結果，残りの AB である $h^* = T - l^*$ だけの労働供給を行うことがわかる。h^* の労働供給に対し，予算制約線の傾き w/p の実質賃金率で所得が得られ，その結果 c^* だけの消費が

図19-2　余暇と労働供給の時間配分

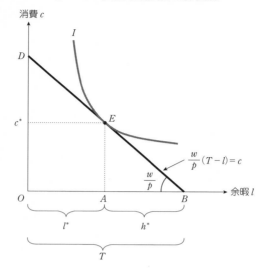

可能となっている。

所得効果と代替効果　以上の準備のもとで，労働所得税を導入する。労働所得税は，労働所得 wh に対して課せられるから，所得税率を τ $(0<\tau<1)$ とすると，所得税額は $\tau \times wh$ となる。したがって，課税後の個人の可処分所得は，

$$y-\tau \times wh = wh-\tau \times wh$$
$$= (1-\tau)wh \qquad (19\text{-}4)$$

となる。これは，課税によって賃金率 w が $(1-\tau)w$ に下落したことと同じである。たとえば，所得税率 τ が 20% であったとすると，$\tau=0.2$ であるから，

$$(1-\tau)w = (1-0.2)w$$
$$= 0.8w$$

となり，賃金率がもとの 80% に下落したケースと同様になる。したがって，労働所得課税の効果を知るためには，一般的にこの賃金率 w の変化と最適化された労働供給 h^* の関係を明らかにすればいいことになる。

図19-3 は，課税による実質賃金率 w/p の変化が労働供給に与える効果を示している。**図19-3 (a)** は，課税によって実質賃金率が w/p から $(1-\tau)w/p$

図 19-3　課税が労働供給に与える効果

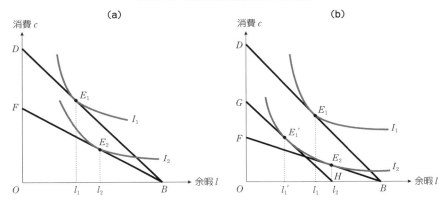

に低下し，予算制約線が DB から FB に変化した場合に，均衡点が E_1 から E_2 に変化した様子を示している。新しい均衡点 E_2 のもとでは，課税前のケース E_1 に比して余暇の需要が l_2（$>l_1$）と増えていることがわかる。すなわち，それだけ労働供給 h（$=T-l$）が減少することを意味する。図 19-3（b）は，この E_1 から E_2 への変化を，E_1 から E_1' と，E_1' から E_2 へという 2 つのステップに分解して示している。点 E_1' は，当初の予算制約線 DB に平行で，E_2 を通る無差別曲線 I_2 に接する予算制約線 GH 上にある。

　はじめに E_1 から E_1' への変化を検討する。すでに述べたように，予算制約線 DB と GH は平行であるから，これは消費 c と余暇 l の相対価格 w/p が変化することなく，個人が利用できる所得資源が減少することを示す。他の条件が一定であり，個人の利用可能資源が減少するため，この個人は消費と余暇が，所得が増加するに従ってともに増加するという特徴をもつ**正常財（上級財）**である限り，両者の需要をともに減少させる行動をとることになる。このため，余暇 l の需要が減少することとなり，その分 $T-l$ から得られる労働供給 h は増大することになる。これは unit **18** で見た**所得効果**に対応する。

　次に，E_1' から E_2 への変化を検討する。E_1' も E_2 もともに同一の無差別曲線 I_2 上にあるため，ここでの変化は一定の効用水準を保ちつつ，余暇時間と消費量の組合せを代替させることによって生じたものと解釈することができる。ここでは，税率 τ の課税により実質賃金率が下落したため，消費と余暇の相対価格が変化し，余暇をとることによって所得を得る機会を手放すという意味での

機会費用が下落していることに対する反応といえる。すなわち，賃金率 w が低くなったことで時間の価値が低くなったことになる。その結果，より多くの余暇 l を需要することとなり，労働時間 h が減少することとなっている。このように財の組合せが変化する効果は，unit 18 でも説明した代替効果である。

　以上をまとめると，労働所得に対する課税により，実質賃金が下落した結果，所得効果は余暇が正常財である限り，通常これを減少させる方向に働くが，代替効果は余暇を増加させる方向に働くため，両者を併せた課税の最終的な効果は，所得効果と代替効果の大きさに依存して決まることに注意しなければならない。ここで，もし所得効果が非常に大きくなれば，所得の上昇に従って余暇がより多く需要され，賃金が上がっているにもかかわらず，労働供給が減少するというケースも考えられる。

労働所得課税の非効率性　　最後に，労働所得課税の効率性について確認しよう。図 19-4（a）は図 19-3 で見たように，課税によって予算制約線が DB から FB に変化した結果，均衡点 E_1 から E_2 への変化を示している。このとき，労働所得税を課すのではなくその代わりに，個人の労働所得の大きさに関わりなく一定額の税を課したとしたときの効果を検討したものが図 19-4（b）である。ここでは，E_2 を通り DB と平行な予算制約線を設定し，この予算制約線と無差別曲線が接する点を E_1'' として描いている。まず，労働所得に対して τ の割合で課税した場合の税収は，線分 E_2K で表される。なぜならば，課税後の均衡点 E_2 における労働供給 $T-l_2$ に対して，この個人の消費 c は予算制約線が DB から JE_2 に平行にシフトした分だけ減少しており，これはちょうど線分 KE_2 の長さにあたるからである。次に，この個人の消費を同じだけ減少させるように，個人の労働所得に関わりなく一定額で個人の資源を減少させる税を課したとすると，この個人は予算制約線 JE_2 上の E_1'' の点で意思決定することとなる。この点が存在する無差別曲線 I_1'' は明らかに I_2 よりも北東側に位置するため，効用が高いことがわかる。このような税を**一括固定税（定額税）**という。一括固定税の例としては，所得に関わりなく1人当たりいくらというような形で課される**人頭税**や地方税の**住民税**（均等割）などが挙げられる。

　このように，もし同じだけの税収を得るのであれば，労働所得税よりも一括固定税のほうが課税後の個人の最終的な効用が高く，この意味で効率的である

図 19-4 労働所得課税と一括税

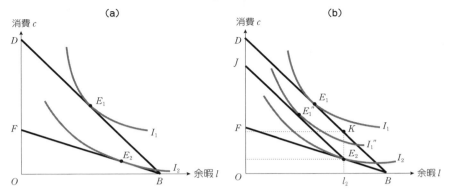

ことがわかる。これは，一括固定税では所得効果のみで，代替効果が生じない
ため，資源配分に歪みをもたらさないからである。逆にいうと，一般の労働所
得税はこの歪みにより納税額以上の負担である死荷重損失をもたらしていると
いうことである。

　労働所得課税によって代替効果が発生するのは，個人の利用可能時間 T と
いう資源配分において，余暇 l に振り向けた場合は課税がなされないのに対し，
労働 h に振り向けた場合は課税がなされるため，同じ時間を余暇と労働のど
ちらに振り向けるかについて，相対価格が変わってしまったためである。これ
は，消費課税において第 2 財だけに課税を行う個別物品税によって生じる死荷
重損失と同じメカニズムである。

利子所得課税の効果

　本 unit では労働所得課税を中心に議論をしてきた。最初に，一般的に所得
の定義を行う際に，資産の純増が所得にあたることを見た。資産の純増として
は貯蓄という資産から生じる利子所得が挙げられる。そこで，ここでは利子所
得に対する課税の経済厚生に及ぼす影響を考えることとする。この場合，
unit 18 で扱った消費課税のケースで，c_1 と c_2 という 2 つの財からなる市場に
おける消費課税の分析の例が応用できる。すなわち消費課税のケースで考えた
c_1，c_2 という現在時点での 2 つの財に対する消費の意思決定のモデルで，c_1 を
第 1 期の消費 c_1，c_2 を第 2 期の消費 c_2 と置き換えて考えるとわかりやすい。

図 19-5　利子所得課税の効果

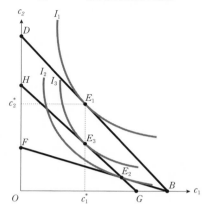

生涯の予算制約式を $y = c_1 + c_2/(1+r)$ とし，これを**図 19-5** の直線 DB とすれば，均衡点 E_1 に対応する点 c_1^*，c_2^* で現在消費と将来消費が決まっているといえる。

　このとき第1期に行った貯蓄の元本 s に対して r の利子が発生するものとする。この利子は資産の純増といえるから，この利子所得 $s \times r$ に対して τ の割合で所得課税がなされる場合とする。課税後金額は，

$$s \times r - Tax = s \times r - (s \times r \times \tau) = s \times r(1-\tau)$$

と表される。これは税率 τ の利子所得課税により，利子率 r が利子率 $r(1-\tau)$ に置き換わったケースとみなすことができる。ここから，課税後は**図 19-5** の FB のように予算制約線の傾きが緩やかとなる。このとき，新しい均衡点 E_2 に対応する点に，現在消費と将来消費の組合せが変化している。**図 19-5** では利子に課税が行われることで，将来消費 c_2 が減少し，現在消費 c_1 が増加するケースが描かれている。これは，将来消費に充当される利子に課税しているため，将来消費 c_2 と現在消費 c_1 の相対価格に変化が生じてしまい，代替効果が発生しているためである。したがって，このときにも死荷重損失が発生していることは，**図 19-5** の直線 HG で確認できる。直線 HG は，点 E_2 を通って DB と平行な直線である。すなわち，点 E_2 で実現される利子課税と同じ税収を実現するべく，一括課税を行って予算制約線が下方にシフトしたケースである。

このとき，直線 HG 上では点 E_2 よりも高い効用が実現できる E_3 が存在することがわかる。同じ税収でより高い効用が実現できるということは，逆にいうと，E_2 をもたらすような利子所得課税は，税負担分以上の負担，すなわち死荷重損失をもたらしているとみなすことができる。

図 19-5 から得られる結果から，利子所得課税は単に個人の消費を通じた経済厚生の損失だけでなく，マクロ経済にもマイナスの影響を及ぼしうることが指摘できる。なぜならば，第2期の消費支出が減少したということは，第1期に第2期の消費のために個人が行う貯蓄 s も減少することを意味する。このことは，unit 18 で述べたように，資本市場を通じて将来の資本蓄積 K を阻害する効果がもたらされる。

要　約 ━━━━━━━━━━━━━━━━━━━━━━━━━━━●━●━●

□　ヘイグ＝サイモンズの所得の定義に従えば，所得とは「消費＋資産の純増」によるものとされる。この定義に従えば，市場で稼得した資金だけでなく，資産の値上がり益や市場と関わりなく自分で生産して消費しているものも所得とみなされる。

□　所得税の代表的な課税対象である労働所得は，課税後の実質賃金を引き下げる効果をもっている。このため，時間の使い方に関して，労働と余暇との間の人々の選択を歪め，死荷重損失が発生する。

□　余暇が正常財であった場合に労働所得に対する課税により，所得効果が大きい場合は余暇も消費も減少するため，労働供給が増える。しかし，代替効果が大きい場合は，余暇がより多く増加するため，労働供給は減少する。

□　死荷重損失は，代替効果によって発生する。このため，同じ税収を実現できるのであれば，代替効果のない一括固定税を採用すれば，死荷重損失は避けられる。このように効率性の面からは一括固定税が支持される。

□　利子は将来消費のための貯蓄から生じるので，利子所得課税は現在と将来の消費の選択を歪め，死荷重損失をもたらすことになる。さらに利子課税によって投資の源泉となる貯蓄が減少すれば，資本蓄積にもマイナスの影響をもたらす。

━●━●━●━━━━━━━━━━━━━━━━━━━━━━━━━━━━━━━━

確 認 問 題 ━━━━━━━━━━━━━━━━━━━━━━━━●━●━●

□　**Check 1**　次のうち，ヘイグ＝サイモンズの所得の定義によって「所得」とみなされるものを判別しなさい。そして，実際の所得税制では課税対象となっているか調べなさい。

①　先月，友人に10万円を貸したが，昨日その10万円を現金で返してもらった。

②　親から大学の入学金として50万円を銀行に振り込んでもらった。

③　自宅の前に自分とは関係なく新たに広い道路ができて，自宅の土地の価値が増加した。

④　1000万円の預金を引き出して，新しく1000万円分の土地資産を購入した。

□　**Check 2**　次の文章の（　）のなかに適切な語句を記入しなさい。

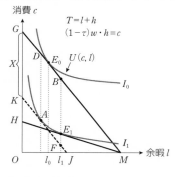

左の図は，余暇 l と消費 c から効用を得る個人の無差別曲線である。当初の予算制約線は GM，均衡点は E_0 であった。所得課税率 τ により，予算制約線は HM に変わる。ここで GM に平行で E_1 上の無差別曲線 I_1 に接する直線 KJ を引き，KJ と I_1 の接点を A とする。このとき，$E_0 \rightarrow A$ の変化を（ア）効果，$A \rightarrow E_1$ の変化を（イ）効果という。ここでは（ウ）効果が大きく，課税後の労働供給量は（エ）している。

E_1 における税額は線分（オ）の長さに等しい。一方，点 A は，予算制約線 GM から一括固定税 X が引かれたケースにあたり，税 X は線分 BF の長さと等しい。したがって，一括固定税 X と同じように低下した無差別曲線 I_1 上で，より多い税収になり，線分（カ）の長さが労働所得課税の超過負担といえる。

━━●━●━●━━━━━━━━━━━━━━━━━━━━━━━━━━━━━━━━━━

unit ⑳

法人に対する課税

🔲 法人課税の根拠

**法人に対する課税の
理論的根拠**

　法人，企業そしていわゆる会社に対する課税の考え方
としては，以下の2つが挙げられる。

　① **法人擬制説**　　法人擬制説は，法人は出資者であ
る株主によって所有されていると考える。法人が得た収入から，仕入れや原材
料費，給与や利子，賃貸料を支払った後の所得は，法人の所有者である株主に
配当という形で分配される。したがって，法人擬制説では，法人は個人の株主
が事業活動を通じて利益を得るために組織されたバーチャルな集合体であり，
擬制的な存在であると考えるものである。この考え方に従えば，法人の所得は
最終的には株主の所得であり，株主に対して配当された段階で，個人所得税と
してきちんと課税すればよいことになる。この場合，法人の組織段階で法人税
が独自に存在する必要はなくなることになる。

　② **法人実在説**　　上記の法人擬制説に対して，法人はバーチャルな存在で
はなく，それ自体として存在を認められ，株主とは別に課税の対象となりうる
という考え方が，法人実在説である。法人実在説の背景には，法人は実際に資
金をもち担税力があるという徴税上の実務的理由のほか，法人形態で事業を行
うことにより，個人事業形態で事業を行うよりも有利な点（有限責任制度など）
が存在するという理由が挙げられる。また，法人擬制説では個人段階で課税を
行うことが主張されているが，実際には法人の利益が100％配当されずに，法
人内に内部留保として残されることも多いため，法人段階で独自に課税する必
要性が主張されている。

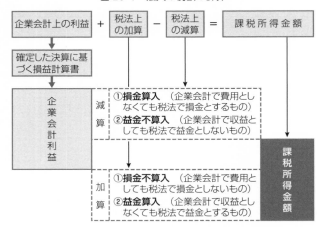

図 20-1　法人の税額の計算

（出所）　税務大学校「法人税法（平成 26 年度版）」（税大講本）24 頁。

🏛 日本の法人税制

　日本の法人の所得に対する課税は，法人税法によって規定されている。法人に対する課税はもともと所得税法によってなされていたが，1965（昭和 40）年に現在の法人税法の形で，法が整備され独立して課税されることになった。法人税はこの法人税法にもとづき，国が徴収する国税である。なお，事業に対して地方公共団体が課税を行うものとしては，地方税（道府県税）としての法人事業税が存在する。

法人の所得に対する課税　法人に対する課税としては，法人の所得に対する課税，法人の行う配当に関わる課税，法人の所有する資産に対する課税が挙げられる。ここでは，法人税という場合は法人が得た所得に対する課税をさす。法人の所得に対する課税も，個人所得税と同様，法人の収入（法人税法上は益金と呼ばれる）から費用（法人税法上は損金と呼ばれる）を差し引いて算出される所得に税率を掛け合わせることで得られる（**図 20-1** 参照）。なお，法人の事業所得に対する地方税としては，都道府県民税と市町村民税の法人税割があり，課税対象は国税の法人税額である。また道府県民税として事業税も課税される。事業税については，外形標準課税として後述する。

　しかし，法人税は個人に対する所得税と比べ，以下の 3 つの点で異なってい

る。第 1 に所得の区分が異なる。所得税においては，所得の種類がその源泉別に 10 種類に区分され，その種類別に課税のうえでの取扱いが異なっている。しかし，法人税ではそのような区分は存在しない。第 2 に，所得の算定の期間の基準が異なる。法人税においては，所得の算出方法などで企業会計に依拠している部分が少なくない。このため，個人の所得税では 1 月 1 日から 12 月 31 にまでに得た所得を 1 年の所得としているのに対し，法人税では法人が個別に定めた事業年度の区分に従って，1 年の所得を計算する。したがって，たとえばある法人の決算が 9 月末日であれば前年の 10 月 1 日から当該年の 9 月 30 日までの期間を基準として所得を算出する。第 3 に，所得税では所得の増加とともにその増加分に対して適用される税率が高くなる累進税率が採用されているのに対し，法人税では原則として均一の税率（定率）23.2%（2023 年時点）が適用される。

🔲 法人税の影響

法人に対する課税と資本所得課税

以下では，法人に対する課税を具体的に見ていこう。本書では，税の影響を単純に制度的にではなく，個人や企業の資源配分の選択に及ぼす影響に注目して経済学の視点から考えている。そこでここでは，法人に対する課税を経済学ではどのような視点で考えられるのかを検討する。unit 19 では，労働所得課税が個人の労働供給という生産要素の資源配分に及ぼす影響を中心に学習した。続く本 unit では，法人に対する課税が，主に資本という生産要素の資源配分にどのような影響を及ぼすのか，という観点から考える。

すなわち，この考え方は，「法人税を資本所得に対する課税」という見地から考えることを意味する。しかし，資本所得課税という表現は日常生活ではほとんど用いられないし，資本所得そのものもイメージが湧きにくいだろう。そこで最初に，資本所得課税とは何かについて整理しよう。

労働所得課税が労働という生産要素の提供に対する報酬，すなわち賃金所得に対する課税をさすのであれば，資本所得課税は資本という生産要素の提供に対する報酬，すなわち利子・配当や地代・賃貸料からなる所得に対する課税をさすこととなる。この意味において，unit 19 の最後で学習した利子所得課税は資本所得課税ということができる。しかし，資本所得課税といった場合には

このような狭義の資産所得だけにとどまらず，法人・企業の所得に対する課税も含まれる。これは，法人・企業に対する課税がその事業体の資本調達コストを変化させ，資本市場における資本の需要と供給に影響を与え，生産要素としての資本の資源配分に影響を与えるからである。

　この考え方にもとづいて，本 unit では法人税を取り上げ，まずは法人の事業活動に対する課税が，法人の意思決定に及ぼす影響を考える。次に，配当所得への課税の効果を考える。

法人所得課税と事業活動　　まず，実際に法人に対する課税によって，法人の事業活動における意思決定にどのような影響を及ぼすかを検討する。

　ここで，法人は利潤の最大化を目的に事業活動をしているとする。以下では簡単化のため，法人はただ1つの生産要素である資本 K を投入して，事業活動を行っているものとする。資本 K の投入により，投入と産出の関係を表す生産関数にもとづき $F(K)$ だけの産出量が与えられることとする。この産出量が単価 p ですべて販売され収入になるとすると，この法人の収入関数は $R(K)=p \times F(K)$ となる。同時に，資本 K の投入に伴って資本コストを表す費用関数 $C(K)$ だけの費用が発生するものとする。簡単化のため価格 $p=1$ と仮定するとき，法人の利潤 π は収入から費用を差し引いたものであるから，

$$\pi = R(K) - C(K) \qquad (20\text{-}1)$$

と表される。このとき，利潤 π を最大にする K が，この法人にとっての最適な資本投入水準といえる。ここで，もし資本 K を少しだけ増やしたときに，$R(K)$ の増加分が $C(K)$ の増加分よりも大きければ，この法人は投資を行い，資本をもっと増やしたほうが利潤を増加させることになる。逆に，もし資本 K を少しだけ増やしたときに，$R(K)$ の増加分よりも $C(K)$ の増加分のほうが大きければ，この法人にとっては現在よりもやや少ない資本のほうが利潤を増加させることになる。K の増加分に対して $R(K)$ と $C(K)$ 増加分が等しいならば，もはやこの法人は資本 K の大きさを変更する必要はなく，現在の K が最適な水準といえる。この条件は unit 3 で学習したとおり，限界収入（MR）と限界費用（MC）が等しいケース，すなわち $MR(K)=MC(K)$ となるケースである。

図 20–2　法人税と投資水準

（a）産出量

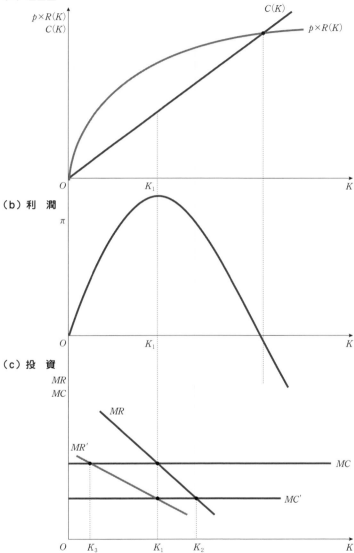

243

　このケースは**図20-2 (c)** に示されている。$MR(K)$ と $MC(K)$ が等しい点，すなわち図中で MR と MC が交わる点に対応する投資水準 K_1 に資本量が決定する。

　次にこの法人に課税がなされる場合を考える。ここでの法人に対する課税はその法人の利潤 π に対して税率 τ を掛け合わせ，法人税額が決まるとする。このとき，この法人の税引後の利潤は，

$$\pi - \tau\pi = (1-\tau)\pi$$
$$= (1-\tau)(R(K) - C(K)) \tag{20-2}$$

と表される。この法人は税引後の利潤を最大化するならば，(20-2) 式で見るとおり $(1-\tau)$ は定数であるから，税引前の利潤 $\pi = R(K) - C(K)$ を最大化すればよいことになる。したがって，利潤に対して法人税が課せられても，投資水準は K_1 のままである。**図20-2 (c)** はこのケースを図示したものである。上の式で示したとおり税引後利潤は $(1-\tau)R(K) - (1-\tau)C(K)$ であり，収入関数，費用関数にそれぞれ定数 $(1-\tau)$ を掛けただけのものである。したがって，限界収入曲線 $MR(K)$ も限界費用曲線 $MC(K)$ も，それぞれ $(1-\tau)$ 分だけシフトし，MR'，MC' となるため両曲線の交点は変わらず，最適な投資水準は K_1 のままである。

　最後に，資本コスト $C(K)$ が法人税の制度上，完全に控除されないケースを考える。法人が資本 K を投入するために必要な資金を調達する方法には借入と株式発行とがある。借入による場合は利子費用 $r \times K$ が資本コストとなる。また，株式発行による場合，株主に支払う配当 $d \times K$ が資本コストとなる。もし，$r \times K$ と $d \times K$ に差があるならば，裁定行動によって有利な資産に対して資本供給が増加してしまうため，資本市場が完全であるならば，同じ量の資本 K を調達するために支払うべき資本コストは，企業にとってその手段が借入によるものか株式発行によるものかを問わず，同額となる。しかし法人税法上は，利子費用という資本コストは100% 費用（法人税法上は損金）として控除することができるが，配当という形の資本コストは利子と同様には控除ができない。この場合，株式の発行によって投資の資金を賄い，その $d \times K$ 分の資本コスト $C(K)$ が税法上の費用として認められなかったとした場合の企業の税引後利潤は，

$$\pi - \tau R(K) = (1-\tau)R(K) - C(K) \tag{20-3}$$

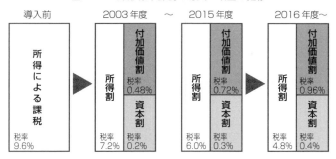

図 20-3　外形標準課税の導入・改正の推移

| 導入前 | 2003 年度 | 〜 | 2015 年度 | 2016 年度〜 |

所得による課税　税率 9.6%

所得割　税率 7.2%　付加価値割 税率 0.48%　資本割 税率 0.2%

所得割　税率 6.0%　付加価値割 税率 0.72%　資本割 税率 0.3%

所得割　税率 4.8%　付加価値割 税率 0.96%　資本割 税率 0.4%

（出所）　財務省「平成 27 年度 税制改正の大綱」。
（http://www.mof.go.jp/tax_policy/tax_reform/outline/fy2015/27taikou_mokuji.htm）

となる。このとき**図 20-2（c）**に示すとおり，MR 曲線のみがシフトし，MC 曲線はシフトしないため，この法人にとっての最適な投資水準 K_3 は K_1 よりも小さくなる。

　以上のことから，資本コストが完全に控除されるのであれば，もし法人税が課されても，法人の投資水準は影響を受けないといえる。しかし，実際には配当が資本コストとして完全には控除されないため，τ の増加は法人の投資を減少させる。また，法人の資金調達を損金が認められる借入を選ぶように誘発し，資金調達における選択に歪みを生じさせうるともいえる。このことは，法人の事業所得に対する課税制度（法人税）が，法人の資本調達行動に影響を及ぼし，資本市場における資本の需給に歪みをもたらすとみなすことができるのである。

**法人事業税と
外形標準課税**

　法人に対する課税には，国税としての法人税のほかに，地方税としての法人事業税も存在する。この法人事業税も基本的に法人の所得にもとづいて課される。したがって，法人の利潤がない，または赤字の場合は納税の義務がないこととなる。しかし，2003 年度の税制改正により，この法人事業税に**外形標準課税**が導入された。外形標準課税は，資本金の額または出資金の額が 1 億円を超える法人に対し，所得割とは別に，付加価値割および資本割にもとづく課税が導入されることとなった。その後，税制改正により付加価値割および資本割の部分は拡大された（**図 20-3**）。

　このうち，付加価値割の部分には，給与，純支払利子，純支払賃借料等，こ

れまで課税所得を算定するうえで控除されていたコスト項目が，課税の対象として含まれている。したがって，外形標準課税によって資本や労働のコストが100％損金として控除できなくなったことは，前掲の**図20-2（c）**に示されているように，資本や労働に対するコストが控除されないケースにあたる。外形標準課税は地方公共団体にとってみれば，法人が赤字であっても税収入が安定的に得られ，納税法人にとっても，所得に対する課税負担の部分が小さくなるというメリットがあるといわれる。しかし，先に**図20-2**で見たとおり経済学的な意味での収入や費用の大きさと，税法で定められた益金や損金の大きさとの間にズレが生じてしまったため，ここで学習したように法人の事業活動に歪みをもたらす課税であるとみなすことができる。

租税特別措置法　法人税に関連し，法人の事業活動に影響を与える制度として，**租税特別措置法**が挙げられる。これは，法人税法の基本ルールに対し，政策的な見地から特別措置として例外を設けるもので，一定の要件を満たした場合に税額を軽減するものである。法人税のほかにも所得税法，相続税法など多くの法律が租税特別措置法の対象となっている。

　租税特別措置法では，たとえば法人に研究開発投資を促進させるため，試験研究を行った場合の法人税額の特別控除が行われていた。また，中小企業がコンピュータやソフトウェアなどの設備投資を行った場合も法人税の軽減措置を行う制度もある。これらの措置は，経済学的な意味での費用や減価償却額以上に費用を認めるものである。このうち研究開発投資については，開発された技術が他の企業や産業に正の外部性を及ぼす市場の失敗がある場合は，租税特別措置を用いた介入が支持されうる。しかし，このような市場の失敗がない場合には，前掲の**図20-2（c）**のケースでいえばMC曲線が過剰に下方にシフトしてしまい，法人の投資水準が最適水準以上のK_2に至ることとなる。これは，資源配分に歪みをもたらし，死荷重損失をもたらすだけでなく，法人税収を減少させるという意味でも問題がある。

法人の配当に対する課税　最後に，法人の受け取る配当に対する課税に関して見ることとする。法人の配当に対する課税については，株主として所有する株式にもとづいて他の法人から配当を受け取った場合と，自社の株主に対して配当を行った場合の2つが挙げられる。

　法人が他の法人から配当等を受け取った場合には，50％だけを収入として

図20-4　法人の配当に対する二重課税の例

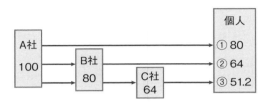

カウントすることと定められている。したがって，この部分では企業会計上の収入と法人税法上の収入は異なり，税法上は軽課税となる優遇ともいえる。しかし，もし法人の配当所得に対する軽課税措置がない場合には，法人間での株式の持ち合いにより，繰り返し配当が行われることにより，最終的に配当が個人株主段階に至るまでに重ねて課税がなされることになる。

　例として**図20-4**に示すように，法人株主が重層的に株式を保有している場合には，何重にも課税されることになる。**図20-4**において，A社から100の配当が支払われるとする。議論を簡単にするため，あらゆる配当に関して20%の所得税が課されるものと仮定する。ここで，①のように個人に直接課税される場合は個人株主段階での課税後の手取り額は$100 \times (1-0.2) = 100 - 20 = 80$である。しかし，途中でB社に配当され，個人がB社の配当として受け取る②の場合での課税後の手取り額は，B社の段階で$100 - 20 = 80$，個人段階で$80 \times (1-0.2) = 64$となる。さらに，途中でもう1社，C社が関与していた場合は，$64 \times (1-0.2) = 51.2$となる。

　二重課税を完全に避けるための1つの方法は，法人擬制説にもとづき，法人段階での受取配当を非課税（益金不参入）とし，最終的な個人段階で所得税として，完全に課税を行うことが考えられる。しかし，実際には法人実在説のところで述べたとおり，個人段階での課税は不完全であるので，法人段階で受取配当に課税がなされている。

　法人が受け取った配当に軽課税がなされる理由は，このような法人株主と個人株主の間の二重課税を避けるためである。また，個人段階の株主においても，所得税の配当控除により所得税の軽減措置が講じられている。

要　約

□　法人を個人株主の集合体とみなす法人擬制説にもとづけば，法人段階の課税
は不要となるが，法人を担税力のある主体とみなす法人実在説にもとづけば，
法人段階での課税が必要となる。

□　日本の法人税は法人の所得にかかわらず税率が変化しない均一税（定率税）
となっているほか，法人同士の株式の持ち合いにより配当がいくつもの法人に
渡るうちに多重課税となることを避ける軽減措置がある。

□　法人税の課税対象となる法人所得の算定のうえで，法人の事業活動に伴う労
働・資本などの費用が 100％ 控除される場合は，法人の事業活動において資本
の選択に歪みをもたらさない。

□　実際には，同じ資本コストである配当と利子費用が同じ扱いになっていない
ことや，外形標準課税制度や租税特別措置の存在により，法人の事業活動は法
人に対する課税による影響を受けうる。

確認問題

次の文章を読み，正しければ○，誤っていれば×をつけなさい。

□　*Check 1*　法人擬制説にもとづけば，法人の所得は個人株主段階に配当され
た時点で課税されることになるため，配当されないで社内に留保された場合は
永遠に課税を免れる。

□　*Check 2*　法人で事業活動を行っても，個人で事業活動を行っても，実現す
る収入が同じであれば，事業活動の形態の選択に関して影響は生じない。

□　*Check 3*　企業に対する課税は，課税のうえで資本コストが 100％ 控除され
る限り，企業の投資量を変化させない。しかし，資本コストが課税対象から控
除されないときは，投資量は過小になる。

資産に対する課税

資産課税のパターン

本 unit では土地，建物などの不動産（**実物資産**）や預金，株式などの**金融資産**に代表されるような，資産に対する課税を解説する。資産に対する課税は，①資産の取得時点での課税，②資産の保有期間中での課税，③資産の売却時点での課税に分けられる。このうち，①資産の取得時点での課税には，土地や建物を新たに取得したときに課される**不動産取得税**や，遺産相続によって新たに財産を取得した場合に課される相続税が挙げられる（**図 21-1**）。相続税については本 unit の後半で詳しく述べる。

資産に対する課税は不動産や金融資産といった財産に関わる課税であるため，しばしば財産税と呼ばれる。**表 21-1** には日本の財産税を一覧にしてある。

資産から生じる所得に対する課税　資産を保有している期間中に課される税としては，以下の 3 つのパターンが挙げられる。第 1 は保有している資産から生じる事業所得に注目して課される税であり，土地や建物などの不動産を，駐車場やアパート，貸家などの形で賃貸していることから生じる不動産所得に対する課税が例として挙げられる。これらの課税は事業所得税として課税されるため，財産税には含まれない。第 2 は，預貯金や株式などの保有している金融資産などから生じる，利子所得や配当所得に対する課税が挙げられる。これらは unit 19 および 20 で取り上げた資本所得課税であり，やはり財産税ではない。そして第 3 に，資産を保有している間に課される税であり，**表 21-1** の固定資産税や自動車税が該当する。これは財産税に含まれる。

上に挙げた 3 つのパターンのうち，第 1 と第 2 の保有している資産から不動

図 21-1　不動産の例による資産に関連する課税の流れ

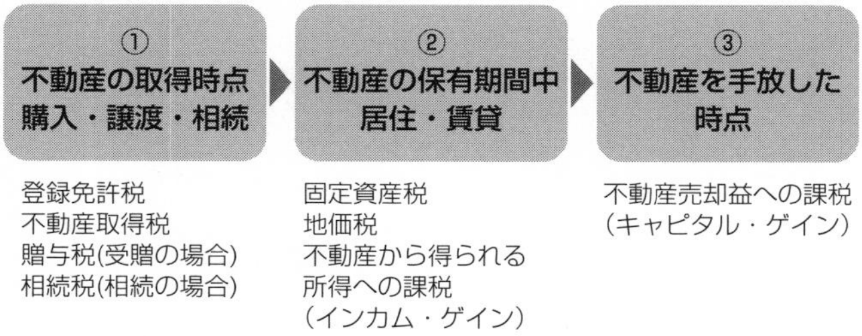

① 不動産の取得時点 購入・譲渡・相続	▶	② 不動産の保有期間中 居住・賃貸	▶	③ 不動産を手放した 時点

登録免許税
不動産取得税
贈与税(受贈の場合)
相続税(相続の場合)

固定資産税
地価税
不動産から得られる
所得への課税
（インカム・ゲイン）

不動産売却益への課税
（キャピタル・ゲイン）

表 21-1　日本の財産税一覧

税の分類	税の内容
国　税	相続税・贈与税，地価税，自動車重量税
地方税	固定資産税，自動車税，軽自動車税，法定外普通税など

産所得や利子・配当所得のような形で生ずるフローの所得を**インカム・ゲイン**という。また同じく資産を保有している間に生ずる所得としては，このインカム・ゲインのほかに，保有している資産の価格が上昇することによって得られる値上がり益が挙げられる。これを**キャピタル・ゲイン**という。したがって，たとえば株式を保有している個人は，その株式の保有期間中に株主に対する配当という形でインカム・ゲインを得ると同時に，保有株式が値上がりした場合には，キャピタル・ゲインも得ることになる。

　unit 19 に示したヘイグ＝サイモンズの所得の定義に従えば，保有している資産の価格が値上がりした場合はその値上がり分は「資産の純増」として所得とみなされる。しかし，ただ保有を続けているだけならば，理論上の所得が発生しても現金収入が生じているわけではないため，キャピタル・ゲインは未実現のままである。このため，実際の納税資金に困るという流動性の問題が発生する。

　したがって，実際には未実現のキャピタル・ゲインには課税はなされておらず，保有資産から生じる所得については，そこから生ずるインカム・ゲインに対して所得税として課税されているのみである。このために，たとえキャピタル・ゲインが発生していても，売却を遅らせれば遅らせるほど課税は先送りされることとなるために，資産を売り渋る効果が生じると考えられる。これを，

ロック・イン効果という。

**資産保有そのものに
対する課税**
　続いて，資産を保有している間にその資産に関連して課される税として，上記で示したパターンの第3にあげた，資産の保有そのものに対して課される税について検討する。この形の税としては，不動産の保有に対して課される国税としての**地価税**，地方税としての**固定資産税，都市計画税**が挙げられる。なお，厳密にいえば資産の保有という単なる事実に対して課税されるのではなく，その保有資産の経済的な価値に対して課税されていることになる。

　上に挙げたように資産の保有に対する課税は，主として不動産に対してなされることが多い。したがって，保有している金融資産の価格に対する課税，すなわち金融資産の残高に対してなされる課税はほとんどない。

　固定資産税のような地域の不動産に対する課税の根拠は，以下のように考えることができる。その地域の行政活動により，社会資本が整備され，地域のアメニティ（環境）が向上し，その地域が住みよく，またビジネスのうえでも魅力的な場所となれば土地の需要が増大し，地域の地価が上昇する。すなわち，地域の行政活動からの利益はその地域の土地の価値に帰着すると考えられるので，その所有者である地主に課税を行うこととなる。これは一種の応益課税と考えることができる。

　逆に，地方公共団体の財政状況がネガティブに地価に反映されることも考えられる。地方債（unit 14 参照）による借入がやがてその地域からの税収によって返済されなければならないとすると，将来その地域に居住している者に対して課税されることになる。

　ただし，労働やそのほかの移動可能な生産要素は，課税時に域外に転出してしまうことで，課税を免れる可能性がある。したがって，最終的な課税の負担は土地などの移動不可能な生産要素に帰着することになる。このように租税の負担が移動不可能な資本に帰着してしまうことを，**税の資本化**と呼ぶ。

**資産の売却益に対する
課税**
　資産の売却に関わる課税としては，土地や株式その他資産の譲渡によって収入を得た場合，それにかかった費用を差し引いた所得が課税の対象となる。資産の売却によって課税対象となる所得が発生するということは，その資産を取得した時点の資産価格よりも売却した時点の資産価格のほうが高くなっていることを

意味する。したがって，資産に関してキャピタル・ゲインが発生していることになる。ここでは資産保有時に発生した未実現のキャピタル・ゲインのケースとは異なり，実際に売却して収入を手にしているため，納税資金に困るという問題はない。

なお，この**資産の譲渡益に対する課税**は資産に対する税として課されるわけではなく，譲渡益を所得として所得税の体系のもとで課税されるため財産税ではない。

🔲 資産課税の根拠

ここでは，資産に関して，労働所得や消費とは別に固有に課税を行う理由について考えることとする。第1に，資産に対する課税は，フローの所得課税の補完としての役割が考えられる。所得課税では，資産から生じるインカム・ゲインと実現したキャピタル・ゲインは通常の所得として課税されている。しかし，未実現のキャピタル・ゲインは売却時点まで課税がなされていない。このため，固定資産税のような形で補完的に資産価値に課税が行われることになる。

第2に，生産要素として考えた場合の労働と比較しての資産の特殊性が挙げられる。労働力（人的資本）から生じる所得である労働所得も，資産から生じる資本所得も，ともに所得課税の対象となる。しかし資産は，労働力に比較して所得を生み出す力が安定しているという特徴がある。労働力は，老化・病気・けがなどによって失われやすい。また資産は個人間で自由に賃貸借したり譲渡したりできるが，労働力すなわち能力や健康といった人的資本は容易には個人間を移転しにくい。このような資産のもつアドバンテージに対して，労働所得とは別な課税が必要であるという議論がなされる。

第3に，前項でも述べたが，資産は個人間を容易に移転できるという特徴をもっている。この代表的な例が，相続・贈与という形での資産の移転である。通常，大きな資産を形成しようとするならば，貯蓄等を通じた資産の蓄積が必要である。この貯蓄の源泉は，労働所得によるものであるから，労働所得税が適切に課税された後であれば，結果として大きな資産を蓄積したということだけでは特別に課税を行う理由とはならない。しかし，それが個人の労働等の努力によるものではなく，たとえば偶発的に裕福な親からの贈与や遺産によるものであるならば，それが得られない者との間に公平性の問題が生じる。このた

め，贈与や遺産相続といった資産の移転に対しては贈与税や相続税が課されている。

資産課税の非公平性がもたらす資産構成の歪み

これまで，不動産の保有の場合も金融資産の保有の場合もインカム・ゲインが生じたり，キャピタル・ゲインが実現したり，相続によって財産が移転したりした場合は，ともに課税されると説明してきた。しかし，現実には不動産と金融資産の間には課税のうえでの公平性が必ずしも保たれていない側面がある。ここで例として，金融資産で1000万円，不動産で1000万円をそれぞれ保有した場合を比較してみよう。金融資産で1000万円を保有している場合，その価額は1000万円と正確に把握することができる。しかし，不動産の場合は，1000万円で購入した不動産であっても，税制のうえでの評価額は必ずしも1000万円とは限らず，居住用資産の場合は固定資産税の課税の軽減措置があったり，相続税の評価のうえでは，時価とは別に路線価と呼ばれる課税専用の評価がなされていたりするなどの違いがある。このため，家計の資産形成において，より有利な土地資産に資産選択が偏る可能性が指摘できる。

資産課税による資産の再分配

資産分布の状況　　2000年代に入り市場経済，とくに金融市場の発達により，資産取引が非常に活発となるにつれ，短期間に大きな資本所得を得られるようになり，富の集中と格差が問題視されるようになってきた。2013年に出版されたピケティの『21世紀の資本』は欧米を中心とした資産格差問題を指摘し，日本でも大きな注目を集めた。図21-2は，日本の家計資産の分布を示している。これを見ると，中央値が1422万円と平均値である2833.7万円を下回っており，平均値以下の世帯が全体の6割以上を占め，家計資産は資産が平均より少ない階級の世帯が多くなっていることがわかる。図21-3は，年齢階級別に家計資産の内容を示したものである。表は，一時点での経済状況の比較であるが，今後の経済の低成長と課税の増加により，若年世代が将来に現在の高齢者と同様の経済状態に至ることができるかどうかが懸念される。このことから，世代間の資産格差も非常に重要な問題として挙げられることがわかる。

図 21-2　家計資産総額階級別世帯分布（総世帯）

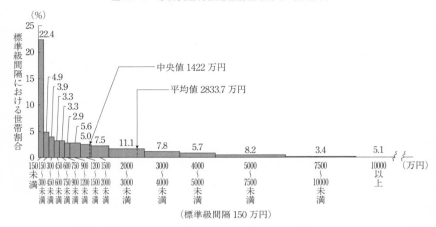

（注）　標準級間隔150万円の各階級（家計資産総額900万円未満）の度数は縦軸目盛りと一致するが，家計資産総額900万円以上の各階級の度数は階級の間隔が標準級間隔よりも広いため，縦軸目盛りとは一致しない。
（出所）　総務省「2019年全国家計構造調査 家計資産に関する結果の要約」。

図 21-3　世帯主の年齢階級別家計資産構成（総世帯）

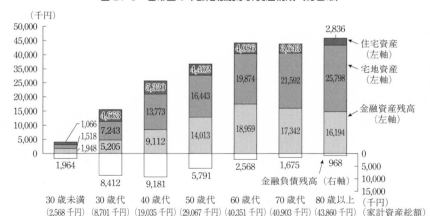

（出所）　図21-2に同じ。

　また，ある時点での世代内の資産格差は，高齢者世代が死亡すると，遺産となってその家計の次の世代に引き継がれる。すなわち，次の世代の間で，遺産をもらうことができた世帯とそうでない世帯の間で資産格差が生まれるのであ

る。

相続税の改革と
世代間資産移転

それを受け，第1に，ある時点での世代間の資産格差を解消するため，先世代から後世代への資産の移転を促進する税制改革がなされた。世代間の資産移転には生前贈与と死亡時の遺産相続があるが，税制上は同じ資産額を移転しても，生前贈与の贈与税のほうが相続税よりも税率が高くなっている。これにより，前世代の死亡時期まで資産移転が延期されがちになるため，親世代が子ども世代へ結婚・子育てや居住用資産の購入のために贈与した資金のほか，孫の教育資金として贈与した資金は軽課税となるような税法上の恩典措置が実施された。

第2に，先世代からの遺産相続の有無による後世代の間での資産格差を緩和するための税制改革も行われた。そこでは，相続税の課税対象となる資産額を算出する際に適用される基礎控除額を引き下げるなどして，より課税の範囲を拡大し，相続税の課税対象が拡大される措置がとられている。

要　約

□　資産に関連する課税としては，資産から生じる所得（インカム・ゲイン）に対する課税，資産の値上がり益（キャピタル・ゲイン）に対する課税，資産保有そのものに対する課税，資産の移転に対する課税が挙げられる。前2者は所得税として課税されている。資産保有課税には固定資産税，資産の移転の課税には相続・贈与税が挙げられる。

□　資産に対して所得税以外に独立して課税を行う必要性としては，所得課税では未実現のキャピタル・ゲインには課税されないなど，所得の定義に対して完全でないため，その補完的役割としての役割を担っていること，労働所得に対して変動が少ないなどのアドバンテージがあること，そして相続や贈与を通じた資産の移転に課税し個人間の公平性を保とうとすること，が挙げられる。

□　資産課税の対象となる資産の間では，金融資産と不動産の間で課税価格の算定上，必ずしも完全なる公平性が保たれていない例がある。このため，家計の資産選択において，歪みが生じている可能性がある。

□　日本における資産の配分は，資産額が少ない世帯に分布が偏っている。この1つの原因として，世代間の資産格差が大きいことも挙げられる。相続・贈与税の改正を通じて世代間の資産移転を適正化する施策も行われている。

確 認 問 題 ━━━━━━━━━━━━━━━━━━━━━━━━━━━━━━━━●━●━◯

□ *Check 1*　1年で倍に値上がりする資産に対し，値上がり益の10%の課税を行うとした場合，未実現のキャピタル・ゲインにも課税するケースと売却によりキャピタルゲインを得られた時点でのみ課税されるケースとを比較し，資産売却を先延ばしにするほうが有利となることを調べてみなさい。

□ *Check 2*　相続税に対する課税が強化された場合，子どもの世代の経済状況を配慮して遺産額を決めている親にどのような影響を及ぼすか，考えなさい。

□ *Check 3*　A市で初年度に市債発行（借入）を行って固定資産税の減税を行い，3年後の市債償還時にその分の増税を行うものとした。A市の住民は2年目にB市に転居することで償還のための負担を免れうるであろうか，考えなさい。ただし，A，B市の市民となるためには土地を購入する必要があるものとする。

□ *Check 4*　上の例で，土地を購入せずともB市に転出できるとした場合はどうか，考えなさい。

□ *Check 5*　さらにA，B市ともに土地を所有せず賃貸住宅に居住していた場合はどうか，考えなさい。

◯━●━●━━

第 6 章

政府支出と社会保障

▶日本年金機構が郵送している「ねんきん定期便」の電子版（イメージ画像）。基礎年金番号や保険料納付額などの個人情報が記載されている（出所：日本年金機構ホームページ）

この章の位置づけ

　本章では，主に社会保障を通じた財政の役割について学習する。ここでは社会保障のうち，とくに公的年金，医療・介護，子育て・教育，生活保護と公的扶助について取り上げる。財政学において，社会保障を学習する理由は2つある。1つは，unit 1 などで学習したように，政府の基本的な機能に所得再分配が含まれ，社会保障はその中心的役割を果たしているからである。そして，もう1つは，政府の支出に占める社会保障の比率が近年増大しているからである。このように社会保障は財政のなかで質的にも量的にも大きな地位を占めている。

　初学者や時間に制約のある読者は，はじめに unit 22 を学習し，社会保障の基本的役割について理解することが望ましい。次いで，社会保障の応用的かつ最近注目を集めているテーマとして，unit 23, 24, 25 のなかから選んで学習するとよいだろう。

公 的 年 金

財政のなかに占める社会保障

第6章では，社会保障制度について考えていく。財政学において，社会保障の問題を考える理由として，2つが挙げられる。第1に，憲法第25条により，「すべての生活部面について，社会福祉，社会保障及び公衆衛生の向上及び増進に努めなければならない」ことが定められている。したがって，社会保障の提供は，政府の根幹的な責務のうちの1つであるといえる。また，unit 1でも示したように，社会保障によって提供される所得再分配は財政の3大機能の1つであるからである。そして第2に，同じくunit 2で見たとおり，社会保障関係費は政府の支出のなかできわめて大きな比重を占めているためである。

公的年金の制度と内容

本unitでは，まず社会保障のうちの公的年金について，その役割と経済に与える影響を学ぶ。はじめに，公的年金の制度とその内容について概観し，次に公的年金の資金を管理する2つの代表的な方式である積立方式と賦課方式について学習する。これにもとづいて，公的年金制度が経済に及ぼす影響を主に資本蓄積と労働供給の観点から考える。

図22-1は社会保障給付費の内訳を示している。社会保障には大きく分けて，年金，医療，介護，子ども・子育て，その他福祉給付（生活保護など）が含まれる。これを見ると，年金のための給付は社会保障給付費の半分近くを占める非常に大きな項目であることがわかる。

この社会保障の中心となる年金とは，ある年齢に達した時点で老後の生活のための資金を給付していく仕組みである。年金は運営主体別に国などの公共部

図22-1 社会保障給付費の内訳

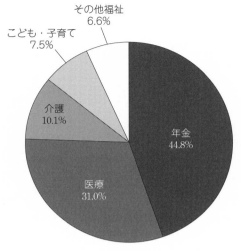

その他福祉
6.6%

こども・子育て
7.5%

介護
10.1%

年金
44.8%

医療
31.0%

(注) 2023年度の費用総額134兆3000億円の内訳。
(出所) 厚生労働省「社会保障の給付と負担の現状
（2023年度予算ベース）」より作成。

門が行う**公的年金**，民間の保険会社によって運営される**私的年金**に分けられる。

また，年金の給付期間別には，たとえば65歳から10年間など，一定期間だけ年金の給付が行われる**定期年金**と，契約者が生存している限り年金の給付が続く**終身年金**に分けられる。日本の公的年金は，国が社会保障の政策的見地から行う終身年金である。

公的年金の仕組みには，**図22-2**に示すように，職業に関わりなく国民共通に給付される**国民年金**（基礎年金）部分と，職業別に給与など（報酬額）に比例して掛け金と給付額が定まる報酬比例部分が存在する。職業別に見ると自営業者は第1号被保険者，給与所得者は第2号被保険者，そしていわゆる専業主婦（夫）などの給与所得者の妻（夫）は第3号被保険者に分類されている。公的年金の種類には受給できる年齢（原則として65歳）に達したことを要件に給付される老齢年金，身体に障害を負った場合に給付される障害年金，加入者が死亡したときに一定の要件を満たした遺族が受給できる遺族年金がある。本unitでは，このうち老齢年金を中心に見ていくこととする。

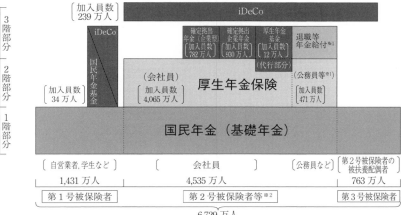

図 22-2　公的年金制度の概要

㉒
公
的
年
金

23
24
25

(注) 1)　数値は 2022 年 3 月末。一番濃いアミ部分は任意加入。被用者年金制度の一元化に伴い，2015（平成 27）年 10 月 1 日から公務員および私学教職員も厚生年金に加入。また，共済年金の職域加算部分は廃止され，新たに退職等年金給付が創設。ただし，2015 年 9 月 30 日までの共済年金に加入していた期間分については，2015 年 10 月以後においても，加入期間に応じた職域加算部分を支給。
　　　2)　第 2 号被保険者等とは，厚生年金被保険者のことをいう（第 2 号被保険者のほか，65 歳以上で老齢，または，退職を支給事由とする年金給付の受給権を有する者を含む）。
(出所)　厚生労働省 年金局「年金制度基礎資料集（2023 年 10 月）」より作成。

　このほか，2001 年 10 月からアメリカの 401k プランをもとにした**確定拠出年金制度**が日本でも導入されている。さらに最近 iDeCo, NISA といった個人の貯蓄支援制度が導入されている。これらの制度は任意加入の私的な貯蓄であるが，一定限度の拠出金を税法にもとづいて所得控除することが認められており，老後の資産形成のための自助努力を公的に支援する仕組みとなっている。

▣ 公的年金の存在理由

　年金は，退職後の老後生活を経済面で支える手段である。政府が，この年金を公的年金として提供する理由として，以下の 3 つが挙げられる。
　第 1 に，個人がライフサイクル・モデルに従って合理的に若年期に貯蓄を行えば，公的年金制度がなくとも，とくに問題にはならないが，寿命に不確実性が存在する場合には，個人貯蓄という手段よりも（社会）保険という制度をと

ることによって，効率的に老後の生活に備えられるからである。

　第2に，個人のなかに若年期から遠い老後の生活に対する配慮ができず，目先の生活のことだけしか考えられない者（これを経済学では，近視眼者と呼ぶ）が存在する場合に，政府がその個人の労働所得のなかから，いわば老後のための強制的な貯蓄として年金保険料を徴収し，公的年金制度に加入させることが考えられる。これをパターナリズム（父権主義・温情主義）という。

　第3に，すべての個人が合理的に民間の年金制度に加入したとしても，年金の契約は生涯にわたるため，40年以上の長期間の記録や資金の管理が必要である。そこで，民間の金融機関が未成熟な場合には，公的年金として政府が年金制度を実施することが考えられる。

🔲 公的年金の財政運営

年金給付の財源　　公的年金の給付の費用は，基礎年金（国民年金）給付費用の2分の1が国庫負担とされている以外は，原則として加入者が勤労している時期に納付される年金保険料で賄われており，この保険料は，加入者が退職して給付が始まるまで，積立金として管理・運用されている。

公的年金の財政方式　　公的年金制度は今後の高齢化の進行にもとづく支払いの増加によって財政が行き詰まり，その運営が持続できないのではないかと危惧されている。この点を理解するためには，公的年金の財政運営制度を知っておく必要がある。

　①　**積立方式**　　この方式は，若年期に払い込まれた掛け金が積立・運用され，その基金が老年期の給付に充当される仕組みである。このため，ある世代が払い込んだ掛け金は他の世代の年金給付に充当されることはなく，世代間の資金移転は発生しない。このため，もし高齢化が進んで次の若年世代が減少しても，当該世代内で年金を完結させることが可能である。

　②　**賦課方式**　　この方式は，ある年度に払い込まれた掛け金がその年の老年退職世代の年金給付にそのまま充当される仕組みである。逆にいうと，ある年度の老年世代の給付に必要な資金は，その年度の若年世代に賦課する方式である。ここでは，世代間の資金移転が発生する。この方式のもとでは，ある世代が老年期に年金給付を受けるための資金は次の世代の掛け金が充当され，少

子高齢化による受給世代の増加にもかかわらず，掛け金を支払う次の世代が増加しない場合には，給付が行き詰まることとなる。

　日本の公的年金制度は戦前の恩給制度に始まり，いくつかの制度変更を経て現在に至っている。公的年金は当初は積立方式として発足したが，石油ショック時点に大きなインフレーションを受けて年金給付額を大幅に改定して以降，積立方式から外れ，将来の給付に完全に必要な積立金満額を保有するわけではない**修正積立方式**と呼ばれる制度になった。完全な積立金をもたないということは，給付のために世代間の資金移転が発生することを意味する。そして徐々に，次世代から前世代への掛け金の移転が増加し，事実上，制度は賦課方式へとシフトしていった。

　前述のとおり，少子高齢化が進行し，受給する高齢退職世代が増加し，掛け金を払い込む若年現役世代が減少することになれば，賦課方式の問題点はますます大きくなる。日本では今後，大幅な高齢化が予想されているため，このままの運営では問題が増大することが明らかである。仮に，インフレ率に大きな変動が起こらないとすれば，可能であるならば直ちに積立方式に復帰することで高齢化の影響を避けることができると考えられるが，将来の年金給付のために必要とされる積立基金の不足額は，数百兆円以上になると指摘されている。このため，年金改革は困難をきわめている。

🔲 公的年金改革とその問題点

　公的年金は5年おきに財政再検証を行い，制度の修正が行われている。これは5年ごとに行われる国勢調査の結果により，将来人口推計が改定されることにもとづいている。この大規模な改正は2004（平成16）年改正に始まった。2004年改正では通称「100年年金」と呼ばれる抜本的な制度改正が行われた。第1に，この改正では今後，毎年引き上げられる保険料とその最高限度を法律で明記している。保険料を法律で明記したことで，保険料を予定している以上に引き上げるためには，国会での議決が必要となることになる。第2に，基礎年金の国庫負担割合を従来の3分の1から2分の1に増やし，加入者の保険料負担をこれ以上引き上げなくてもすむようにしている。第3に，現存する年金積立金については，100年後に支出の1年分に相当する額を残し，それまでの間に，その運用収入および元本を年金給付に充当することとしている。そして，

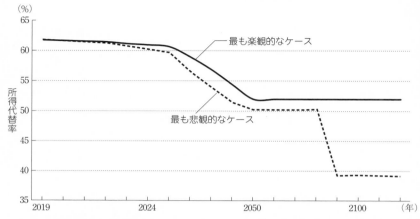

図22-3　厚生年金の財政見通し

（出所）　厚生労働省「国民年金及び厚生年金に係る財政の現況及び見通し（詳細結果）：令和元年財政検証詳細結果（財政見通し等）」より作成。

　公的年金の給付の現役世代の所得に対する割合（**所得代替率**）について，**図22-3** の最も悲観的なケースに示すように，給付の下限を現役世代の所得の50%としている。

　この公的年金改革により，政府は今後100年間の公的年金制度の持続性を強調している。これが通称「100年年金」と呼ばれる理由である。ここで，この改革案の問題点について検討してみよう。まず，国庫負担の引上げにより保険料の引上げを抑制し，上限を法定しているとしている点であるが，国庫負担は租税によって賄われていることを考えれば，保険料＋租税負担の総額のレベルでは国民の実質的な負担が軽減されているとはいえない。次に，積立金の取り崩しにより，日本の公的年金は名実ともに賦課方式へシフトしたといえる。この点について改革プランでは100年後以降の資金計画は明らかでないうえに，少子化がなおいっそう進行した場合には100年経過する前に資金不足が生じるという問題点も残されている。さらに次の項で述べるように，賦課方式に移行することで資本蓄積に及ぼすネガティブな効果も存在する。

🔲 公的年金制度の経済効果

　以下では，公的年金が存在することによって生じている経済的な影響を考え

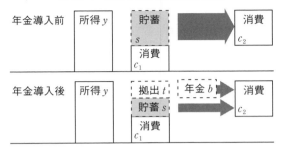

図22-4　公的年金の導入と個人貯蓄

よう。

資本蓄積に及ぼす効果　　はじめに，公的年金の存在が資本蓄積に及ぼす効果を検討する。資本蓄積が投資によって増強されるとすれば，その投資の源泉となる貯蓄に対する公的年金の影響を把握しなければならない。**図22-4**に示すように，公的年金がない場合には，人々は若年期に自己の所得 y から老後の消費 c_2 のための個人貯蓄 s を行い，自助努力で老後の準備をすると考えられる。しかし，公的年金制度が導入され，若年期に t の保険料を拠出することで老後に公的年金 b を給付されることとなれば，その分だけ自己の貯蓄 s を減らしてもよくなる。

　ここで，個人にとってみれば，政府に拠出した保険料が積立方式で運用されているか賦課方式で運用されているかは問題ではない。拠出 t に対して退職後の高齢期にどの程度の年金 b が得られるかだけが問題である。したがって，どちらの方式であったとしても，個人貯蓄 s は減少することになる。このとき，社会全体で見るならば，積立方式であれば，政府部門の積立金が発生して s の減少分を相殺するため，両者を合わせた社会全体の貯蓄の減少は大きくはない。それに対して，賦課方式の場合は，拠出された保険料は積み立てられず，その時点における高齢者の年金給付に充当される。このため，政府レベルでの積立金は発生せず，個人レベルで減少した貯蓄 s は回復されないこととなる。以上のことは**表22-1**にまとめられている。

　さらに，もし公的年金の収益率 r が一般の金融市場で運用された場合の収益率（これを**保険数理的に公平**という）の水準以上であり，老後により多くの年金受給が期待できるのであれば，老後のための自助努力分はさらに減らしてもよ

265

表 22-1　公的年金の財政方式と資本蓄積の比較

	A.　個人の貯蓄	B.　政府部門の貯蓄	C.　社会全体の資本蓄積への影響（＝A＋B）
積立方式	（−）	（＋）	（≒±0）
賦課方式	（−）	（0）	（−）

いこととなる。したがって，賦課方式の程度が大きいほど，そして年金の収益率が公平な水準を超えれば超えるほど，資本蓄積を阻害する程度は大きいことになる。ただし，現在世代が将来世代負担を長期的視野で考慮するならば，賦課方式による資本蓄積の減少は限定的なものとなる。

労働供給に及ぼす効果　次に，資本蓄積と並んでもう 1 つの重要な生産要素である労働供給についても検討する。若年期に拠出される保険料が労働所得に対して一定割合を掛けることによって徴収されることで，労働所得課税の場合と同様に，実質賃金を引き下げることになる。

　ここで保険料として徴収された資金が老後の年金給付に反映されてその個人に戻ってくるとしても，期待される年金額が上に挙げた保険数理的に公平な水準より低い場合は，この保険料はその個人にとって負担となりうる。また，資本市場が完全であれば老後に給付される年金を担保として若年期に借入ができるが，実際には必ずしも可能ではないため，保険料分だけ若年期の消費を切りつめる必要が生じてしまい，保険料が負担になりうる。このとき，年金保険料が労働所得に応じて課されている場合には，年金保険料は労働所得課税と同様に労働供給への阻害効果をもつことになる。そして，もし所得効果よりも代替効果のほうが大きい場合には，労働と余暇の間の選択に影響を及ぼし，死荷重損失が発生する。この効果は，若年世代の労働供給に及ぼす年金保険料の影響である。

　しかし，公的年金制度が労働供給に及ぼす影響は，年金を受給する側の高齢世代にも及ぶ可能性がある。働いていた個人が高齢期に達して年金を受給できる年代になったとき，労働供給をやめて退職し，年金を受給したほうが個人にとって有利であると判断されれば，まだ十分に働く能力があっても退職が選択されることになる。高齢者の労働供給の意思決定要因を実証分析したいくつか

の研究で，この**誘発された退職**の効果の存在が指摘されている。

　上記では，年金をもらい始める世代の労働供給に対する影響を考えたが，さらに，すでに年金を受給している世代の労働供給に対する影響も指摘できる。年金を受給している個人が就業による報酬と受給している年金の合計額が一定限度を超えると，受給する年金が減額される**在職老齢年金**の制度が存在する。すなわち，個人にとっては労働の報酬が増加すると，年金が減額されるため，賃金の増加分に対して課税がなされて，総収入が労働収入の増加分ほど増加しないのと同じ状況に至る。したがってこの在職老齢年金の制度により，高齢者の実質賃金が減少し，労働供給が阻害される効果が生じる可能性がある。

要　約

□　社会保障の一環として，若年勤労期に保険料を徴収し，高齢退職期にルールに従って資金を給付する国の社会保険制度を公的年金という。国民皆保険制度に従って，国民は必ずどこかの公的年金制度に加入することとなっている。

□　公的年金の財政運営には，ある世代の若年期の保険料がその世代の高齢期の年金給付に充当される積立方式と，ある時点の高齢世代の年金給付資金をその時点の若年世代の保険料で賄う賦課方式が存在する。高齢化が進行して若年世代が減少すると賦課方式は資金不足に直面する。

□　年金改革を評価するためには，年金保険料のほかに国庫負担などの租税を通じた負担や，積立金の取り崩しを通じた資本蓄積の影響，制度の長期的な持続性などの観点から検討することが必要である。

□　公的年金制度の導入により，国民はその分だけ老後のための個人貯蓄を減少させる行動をとる。このとき，積立方式であれば徴収した保険料は政府の貯蓄となるので，個人＋政府の社会全体の資本蓄積への阻害は比較的小さい。しかし，賦課方式では政府貯蓄が存在しないため，社会全体の資本蓄積にマイナスの影響を及ぼす。

確　認　問　題

次の文章を読み正しければ○，誤っていれば×をつけなさい。

□　*Check 1*　公的年金は国民共通に適用される国民年金（基礎年金）の部分のみをさし，職業別に給与（報酬額）によって受給金額が変わる報酬比例部分は私的年金に該当する。

☐ *Check 2* 積立方式であれ賦課方式であれ，公的年金が導入されたことにより，国民は老後に備えるための自助努力による個人貯蓄を減少させると考えられる。

☐ *Check 3* 将来の公的年金の資金不足を解消するため，公的年金の収入源として，保険料収入のほかにも国庫負担分を増加させることで，公的年金加入者の負担を軽減することができる。

☐ *Check 4* 老年期に公的年金が受給できることで，退職が誘発されて労働供給が減少する場合には，在職老齢年金制度によって賃金収入に応じて年金受給を減らせば，労働供給を増やす効果がある。

医療・介護

本 unit では，医療・介護保険制度について学習する。日本の人口高齢化が進むにしたがって，医療・介護保険制度の役割と政府支出に占める比率は，公的年金制度と並んで大きなものとなっている（**図 22-1**，260 頁）。ここでは，医療保険制度の概要を学んだ後に，医療・介護の分野に政府が介入するべき理由と，それがもたらす資源配分上の問題点を学ぶ。

▣ 日本の医療保険制度

日本の医療保険制度　　現在，日本では医療機関で診療を受けた場合に，**健康保険制度**によって認められた治療の内容であり，かつ患者が公的な医療保険制度に加入しているときには，その費用の一定割合が医療保険制度から**診療報酬**という形で，医療機関に給付される仕組みになっている。すなわち，患者は医療のために要した費用を全額自己負担することなく，一部負担で治療（医療サービス）を受けることが可能である。

医療サービスとその費用の支払いの流れは，**図 23-1** に示されている。はじめに，医療保険加入者がけがや病気のために医療機関を受診し，医療サービスを受けると，その費用のうち多くのケースで 3 割程度を自己負担として支払うこととなる。次に，医療機関は提供した医療サービスの内容についてレセプトと呼ばれる診療報酬明細書を作成して，保険者に請求する。この請求にもとづいて，本人の負担以外の医療費が医療機関に支払われる。なお，この支払いの手続きは社会保険診療報酬支払基金によって行われている。

図 23-2 にはこれまでの医療費の伸びが示されている。対 GDP 比率を見ると国民経済の伸びよりも医療費の伸びのほうが大きいことがわかる。

図 23-1　日本の医療提供体制

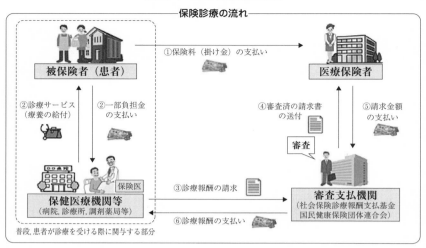

（出所）　厚生労働省「我が国の医療保険について」より作成。

図 23-2　国民医療費と対国内総生産比率の年次推移

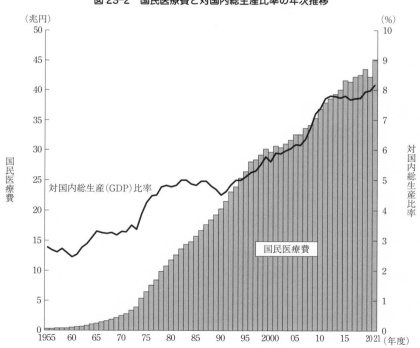

（出所）　厚生労働省「令和3年度 国民医療費の概況」より作成。

表 23-1　医療保険制度の一覧

制　　度			被保険者	保険者	給付事由
医療保険	健康保険	一　般	健康保険の適用事業所で働くオフィスワーカー（民間会社の勤労者）	全国健康保険協会,健康保険組合	業務外の病気・けが，出産,死亡（船保は職務上の場合を含む）
		健康保険法第3条2項の規定による被保険者	健康保険の適用事業所に臨時に使用される人や季節的事業に従事する人等（一定期間を超えて使用される人を除く）	全国健康保険協会	
	船員保険（疾病部門）		船員として船舶所有者に使用される人	政府（全国健康保険協会）	
	共済組合（短期給付）		国家公務員，地方公務員，私学の教職員	各種共済組合	病気・けが，出産,死亡
	国民健康保険		健康保険・船員保険・共済組合等に加入している勤労者以外の一般住民	市（区）町村	
退職者医療	国民健康保険		厚生年金保険など被用者年金に一定期間加入し，老齢年金給付を受けている65歳未満等の人	市（区）町村	病気・けが
高齢者医療	長寿医療制度（後期高齢者医療制度）		75歳以上の人および65歳～74歳で一定の障害の状態にあることにつき後期高齢者医療広域連合の認定を受けた人	後期高齢者医療広域連合	病気・けが

（出所）　厚生労働省資料より作成。

年齢，職業別の医療保険制度

　国民はその年齢，職業などに応じて何らかの公的な医療保険制度に加入できるようになっている。**表 23-1** に示すように，民間企業の給与所得者とその家族を対象とした公的な医療保険制度としては，従業員数が一定規模以上の企業の健康保険組合によって運営される組合管掌健康保険と，それ以外を対象とする政府管掌健康保険が挙げられる。次に，特定の職業を対象とする公的な医療保険として，船員保険，公務員・私立学校の教職員を対象とした共済組合（短期給付）が存在する。さらに，これら給与所得者以外の農業者や自営業者とその家族を対象とした地域別の保険としては**国民健康保険**が用意されている。また，かつて給与所得者が加入する保険に加入していた人のうち，一定年齢以下の退職者も国民健康保険でカバーされている。最後に，原則として75歳以上の高齢者を対象とした後期高齢者医療制度によって給付がなされている。

医療保険制度の歴史

　医療保険の歴史は古く，1922（大正11）年の健康保険法制定にまでさかのぼることができる。その後，健康

保険制度の適用の対象となる事業所の範囲は順次拡大され，厚生省（当時）が設置された1938（昭和13）年には国民健康保険法も制定され，任意の保険として地域保険も整備された。第二次世界大戦を挟んで，公的な医療保険の適用範囲はさらに拡大され，法的な整備と給付の改定が進められた結果，1961（昭和36）年には**国民皆保険**が実現した。

　このような形で公的な医療保険制度の基礎が整備されたことは，日本の医療政策のうえで評価に値する。その後，1973年には老人医療費の無料化，被扶養家族に対する給付率の引上げ，高額療養費制度による自己負担の軽減などが実施され，公的な医療保険制度は充実していくこととなった。しかし，皆保険が実現した後，受診率の増加，医療技術の進歩による医療費の上昇，高齢者の増加による治療単価の増加などの要因により，医療保険財政は支出の増大が顕著になった。このため，最近の医療保険制度改革では，自己負担の増加，診療報酬の抑制的な改定，高齢者医療制度の改革などが行われている。

　このうち，市町村単位で行われている国民健康保険制度については，加入者に高齢者が多い一方で，所得水準の低さによる保険料収入の減少などの問題点を解決するため，財政運営の都道府県単位への拡大や，財政基盤支援のための国の負担を恒久化するなどの措置がとられることになった。

🔲 日本の介護保険制度

　医療保険は，若年者や子どもまでを含むすべての国民の「けがや病気」の費用を保険の給付で賄うものであった。しかし，日本では高齢化が進行していくなかで，けがや病気のための治療とは別に，寝たきりや認知症の高齢者に対し，介護ケアを必要とするケースが増加してきた。2000年以前では，家族が自らの負担によって自宅で寝たきりの高齢者の日常生活の世話を行ったり，地方自治体の福祉制度や従来の医療保険制度を用いたりして対応してきた。しかし，核家族化の進行により家族ケアの限界も顕在化してきた。また，福祉制度の場合，福祉措置として行政の側の判断にもとづいてサービスが提供されるため，利用者本人の意向がサービスに柔軟に反映されにくいなどの問題も残されていた。そこで，介護のための抜本的な社会保険制度が必要とされ，2000年に**公的介護保険制度**が始まった（制度の概要は**図23-3**参照）。

　この公的介護保険に加入する被保険者は，65歳以上の高齢者（第1号被保険

図 23-3　介護保険サービスの概要

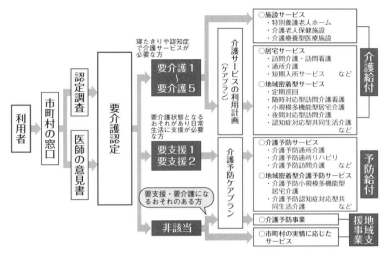

（出所）　厚生労働省「公的介護保険制度の現状と今後の役割（平成 26 年）」より作成。

者）と，40 歳から 64 歳までの医療保険に加入している者（第 2 号被保険者）である。この被保険者が 日常生活で介護を必要とする状態になった場合（40 歳から 64 歳は，その原因が加齢による場合）に，原則として 1 割の自己負担を行うことで，介護サービスを提供する民間を含む事業者から，事前に認定された要介護度などの本人の状況に応じて必要なサービスを受けることができる。この介護保険は市町村を単位として運営されており，被保険者の状況，地域の実情をふまえてサービスや保険料をある程度独自に設定できるようになっている。

　介護保険制度は，2000 年に導入された後，2006 年には低所得者に対する保険料の配慮や，要介護状態になった後の介護給付から，要介護状態にならないための事前の予防給付にも重点をおくなどの改正が行われている。

🔲 医療・介護に対する政府の関与の理由

　ここでは，医療サービスや介護サービスに対し，公共部門が社会保険を提供することなどを通じて関与する理由について考える。

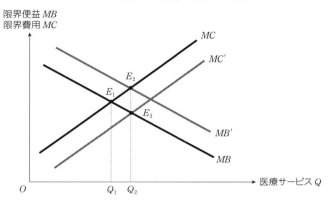

図 23-4 医療の外部性が存在する場合

**公的に医療保険が
提供される理由**

政府によって公的な医療保険が設立され，提供されている理由としては，以下の 3 点が挙げられる。第 1 に，憲法第 25 条に生存権が定めてあるとおり，医療という国民の生命に直接関わるサービスは，政府が責任をもって利用できるように整備すべきであるという考え方である。この考え方は個々人が必要なサービスを市場において，限界便益と限界費用が等しい水準まで購入すればよいという考え方とは異なる考え方である。このように，はじめから公的な主体が供給すべきであるという判断のもとに供給される財は**価値財**と呼ばれる。しかし，公的な主体が供給すべき財やサービスの内容は個人や時代によって異なるため，必ずしもこの考え方だけで，すべての公共サービスの供給や公共部門の関与が正当化されるとは限らない。

第 2 に，医療の需要が個人の判断にもとづいて決定できる場合でも，個人の便益と社会全体の便益に乖離が生じ，下記のように外部性が存在する場合には，社会的には個人の判断以上に医療が需要・供給されるべきというケースが存在する。たとえば，感染症のようなケースであれば，社会集団が協調して感染予防を行ったり，大規模な流行前に各個人が早めに受診したりすることで，それ以上の感染が防げるなど個人の便益以上に社会的な便益が存在する。このような外部効果は公衆衛生においても同様に発生する。

図 23-4 はこのことを示したものである。個人は治療による限界便益 MB と自己が直面する限界費用 MC の交点 E_1 に対応する Q_1 だけの医療を需要する。

しかし，早期の治療により感染症の拡大を予防できるなど，この個人以外の人々を含めた社会全体の便益を考慮すれば，限界便益は MB よりも高い MB' で表される。この場合，医療の需要は新しい交点 E_2 に対応した Q_2 となる。ところが，実際には個人が意識する限界便益は MB であるため，公的医療保険により個人の直面する限界費用曲線を MC' にシフトさせることで，社会的に望ましい水準 Q_2 まで医療の需要を増加させることが意図される。2019年から世界的に流行した新型コロナウイルスでは，政府が2024年3月まで無償でワクチンを供給したことがこの事例に当てはまる。

第3に，財政の3大機能の1つである所得再分配政策としての医療保険が存在する。所得が低い，または高額な治療費が必要となるけがや疾病などにより，医療費を全額支払うことができないような個人に対し，公的医療保険は医療給付によってその個人の自己負担を軽減して，事後的に所得の再分配を行う役割を果たしている。

医療の供給に関する公的関与　このほか，公的医療保険によって需要者を補助するのではなく，公立病院や国立大学による医療従事者の養成など，公共部門が医療サービスの供給面に強く関与しているケースも多い。この理由としては，以下の3点が挙げられる。

第1に，医療は一定以上の技術を必要とするサービスであるから，立ち上げ時点では，医療従事者等人材の確保などの面で民間の水準が十分でない場合がある。このことは，とくに発展途上国などで問題となるケースである。

第2に，入院施設，診療機器などの施設の整備の面で医療機関は初期時点の投資が必要であり，固定費用が小さくないという特徴をもっている。このように，医療サービスが費用逓減産業であれば，公共部門による供給への関与も必要となってくる。

第3に，サービス産業に特有な問題として，生産物を貯蔵・運搬しにくいという特徴が挙げられる。このため，供給側としてはコンスタントな医療サービスの需要が必要となり，医療機関が人口の多い地域に偏在してしまうという形で市場の失敗の問題も生じる。したがって，公共部門は地方に公立の医療機関を設置し，医療サービス供給の地域的偏在を避けるという役割を果たしている。

**介護サービスにおける
公的関与**

次に，介護サービスの提供において公的に関与がなされる理由について考える。はじめに，少子高齢化が進行することで，これまで家庭内で行われてきた高齢者に対する介護が限界を迎えたということが挙げられる。また，自分の親が要介護状態となるかどうかは個人のコントロールできる範囲を超えたリスクであるため，社会的にリスクをシェアする必要性がある。次に，公的介護保険制度を使って介護を事業者に依頼できることで，これまで家庭内で介護をしてきた主に女性が市場で労働供給を行えるメリットが挙げられる。

　さらに，かつて医学的見地からは入院をする必要がないにもかかわらず，家庭で家族が十分に介護をすることができないために，医療機関への長期にわたる高齢者の入院（**社会的入院**）が見られたという指摘がある。この場合は，医療施設ならびに医療従事者といった医療の社会的資源が本来の医学的治療のための入院目的以外に投入されることで，本来必要としている人々への医療サービスが低下するという非効率な状況が発生することになる。また，身体の状況が同程度である高齢者の家族のうち，社会的入院ができたケースではその費用の一部には公費があてられ，その家族は就業し収入を得ることができるのに対し，社会的入院ができなかった高齢者の家族は，自費で高齢者をケアし，労働供給から得られる収入も制約されるという不公平な状況が発生することになる。したがって，公的介護保険により医学的に入院治療が必要な高齢者とそうでない高齢者を区分し，介護が必要な高齢者にはそれにふさわしい在宅介護サービスを共通のルールのもとに利用できるようにすることで，効率性も公平性も改善できることになる。

医療・介護分野における保険制度の問題点

　医療・介護における公的な保険制度の整備は，国民の健康水準を改善し，寝たきりの高齢者を介護する家族の負担を社会的に軽減する役割を果たしてきた。しかし同時に，いくつかの解決すべき問題点も発生している。以下ではこれらの問題点について見ることとする。

医療・介護給付費の増大

はじめに，医療・介護を含む社会保障費の問題点を検討する。**表23-2** は厚生労働省が 2018 年 5 月に公表した，今後の社会保障費に関する推計である。高齢化の進行に伴って，年金，医

表 23-2　社会保障費の将来推計

(単位：兆円，%)

	2018 年度	（対 GDP 比）	2025 年度	（対 GDP 比）	2040 年度	（対 GDP 比）
給付額（現状投影）			140.4〜140.8	21.7〜21.8	188.5〜190.3	23.8〜24.1
（計画ベース）	121.3	21.5	140.2〜140.6	21.7〜21.8	188.2〜190.0	23.8〜24.0
年金	56.7	10.1	59.9	9.3	73.2	9.3
医療（現状投影）	39.2	7.0	① 48.7	① 7.5	① 68.3	① 8.6
（計画ベース）			② 48.3	② 7.5	② 70.1	② 8.9
			① 47.8	① 7.4	① 66.7	① 8.4
			② 47.4	② 7.3	② 68.5	② 8.7
介護（現状投影）	10.7	1.9	14.6	2.3	24.6	3.1
（計画ベース）			15.3	2.4	25.8	3.3
子ども・子育て	7.9	1.4	10.0	1.5	13.1	1.7
その他	6.7	1.2	7.7	1.2	9.4	1.2
負担額（現状投影）	117.2	20.8	139.2〜139.6	21.6〜21.6	185.9〜187.7	23.5〜23.7
（計画ベース）			139.0〜139.4	21.5〜21.6	185.5〜187.3	23.5〜23.7
年金	52.6	9.3	58.7	9.1	70.6	8.9
医療（現状投影）	39.2	7.0	① 48.7	① 7.5	① 68.3	① 8.6
（計画ベース）			② 48.3	② 7.5	② 70.1	② 8.9
			① 47.8	① 7.4	① 66.7	① 8.4
			② 47.4	② 7.3	② 68.5	② 8.7
介護（現状投影）	10.7	1.9	14.6	2.3	24.6	3.1
（計画ベース）			15.3	2.4	25.8	3.3
子ども・子育て	7.9	1.4	10.0	1.5	13.1	1.7
その他	6.7	1.2	7.7	1.2	9.4	1.2
（参考）GDP	564.3		645.6		790.6	

（注）　医療は，単価の伸び率の前提に応じて，①および②と表示している。
（出所）　内閣官房・内閣府・財務省・厚生労働省「2040 年を見据えた社会保障の将来見通し（議論の素材）」14 頁。

療，介護の各費用が増大していくことが見られる。しかし，同じ 2018 年度から 2025 年度への高齢化のもとで，年金の給付費は約 57 兆円から約 73 兆円へと，1.29 倍程度しか増加しないのに対して，医療の給付費は 39.2 兆円から 68.3 兆円へと 1.74 倍程度に増加し，介護も 10.7 兆円から 24.6 兆円へと 2.3 倍に大きく増加している。これは，年金の場合は政府の側で給付額の制度設計をすることができるのに対し，医療と介護は政府の側でサービスの需給を思うと

表 23-3　年齢階級・性別 1 人当たり医療費

(単位：千円)

年齢階級	男　性	女　性
	人口 1 人当たり 国民医療費	人口 1 人当たり 国民医療費
総　数	360.0	357.8
65 歳未満	198.7	198.5
0〜14 歳	175.7	150.8
15〜44 歳	117.5	149.8
45〜64 歳	306.3	275.0
65 歳以上	824.7	699.6
70 歳以上	906.7	764.9
75 歳以上	1019.3	861.4

（出所）　厚生労働省「令和 3 年度 国民医療費の概況」より
作成。

おりにコントロールできないという理由にもよっている。

医療費増大の要因　　そこで，以下では医療費が増加する要因について考え
てみたい。医療費増大の理由としては，大きく分けて
個々の需要・供給者を超えたマクロ的要因と個々の需要・供給者の行動に依存
するミクロ的な要因の 2 つが挙げられる。

はじめにマクロ的要因を考えるが，第 1 に高齢化により医療費単価の高い高
齢者が増大することが挙げられる。**表 23-3** を見ると，高齢者ほど 1 人当たり
の医療費が高いことがわかる。次に，経済成長によって国民所得が増大し，そ
れにつれて医療に対する需要が増大したことが挙げられる。さらに，疾病の程
度が同じであったとしても，医療の技術進歩によって，より高度な治療が行わ
れることで，治療にかかる費用が増加することも指摘できる。

一方，個々の需要・供給者のミクロ的な要因としては，医療保険によって需
要者が直面する限界費用が低下することで，医療に対する過剰需要が発生して
しまうことが挙げられる。**図 23-5** はこのことによってもたらされる資源配分
の歪みを示している。簡単化のために医療サービス供給の限界費用は一定であ
るとし，274 頁の**図 23-4** に示されたような医療による外部性がないものとす
る。当初，医療保険がない場合の価格 P_0 での市場での医療サービスの需給は
E_0 に対応する Q_0 であったとする。このときの消費者余剰は，$\triangle AE_0P_0$ であ
る。次に医療保険により，自己負担での支払価格が P_1 に下落したとする

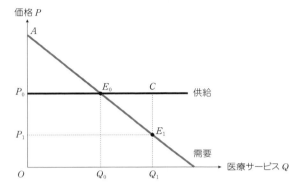

図 23-5　医療保険による医療の過剰需要

と，E_1 に対応する Q_1 まで医療の需要は増加する。このとき，消費者余剰は $\triangle AE_1P_1$ まで拡大する。しかし，医療保険で補填される $\square P_0CE_1P_1$ 部分の負担は最終的に消費者の保険料負担で賄われるためにその分だけ減少し，実質的な消費者余剰は $\triangle AE_0P_0 - \triangledown E_0CE_1$ となる。したがって，$\triangledown E_0CE_1$ だけ超過負担が発生していることがわかる。

　また，医療サービスは他の財の購入のケースと異なり，消費者自身が医師によって提供されたサービスが適切かどうかについて十分に評価できない場合がある。すなわち，供給者である医師のほうが患者よりも専門知識を多くもつため，患者が万が一，過剰な診療を受けていても過剰と判断できないという**情報の非対称性**が存在する。このため，医師が医療サービスを本来必要な量よりも過大に提供することで収入を増加させる行動をとるという，**医師誘発需要**の可能性が指摘されている。

　医療サービスの適切性を判断できないのは，患者だけとは限らない。医療供給者の行った膨大な量の診療報酬の請求の内容について，保険者もその個々の内容にまで立ち入って適切性を検証するには多大な**モニタリング・コスト**がかかる。このため，時として診療報酬の過大請求や不正請求が問題となっている。

医療費増加への対策　医療費がさまざまな要因によって増加していくことに対して，以下のような対策が講じられている。第 1 に，診療報酬を全般的に抑制する方向で改定したり，急激に増加している治療項目の報酬を実質的に引き下げたりするような改定を行っている。しかし，治療単

価を一方的に引き下げるだけでは，コスト削減のために十分な治療が行われない可能性や，収入を確保するために過剰な治療を施そうとするインセンティブが生じてしまうなどの問題点がある。そこで第2に，診療報酬の支払方法を抜本的に見直し，これまでの診療の出来高に応じて支払われる方式から，疾患に応じてあらかじめ標準的な治療に必要な額として定められた診療報酬を定額で支払う**包括払い**の方式が一部の病院で試験的に導入されている。第3に，医療技術の進歩，とくに製薬技術の進歩によってより安い価格で同等の効果が期待できる後発医薬品（ジェネリック）等が利用できる場合は，その利用を促すような措置もとられている。

**介護保険制度における
問題点**
　介護保険においても，自己負担が原則1割とされていることで，個々の需要者の直面する価格が安くなり，医療保険と同様に過剰需要が生じ，結果として超過負担が発生している可能性がある。また，介護事業者から保険者になされる個々の介護サービスの請求の内容を十分に検証することができなければ，過大・不正請求の余地があるという問題も，医療保険と同様に発生する。

　一方，介護保険と医療保険の違いとして，医療サービスの受益者は治療を受ける本人であると考えられるのに対し，介護保険の場合は，介護保険サービスによって助けられているのは要介護等の高齢者本人だけでなく，これまで家庭内で介護サービスを供給してきた家族であるというケースも考えられる。これは，介護保険サービスの利用によって，家族の介護負担が軽減されるためである。

　介護保険制度は，介護の社会化を通じて介護保険によって家族の介護負担を緩和することも意図していたため，そのこと自体は直ちに問題視すべきことではない。しかし，介護サービスを実際に選択して利用を申請する場合には，介護を受ける高齢者自身のほかに家族の関与も小さくない。このため，家族の意思決定が優先してしまうことになれば，介護保険が安易に利用され，介護保険を使わないで自立できるように努力したいという高齢者本人の意思とはかけ離れたところで，家族が介護保険に高齢者の世話を任せてしまい，結果として「寝かせきり」にしてしまう可能性があることも心配される。

　このほか，介護保険の財政面では原則として賦課方式による財政運営がなされているために，今後，高齢化が進めば進むほど将来世代が支払う保険料を増

加させていかなければならないという，公的年金と同様の問題も残っている。

要　約

- [ ]　日本では病院で治療を受けた場合に，国民はその費用の一部だけを支払い，残りの部分は公的な医療保険制度から支払われる仕組みになっている。年金と同様，すべての国民がいずれかの公的な医療保険制度に所属することとなっている。

- [ ]　加齢に伴い，介護が必要となった高齢者に対しては，2000年から新たに医療保険とは別に市町村が運営する公的介護保険制度によって，介護サービスが提供されることになった。

- [ ]　政府が保険制度などを通じて医療サービスに関与する理由としては，生命に関わる重大な問題であることを理由とする価値財の考え方のほか，健康に関し個人の便益と社会の便益の間に乖離が存在する外部性の問題や，所得再分配の観点，医療供給の不足や地域的な偏在を避けるためなどが挙げられる。

- [ ]　介護サービスに政府が関与する理由としては，社会的入院の解消を通じて，高齢者に対するケアの公平性・効率性を確保したり，主に女性が担ってきた家庭内介護を社会化したりして負担を軽減し，女性の就労をも間接的に援助できることが挙げられる。

- [ ]　医療保険や介護保険があるために，人々が安心して通院したり老後の生活を送ったりできるという利点が挙げられるが，同時に自己負担が軽減されることを通じて医療や介護のサービスが本来適切に需要されるべき水準以上に需要されてしまう問題点も指摘される。

確認問題

次の文章について正しければ○，誤りであれば×をつけなさい。

- [ ]　*Check 1*　日本の医療保険制度は基礎的な保障だけが共通に給付され，同じ治療を受けても職業別に給与（報酬額）に応じて異なる給付がなされる。

- [ ]　*Check 2*　介護保険制度の導入により，それまで在宅で家族が私的に行ってきた介護負担の軽減や，医療機関で長期入院という形で世話を受けてきた社会的入院の解消が期待される。

- [ ]　*Check 3*　医療保険が全額自己負担となれば，限界費用と限界便益を比較して個人は適切な医療サービスの購入量を決定することができるため，市場で適正な需給量が成立する。

□　*Check 4*　出来高払い制度による医療の過剰な需給を避けるために，疾患の内容にしたがってあらかじめ治療に必要な金額のみが保険で給付される包括払いを導入すれば，適切な治療水準が実現される。

子育て・教育

　本 unit では，公共政策のうち子育てと教育について考える。はじめに，日本の少子化の現状と少子化対策としての育児政策の必要性を検討する。次に，教育を人的資本の形成の見地からとらえ，なぜ教育に公的支出がなされることが支持されるのか，その理由について学ぶ。

🔲 少子化の現状と子どもの役割

日本の少子化　　本 unit では日本の子育ておよび教育に関する政策について学習する。はじめに，子育てに関連する児童家庭福祉政策について見てみることとする。子育てに関わる政策が問題となっているのは，近年，日本において少子化が深刻な問題として取り上げられているためである。この少子化の程度は，**合計特殊出生率**という指標で表される。これは，女性が 15〜49 歳の間に産む平均の出生児数に相当する指標であり，「1人の女性が一生のうちに何人子どもを産むか」と考えるとわかりやすいであろう。**図 24-1** は，戦後の日本の出生率の推移について示してある。終戦直後のいわゆるベビーブーム以降，**図 24-1** に見るように日本の出生率はほぼ一貫して低下し続け，さらに**表 24-1** に示したように世界的に見ても低い水準となっている。

少子化対策の歴史　　日本における少子化問題に総合的に対処するため，政府は 1994 年に多様な保育サービスの充実をはじめとする子育て支援策「エンゼルプラン」を発表した。その後 1999 年には，仕事と子育ての両立のための雇用環境，母子保健医療体制，教育環境，住環境の整備などを柱とし，2004 年までに達成すべき数値目標を含む総合的な実施計画

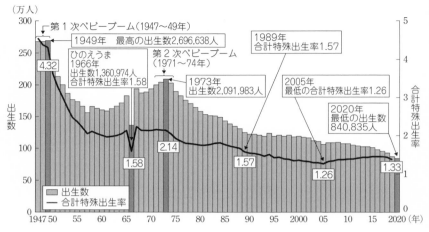

図 24-1　日本の出生率・出生数の推移

（出所）　厚生労働省「人口動態統計」より作成。

表 24-1　合計特殊出生率の国際比較

国・地域	合計特殊出生率	国・地域	合計特殊出生率
フランス	1.82	イタリア	1.24
スウェーデン	1.66	シンガポール	1.10
アメリカ	1.64	台湾	0.99
イギリス	1.58	香港	0.88
ドイツ	1.53	韓国	0.84
日本	1.33		

（注）　2020 年時点。

（出所）　『令和 4 年版 少子化社会対策白書』（内閣府）より作成。

として「新エンゼルプラン」が策定された。しかし，出生率はその後も低下し
続けたため，2003 年には**少子化社会対策基本法**が制定され，少子化対策が政府
の取り組むべき重要な政策として位置づけられた。

　この少子化社会対策基本法と同時に，より具体的な取組みを示した**次世代育**
成支援対策推進法が制定された。このなかでは，国，地方公共団体，事業主に
よる次世代育成支援のための行動計画の策定が求められた。とくに，事業主に
は従業員の仕事と家庭の両立（**ワーク・ライフ・バランス**）に関する行動計画の
作成が求められている。

コラム ⑪

日本人が1人になる日

　合計特殊出生率は「1人の女性が一生のうちに産む子どもの数」を示している。**図 24-1** を見ると 1975 年頃にこの値が 2 を下回っている。これは，これ以降は日本では，平均すると 1 人の女性から 2 人の子どもは生まれなくなったということを意味する。ところで，通常，父親 1 人母親 1 人から 2 人の子どもが生まれてその家系

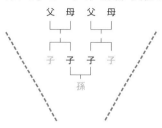

のサイズは維持されることになる。したがって，日本人の合計特殊出生率が 2 を切った時点で，日本人はいわば逆ネズミ算のように絶滅過程に入ったことになる。1998 年に当時の厚生省が，このまま少子化が続いたらどのようになるかを試算してみたところ，西暦 3500 年までには日本人は 1 人になるという結果となった。

少子化対策の経済理論

政府による少子化対策の必要性

　ここでは，政府が出生率を引き上げるための政策を行う必要性について考えることとする。家計が子どもをどれだけもつのかということは，家計にとって子どもをもつことから得られるメリットと，子どもをもつために必要となる費用を比較して決定される。この意味では，出生率は家計のプライベートな意思決定であり，政府が介入するためには理由が必要である。このままでは，日本人が絶えてしまうからという理由や，このままではわが町が消滅してしまうからという説明は，誰にでもわかりやすくある種のインパクトをもつものではあるが，経済学的な根拠に乏しい。以下では，これまでの unit で学習してきた知識を使いながら，少子化対策の必要性を考えることとする。

　第 1 に，子どもの存在による個人にとってのメリットと社会にとってのメリットに乖離があり，外部性が存在していわゆる市場の失敗が発生しているのと同じ状況が起きている場合には，政府がその失敗を補正する必要がある。たとえば，年金や介護保険などの高齢者の社会保障のための財源が，次世代によって負担されている場合である。**図 24-2** に示すように，子どものいない家計は，子育て費用の負担をしなくても，公共部門によって供給される老人福祉制度により，子どもをもうけた家計によって生み出される次世代の存在から得られる

図24-2　子どもの存在のメリットが子どものいない家計にも及ぶ場合

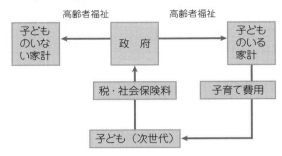

便益を受けることができる。このことが進めば，公共財の自発的供給における過小供給のケース（unit 6参照）のように，各家計は子ども数をなるべく小さくして，老後に他の家計がもうけた次世代が負担した分を利用しようとすることなり，社会的に望ましい水準よりも出生率が過小になることになる。

　ここで少子化対策は，年金などが賦課方式によって賄われているため，このままでは財政が破綻するから行う必要があるというわけではない。注意しなければならないのは，子どもをもうけない家計が，子どもをもうけて子育て費用を負担した家計にフリーライドして，次世代からの便益を得ることができる制度が存在するため，これを補正して過小供給から最適な供給水準に引き上げるために少子化対策を行う必要があるという点である。しかし，このようなことが発生する根本的理由は，高齢者福祉の財源が賦課方式で賄われる社会保険等に依存していることにある。したがって，一方で賦課方式の財政制度を残しながら，他方で市場に介入するような少子化対策を行うよりも，人口構造の変化の影響を受けにくい財政・社会保障制度を構築するほうが効率的である。

　第2に，もし政府による世代間の所得移転を伴う社会保障がまったくないとしても，前の世代は取引相手として次世代を必要とするということが挙げられる。ある子どものいない家計が，老後のための資金をすべて自助努力で準備していたとする。このとき，この子どものいない家計は，上で述べたように子どもをもうけた他の世帯による次世代の税や社会保障の恩恵は受けていない。しかし，老後に介護サービスを購入するためには，次世代によってそのサービスが生産され，市場で購入できることが必要である。また，自助努力で金融資産を蓄積する場合も，その金融資産を借り入れて元本と利子を返済してくれる取

引相手（次世代）が必要である。このように，市場で取引を行う場合，子ども
のいない高齢者と，子どもをもうけた高齢者とを区別することはできないので，
子どもをもうけなかった家計は，取引相手としての次世代の存在から得られる
便益の一部をフリーライドして得ることが可能となる。

　ここで，子どもをもうけた家計は，その子どもが，子どものいない家計と介
護サービスなどを取引する場合に，少子化によって労働力が希少であれば，労
働市場で賃金が上昇して，子どものいない家計から子育て費用を補償してもう
ことが可能である。この場合，若年世代の賃金 w の上昇は1人当たりで発生
するのみなので，総生産の GDP は増加しない。

　第3に，参入が自由にできないなどの事情によって子育てに必要な保育サー
ビスが供給されず，市場が十分機能していないケースが挙げられる。家事で作
り出されるものは機械や完成品を市場で購入することが可能であるが，子育て
の機械化や子どもそのものの市場での購入は不可能である。ただし，保育所や
ベビーシッターなど保育サービスの市場での購入は可能である。このとき，市
場で保育サービスを一部購入することで家計の効用が改善できるケースがある。

出生率向上のための政策　政府が少子化対策を行う場合に経済的な手法としては，
どのようなものが考えられるであろうか。以下では，
出生率が低下したことを経済学的に理解するために，子どもに対する需要がど
のような要因によって決定されるかを考える。

　図24-3 には，子ども数 n と消費 c から効用を得る家計の予算制約線と無差
別曲線が描かれている。一般的な世帯において，親の効用関数は，子ども数を
n，他の消費財を c とすれば，$u = U(c, n)$ によって表されるという考え方で
ある。ここで，収入 y と子ども1人当たりの教育費や子ども部屋のある住居
のための費用などの子育てのための費用を p とするとき，家計の予算制約は，

$$y = c + pn,$$

と表すことができる。一方，親の利用可能時間を T，労働時間を h，子ども1
人当たりに必要な子育て時間を t_n とすれば，親の時間制約は，

$$T = h + t_n n,$$

と表される。賃金率を w とするとき，

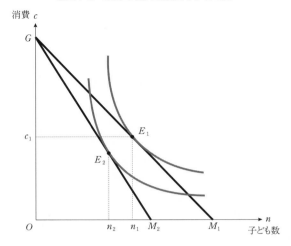

図 24-3　家計の収入と最適な子ども数

$$wh = c + pn,$$
$$w(T - t_n n) = c + pn,$$
$$c = -(wt_n + p)n + wT,$$

と予算制約を表すことができる。このとき，この家計にとっての最適な子ども数 n_1 と消費額 c_1 は，**図 24-3** の均衡点 E_1 によって与えられる。このとき少子化が起こるケースは 3 つある。

1 つめは，子育てのための費用 p（教育費，医療費など）が上昇する場合である。このとき，予算制約線は GM_1 より傾きが急になる。このケースの予算制約線を仮に GM_2 とし，新しい均衡点 E_2 になったとすると，この家計にとっての最適子ども数は n_2 となり，少子化が進行する。このため，安価な公教育や子ども医療費の助成が少子化対策として必要となる。

2 つめは，子育てのために必要な時間が増加した場合である。この場合も上の p の増加と同様に予算制約線が急になり，少子化が進む。このため，保育施設の供給等を通じ，親等の育児時間を助ける政策が考えられる。

3 つめは，賃金率 w の上昇により，wt_n が増大するケースである。この場合は $wt_n \cdot n$ の分の賃金を育児休業手当等により補塡することが考えられる。ここで，子育て費用 p が上昇すれば，子どもに対する需要は低下することになる。

少子化と資本深化による豊かさ

一般的に，少子化によって若年労働力人口 N_y が減少すれば，$Y=F(K, N_y)$ によって与えられる GDP は低下するといえる。その意味では，少子化によって一国の豊かさの指標に関わる経済規模は縮小するといえる。しかし，労働者1人当たりで考えた場合の経済的な豊かさ（所得）はどうなるであろうか。$Y=K^\alpha N_y^{1-\alpha}$ で表されるコブ゠ダグラス型生産関数で考えてみると，労働者1人当たりの所得 y（$=Y/N_y$）は，$Y/N_y=(K^\alpha N_y^{1-\alpha})/N_y=K^\alpha N_y^{-\alpha}=(K/N_y)^\alpha=k^\alpha$ となり，1人当たりの所得 y は労働者1人当たりの資本 k（$=K/N_y$；資本装備率）によって決まる。このとき，N_y の減少によって $K/N_y=k$ は増大するので，短期的には資本 K が大幅に減少しない限り，労働者1人当たりの所得 y は増大する。すなわち，少子化によって労働者1人当たりでの経済的な豊かさは，逆に拡大しうる。

上のモデルに登場する国民は若年労働力人口だけであるが，現状では長寿化により退職高齢者も経済に相当数存在する。そこで，国民を若年労働者 N_y と高齢退職者 N_o に分け，明示的に豊かさを議論する必要がある。ここで，少子化の進行を考えるために $N_y=nN_o$（n は人口成長率，$n<1$ のとき少子化）として，再び国民全体（N_y+N_o）での1人当たりの所得を考えてみると，

$$\frac{Y}{N_y+N_o}=\frac{K^\alpha N_y^{1-\alpha}}{N_y+N_o}=\frac{K^\alpha N_y^{1-\alpha}}{N_y\left(1+\dfrac{1}{n}\right)}=\frac{K^\alpha N_y^{-\alpha}}{1+\dfrac{1}{n}}=\frac{k^\alpha}{1+\dfrac{1}{n}}$$

となる。ここで，少子化により N_y が減少すれば，分子の k^α の部分は増加しうるが，分母の（$1+1/n$）の部分は $n<1$ により増大するため，全体としては必ずしも1人当たりで豊かになるとはいえない。

📖 教育政策の現状と政府の役割

日本の教育費　　次に，教育に関する日本の政府支出の現状とその経済的な効果，政府が関与するべき理由について考える。政府支出に占める教育費（文教および科学振興費から科学振興費を除いたもの）は8%程度であり，社会保障関係費が増加するなか，漸減傾向となっている。

日本において教育のための費用は国だけによって賄われているわけではない。義務教育および高等学校の部分については，地方財政が果たしている役割が大きい。国と地方を合わせた一般政府の総支出に占める教育費の割合はおよそ1割程度となっており，国際的な水準とほぼ同じレベルである。

日本の教育に対する公的な支出水準を児童・生徒あるいは学生1人当たりで

比較すると，初等中等教育ではOECD各国のほぼ平均レベルであるが，高等教育に関しては，OECD各国の平均を大きく下回っている。

教育の経済的な効果　教育の基本的な効果としては，教育によって個人の能力が高まることが挙げられる。教育により個人の能力が高まり，労働生産性が向上するという考え方は，教育という活動を自己に対する投資と考える**人的資本論**に表れている。もし，そうであるならば，教育をより長く受けた人ほど，高い生産性を実現していることになる。もし，企業が利潤最大化行動をとっているならば，賃金率は労働の限界生産性と等しくなるはずである。そこで，学歴別に賃金を比較することで，教育が人的資本に与える効果を観察できることになる。**図24-4**は各学歴別の平均での生涯の賃金の推移を示したものである。教育履歴によって賃金に差があるということは，教育によって生産性に差があるといえることになる。

これに対して，教育には人的資本を増やす働きはないという考え方も存在する。確かに，**図24-4**では高学歴な者ほど高い賃金を得ている。しかし，これは教育の効果ではなく，もともと能力の高い者ほど高等教育機関に進学するという結果を示しているにすぎない可能性もある。もしそうであるならば，教育は人的資本を高める効果よりも，人々の能力の差を顕在化させ，振り分ける**スクリーニング**の働きをもっているということになる。企業が学歴を重視するのは，高等教育の内容よりも，大学受験までで顕在化した能力を見ているだけということになる。

この問題に関連して，義務教育までの基礎的な教育は，明らかに個人の生産性を向上させる働きがあるが，大学などの高等教育がその部分だけで純粋に個人の生産性を向上させることは確認されていないという研究結果も報告されている。近年，大学に通いながら別途に専門学校や語学学校に通う大学生が存在することは，そのことを示唆しているのかもしれない。

政府が教育に関与する理由　ここでは，政府が教育に関与する理由について考える。政府が教育に関与する場合，多くのケースで公営による無償の基礎教育（義務教育）や国立学校による安価な高等教育，私立学校に対する助成金，教育を受ける学生または保護者に対する奨学金や低利融資など，個人が教育のために支払う費用を安くするという方法によって行われている。このほか，教員の資格を免許制としたり，大学設置

図 24-4 学歴別賃金

(a) 男性

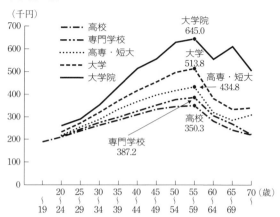

(b) 女性

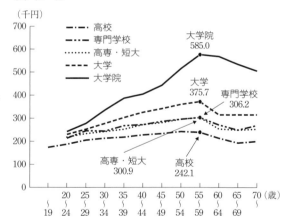

（出所）厚生労働省「令和4年 賃金構造基本統計調査」より
作成。

に基準を設けたりすることを通じて，供給される教育サービスの質をコントロールしようとしている。

　教育を受けることで人的資本が蓄積され，その成果が将来の個人の収入に反映されるとするならば，現在時点で教育のために支出があってもすべてその個

図24-5　教育に外部性が存在する場合

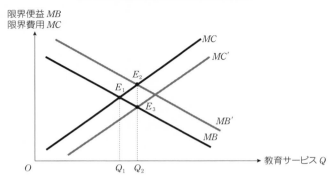

人の将来における便益として回収可能ということになる。この場合，個人は教育のための限界費用と教育のための限界便益が等しいところまで自発的に教育を需要するからである。個人が自己負担で英会話の専門学校へ行き，仕事に役立てるケースはこれに当てはまる。したがって，この場合には，政府が教育費支出を安く抑えるための特別の援助をする必要はないことになる。しかし，教育による便益が個人の限界便益を超えて生じる場合，すなわち教育の効果に外部性が存在する場合には，政府による介入が必要になる。

　図24-5はこのケースを示している。はじめに個人は，教育の限界便益 MB と限界費用 MC が等しい点 E_1 で Q_1 だけの教育を需要しているとする。しかし，教育を受けることによる便益は個人だけにとどまらない。社会の全員が一定程度の読み書き，計算の能力をもっていたり，自分も相手もパソコンを使いこなして電子メールで情報をやりとりできたり，英語を理解してお互いにコミュニケーションできる能力があることにより，仕事の生産性は飛躍的に高まるであろう。この場合，個人の教育の成果が一緒に仕事を行う社会の他のメンバーにも及ぶことになるので，教育の社会における限界便益曲線は MB よりも高い MB' で表される。この場合には Q_2 だけの教育需給が実現することが社会にとって望ましいことになる。そこで，政府は高めとなっている教育の費用を引き下げる諸政策により，限界費用曲線を MC' まで引き下げ，望ましい教育量 Q_2 を実現することとなる。したがって，市場の失敗への対処として公的介入により教育の水準を Q_2 まで引き上げることになる。

　次に，教育を安価に供給する必要性を説明する要因として，教育を受ける機

会の均等化という公平性の要請が挙げられる。上では，高等教育を需要するために資金が必要であっても，その成果が将来の収入増につながるならばそれにかかる費用を回収することが可能であることを述べた。しかし，実際には以下の2つの点でこれが困難である場合が多い。

第1に，教育に対する支出は現在で必要であり，その成果が実現するのは将来であるということである。したがって，将来の収入を担保に現在で借入を行う必要が生ずる。もし，資本市場が完全なら自由に資金の貸借ができるため，そのようないわば「出世払い」の借入ができる可能性がある。しかし，実際には**資本市場の不完全性**により，そのような出世払いによって現在で資金を調達することは困難である。

第2に，教育の需要の多くは未成年の時期に意思決定がなされることが多い。この場合には，親の資金力が子どもの教育の需要量を決定してしまうことになる。この場合，親の（偶然の）資金力によって次世代の生産力が決定されてしまうことになり，公平性の見地からも望ましくなく，貧困の再生産が起きてしまう可能性がある。以上の観点から，政府による安価な教育の提供が求められ，とくに義務教育の無償化を通じた所得再分配の機能が支持される。

ただし，この場合でも現在の教育の供給者に多くの資金を支出する方法が望ましいとは限らない。教育サービスの需要において資本市場の不完全性が問題であるならば，教育費を引き下げるのではなく，資金を必要とする人への奨学金を充実するという方向もある。また，供給者に教育費を援助するのではなく，需要者に教育利用券を交付し，教育機関を自由に選択させる**バウチャー方式**の導入も主張される。これにより，教育を受ける者の費用負担を増やさないで，教育を供給する機関同士の競争を誘発して，より効果的・効率的な教育が提供されることが期待されうる。

要　約

□　日本は，先進国のなかでも出生率がきわめて低い国のうちの1つに挙げられる。このため，政府はエンゼルプラン，新エンゼルプランのほか少子化社会対策基本法や次世代育成支援対策推進法も策定して対策を行っているが，決定的な効果は出ていない。

□　少子化が進行した理由を経済学的に考えるならば，子育て費用が増加したた

め，消費財としての子どもの需要が低下したこと，老後のための社会保障や金融商品が整ったため，投資財としての子どもの需要が低下したこと，そして産業構造の変化により，労働力としての子どもの需要も低下したことが挙げられる。

□　出生率に政府が介入し，少子化対策を行う根拠としては，個人にとっての最適な子ども数と社会にとっての最適な子ども数との間に乖離があることが挙げられる。

□　教育が個人の現在と将来における人的資本を高めるならば，政府の介入がなくとも個人は教育の限界便益と限界費用が等しくなる水準まで教育を需要する。しかし，教育の成果に外部性がある場合や将来の賃金上昇分を担保として現在の教育資金を調達できない場合は安価な公教育の必要性が生まれる。

□　教育が人的資本を高めることは基礎教育では確認されているが，高等教育では意見が分かれる。大学卒業者の給与が高いのは，もともと生産性の高い者が大学に進学したためであるという説があり，そこでは企業は採用の際に大学を卒業したということを通じて労働者のスクリーニングをしているとされる。

確認問題

次の文章について正しければ○，誤りであれば×をつけなさい。

□　*Check 1*　女性の賃金率が増加すれば，養育費などに支出する余裕が生まれるため，結婚している世帯の子ども数が必ず増加するといえる。

□　*Check 2*　社会保障によって世代間の所得移転が生じるときには，子どもの存在に外部性が生じて，子ども数が最適水準を下回ることもありうる。

□　*Check 3*　教育によって個人の人的資本が増加すれば，その成果は生涯賃金の増加となってその個人に便益をもたらすので，市場で最適な教育サービス需要が成立する。

□　*Check 4*　教育に政府が関与するのは，経済的な側面よりも憲法で教育を受けさせることが国民の3大義務として挙げられていることが大きい。

生活保護と公的扶助

🔲 生活保護制度

　日本の生活保護は公的扶助制度として位置づけられる。ここで公的扶助とは，租税によってのみ賄われる制度であり，人々の生活が破綻した後に援助する**救貧**をその機能とする。このように定義される公的扶助は，前もって社会保険料を支払うことで受給できる（＝拠出要件がある）社会保険としばしば対比される。この拠出要件の存在により，社会保険の機能は，救貧ではなく，**防貧**とみなされる。

　生活保護は，最低生活水準（**ナショナル・ミニマム**）の保証（保障）を目的とする制度である。この最低生活水準は生活保護基準として数値化され，その金額に足りないような部分を補うように給付が行われている。

　生活保護基準は生活保護法第３条にある**最低生活の原理**にもとづき，健康で文化的な生活水準を保障（保証）するに足りる最低限度の金額として，原則として世帯単位で１カ月単位で算定される。この「健康で文化的な生活水準」にはさまざまな見解があるが，その金額は一般消費水準額を考慮しながら決定されている（このような方法を**水準均衡方式**という）。生活保護基準は，世帯の個別事情に対応できるように，複数の扶助（生活扶助，教育扶助，住宅扶助，医療扶助，介護扶助，出産扶助，生業扶助，葬祭扶助，緊急時のための特別基準による扶助）の積上げとして算定されている。

　これらの扶助のうち，生活扶助（日常生活に必要な衣料費・食料費・光熱費等に対応）には，障害者，母子世帯，および児童養育などを対象とした加算がある。また生活扶助や住宅扶助などでは，世帯員の数や年齢などに加え，地域価格差を考慮した地域区分（これを「級地」という）にもとづいて基準が設定されてい

表 25-1　生活保護基準（月額）（2023 年度）

（単位：円）

	4 人世帯 （35 歳男，30 歳女， 9 歳子，4 歳子）	高齢夫婦世帯 （68 歳男，65 歳 女）	母子 3 人世帯 （30 歳女，4 歳子， 2 歳子）	障害者を含む 2 人 世帯（65 歳，25 歳障害者）
1 級地—1	217,310	135,460	209,220	191,550
1 級地—2	211,340	133,030	205,480	188,270
2 級地—1	204,750	129,790	199,600	183,090
2 級地—2	199,400	126,750	195,520	181,320
3 級地—1	193,170	120,760	187,900	172,150
3 級地—2	187,080	116,720	182,800	168,100

（注）　上記金額には，住宅扶助を含む。ただし，住宅費が規定の金額を超える場合は，地域
別に定められた上限の範囲内でその実費が支給される。
（出所）　生活保護制度研究会『保護のてびき　令和 5 年度版』70 頁。

る（**表 25-1** 参照）。なお，医療扶助と介護扶助に関しては必要に応じて給付される。その場合，医療と介護のサービス供給者（診療所・病院や介護事業者など）に直接費用が支払われる。また，著しい障害を有する要保護者は救護施設や更生施設などの保護施設への入所が可能である。

　生活保護制度は**補足性の原理**にもとづいて運用されているため，単に働くことをやめて所得を生活保護基準以下にしただけでは受給できない。生活保護法第 4 条に記される補足性の原理は，資産があるものは資産を，稼働（稼得）能力（働いて所得を得ることができる能力）があるものはその能力を，家族・親類の援助があるものはその援助を，そして，他の公的援助制度が利用可能ならばその制度を優先して活用することをさす。そして，そのような活用を行ってもなお最低生活水準を達成できない場合に，生活保護が開始される。したがって，生活保護給付の決定においては保護申請者の資力（資産，所得，稼働能力）を知るための調査（**資力調査**）が必要となる。

　生活保護と就労

　生活保護制度は最低生活水準を保証する仕組みであるから，保護世帯に収入がある場合，勤労所得控除を控除した後の当該収入部分を生活保護基準額から差し引いた金額が要保護世帯へと給付される。したがって，生活保護制度は生活保護基準を保証所得とした最低所得保証制度として理解できる。以下ではまず，後述する勤労控除を無視して，このような最低所得保証制度が受給者の労

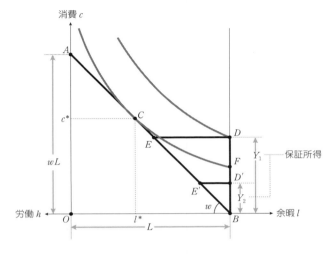

図 25-1 所得保証と労働供給

働供給に与える影響について考察しよう。

所得保証と労働供給　個人の効用は消費と余暇のみに影響を受けるとし，縦軸に消費量 c，横軸に余暇時間 l を測った**図 25-1** に無差別曲線を描こう。この個人がまったく働かない場合は最大 L の余暇時間を楽しむことができるが，h 時間働くと余暇時間は $l=L-h$ へと減少する。それと同時に，この個人の（実質）賃金率が w ならば，wh の労働所得を得，それを消費 c に使うことができる。ここから，この個人の予算制約は，$c=wh=w(L-l)=wL-wl$ となり（ここで $h=L-l$ となることに注意），**図 25-1** のように，切片の高さが wL で傾きが $-w$ の直線 AB として表すことができる。この個人にとって最適な余暇時間と消費量の組合せは，無差別曲線と予算制約線 AB が接する点 $C=(l^*, c^*)$ で与えられ，最適な労働時間は $h^*=L-l^*$ と表される。

保証所得を Y とする所得保証制度のもとでは，低所得者が自ら稼働した所得 wh が保証所得 Y に足りない部分（$g=Y-wh$）が給付される。予算制約は $c=wh+g$ となるが，h が 1 単位増加すると，労働所得 wh は賃金率 w 分だけ増加する一方で，給付額 $g=Y-wh$ は同額の w 分だけ減少する（労働所得の増加分だけ給付金額が減少する）。したがって，給付金の減額は同額の税金の増額とみなせるから，この受給者は 100% の限界税率をもつ労働所得税に直面してい

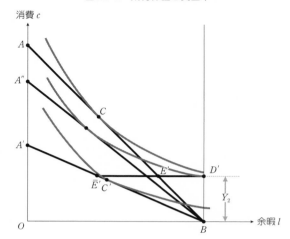

図 25-2　所得保証と賃金率

るとみなすことができる。

　図では 2 つの保証所得を考えている。点 C で予算制約線 AB と接する無差別曲線が点 B から伸びた垂線と交わった点を F として，線分 BF の長さより大きい保証所得を Y_1，それより小さい保証所得を Y_2 とする。Y_1 に対応する点を D，Y_2 に対応する点を D' とすると，予算制約は保証所得が Y_1 の場合は折れ線 AED，Y_2 の場合は折れ線 $AE'D'$ で表される。ここで保証所得が BF より小さい Y_2 の場合，労働時間を減らして給付 g を受け取るよりも，点 C で働いたほうが高い効用を享受できるため，給付を受け取ることはない。しかし，保証所得が BF より大きい Y_1 の場合，点 C で $h^*=L-l^*$ 時間（もしくはそれ以下の時間）で働くよりも，点 D でまったく働かないほうが高い効用を得られるため，給付だけを受け取ることになる。

　上では保証所得の大小で労働の有無を考えたが，保証所得を一定にしたうえで，賃金率の大小でも労働の有無を考えることができる。これを示したのが**図 25-2** である。**図 25-1** と同様の記号が用いられている同図では，保証所得を Y_2 としているので，**図 25-1** と同様の賃金率では点 C が選択される（給付を受け取らず勤労に励む）。一方，賃金率が十分低いと，給付制度が存在しない場合の予算制約線は $A'B$ となり，消費点は C' となる。ここで，この給付制度が導入されると予算制約線は折れ線 $A'\overline{E}'D'$ へと変化するから，点 C' で働くよりも，

「保障」と「保証」

　一般に「保障」（secure）とは「差し障りから保（まも）ること」，そして「保証」（guarantee）とは「大丈夫と約束する（証（あかし）を保（たも）つ）こと」をさす。したがって，本書では guaranteed income の和訳に「保証所得」という言葉をあてているが，日本の社会保障に関する文献では「保証」を用いるのが適切な場合でも，たとえば，最低所得保障や最低保障年金などのように，「保障」が多用されているようだ。これは，多くの厚生労働省の公的文書が「ほしょう」を「保障」と一律に表現していることにもよると考えられる。保証書つきの製品のように「保証」が守られないと「補償」が必要となる。しかし，「保障」に失敗した場合はその必要はないかもしれない。ここから，為政者は「保証」の使用を避けることで人々の最低所得維持へのコミットメントを回避していると読み取るのは邪推であろうか。

点 D' で給付を受けたほうが高い効用を得られる。つまり，賃金率が十分低いと，働かず給付だけを受け取ることになる。より詳しくいうと，点 D' から伸びた無差別曲線に接する直線 $A''B$ より下方に，点 B から伸びる予算制約線を位置させるくらい賃金率が小さければ，受給者は働くことをやめてしまう。

　このように低所得者が低賃金で働くよりは，働かずに給付を受けるほうが有利となる状況は容易に示すことができる。ここで，低所得者は労働意欲をもつことなく，公的扶助の受給を継続することになるが，そのような状況は**貧困の罠**（**福祉の罠**，もしくは**失業の罠**）と呼ばれる。

勤労控除と労働供給　以上から，保証所得が高くなるにつれて働かなくなる者が増加すること，また，同一の保証所得のもとでは賃金率が低い者ほど働かなくなることが理解できる。これは，一定の所得が約束されている制度では，労働所得を得るとその分だけ給付額が減る（受給者は100％ の限界税率に直面している）ためである。

　ただし，実際の生活保護制度には基礎控除等，複数の**勤労控除**が存在し，就労から得た収入（労働所得）から勤労控除分を引いた金額が給付額の算定に使用される。2013 年 8 月から改訂された基礎控除では，世帯における就労者が 1 人の場合，月額 1 万 5200 円以下の範囲では，就労収入が給付額から差し引かれることはない。就労収入（労働所得）が 1 万 5200 円を超えると 1 万 9200 円まで，基礎控除額は 1 万 5200 円のままであるが，それ以降は就労収入が 4000

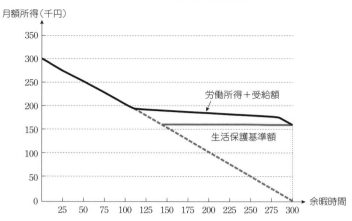

図 25-3　勤労所得控除と予算制約

円増えるごとに 400 円増加する。したがって，大雑把にいえば，就労収入約 1
万 5000 円まではすべての収入が，そして約 1 万 5000 円を超えた収入について
は 1 割が受給者の手元に残る。この基礎控除を母子世帯（母 30 歳，子 4 歳 1 人，
1 級地-1）に適用し，**図 25-1** および **図 25-2** と同様の軸に，時給 1000 円（$w=$
1000）として予算制約を描いたものが**図 25-3** である（労働所得＋受給額を表す直
線は，実際は階段状になるが，ここでは線形で近似している）。この勤労控除（基礎控
除）によって，追加的な労働所得に対する限界税率ははじめの約 15 時間労働
部分はゼロ，そして約 15 時間を超える部分については（線形近似すると）90％
となる。つまり，図に描かれた［労働所得＋受給額］を示す線分は**図 25-1** や
図 25-2 とは違って水平にはならない。

　しかし，同図からわかるようにその傾きは小さく，図の場合，200 時間弱働
いても追加的には 3 万円強しか手元に残らない。また，200 時間強働くとこの
受給者は生活保護から脱すること（これを「保護廃止」という）ができる。しか
し，この場合の所得は年額換算で 200 万円近くあるので，保護廃止とともに月
額合計 4 万円弱の国税（所得税），地方税（住民税），および社会保険料が課され
（これが予算制約に与える効果は図には描かれていない），手取り収入が生活保護の
受給時より減ってしまう。これらの点を考えると，生活保護受給者は就労を控
える傾向にあるかもしれない。なお，後者の手取り収入の逆転に対処するため，
保護受給中の就労収入のうち給付額の減少で相殺された金額の範囲内で一定額

を仮想的に積み立て，保護廃止に至ったときに当該額を支給する制度（**就労自立給付金**）が 2014 年 7 月から創設されている。このような見直しはあるにせよ，生活保護は，いったん受給が認められれば，そこから抜け出す誘因に乏しい制度であることには変わりがない。

稼働能力と保護世帯類型　先述の補足性の原理により，十分な稼働能力がある世帯は保護から実質的に排除されているため，生活保護の受給世帯のうち就労可能な人員が存在する世帯は多くはない。世帯類型別に受給世帯を見ると，2023 年 6 月の受給世帯総数 164.1 万世帯のうち，多くの場合十分な稼働能力がないと考えられる高齢者（55.5%）と障害者・傷病者世帯（24.9%）が 8 割以上を占めており，就労に関わる議論が一部妥当性をもつと考えられる母子世帯（3.9%）とその他の世帯（15.7%）は合計 2 割以下である。生活保護は，稼働能力がある世帯にとっては利用しにくい制度ではある。

　このような背景のもと，低所得者が利用しやすく，かつ，就労促進的な公的扶助制度が求められてきた。とくに近年では，**還付型税額控除**（refundable tax credits）もしくは**給付（還付）付き税額控除**と呼ばれる，アメリカの勤労所得税額控除やイギリスの勤労家族税額控除のように低所得者の就労状態に応じて補助金を付与する方策が注目されている。以下では，古くから議論されている負の所得税とともに，給付付き税額控除が労働供給に与える効果について見てみることにしよう。

負の所得税

　負の所得税（negative income tax）を実施する際には複数の方法が考えられるが，ここでは一律の定額給付に比例所得税を組み合わせた制度として考えよう。この定額給付額を S とし，比例所得税の限界税率を m とすると，時給 w で h 時間働く個人が受け取る給付額 g は基礎給付 S から労働所得 wh に課される所得税額 mwh を除いた金額 $g = S - mwh$ となる。この個人の予算線 $c = (1-m)wh + S$ は，$h = L - l$ より，$c = [(1-m)wL + S] - (1-m)wl$ と表記できる。この予算線を**図25-4**で表すと，切片 $(1-m)wL + S$，傾き $-(1-m)w$ の直線 $A'D$ となる。ここで限界税率 m が影響を与える傾きは，限界税率 100%となる最低所得保証のもとでの傾き（水平）よりも賃金率 w に近い。

　直線 $A'D$ は，$l' = L - S/(mw)$ となる余暇時間，つまり，$h' = S/(mw)$ と

301

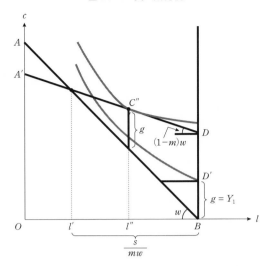

図 25-4　負の所得税

なる労働時間で本来の予算線 AB と交わり，余暇時間が $L-S/(mw)$ より多い場合，つまり労働時間が $S/(mw)$ より少ない場合は給付を受け，そうでない場合は税を払う。ここで給付額は $g=S-mwh$，納税額は $-g=mwh-S$ となる。「負の所得税」というこの制度を修飾する言葉は，このように後者の納税額が負の値になるときが給付を表すことに由来する。

　図 25-4 は，**図 25-1** の最低所得保証の場合と同じ給付額 Y_1 になるように設計されたときの負の所得税を示している。この負の所得税のもとでは個人は点 C'' を選択し，正の労働 $h''=L-l''$ を供給する。また，点 C'' での効用水準は最低所得保証における点 D' での効用水準より高い。すなわち，同額の給付にもかかわらず，負の所得税は最低所得保証よりも受給者の就業を促進し，かつその効用を高めることができる。

　ただし，負の所得税は税引後賃金率（余暇の価格）を下げ，定額給付 S を与えるから，代替効果を通じ，余暇消費（労働供給）を減少（増加）させ，また所得効果も（余暇が正常財ならば）余暇消費（労働供給）を増加（減少）させる。したがって，負の所得税がない場合と比べた労働供給の増減は確定できないが，負の所得税は消費と余暇との交換比率を w から $(1-m)w$ へと変えてしまうから，受給者の選択に必ず歪みを発生させる。

302

図25-5　還付型税額控除

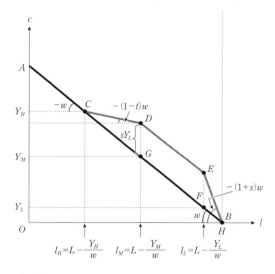

図 25-5　還付型税額控除

$$l_H = L - \frac{Y_H}{w} \qquad l_M = L - \frac{Y_M}{w} \qquad l_L = L - \frac{Y_L}{w}$$

回 還付型税額控除

　給付には財源が必要である。ここで考えている負の所得税の実施方法ではいったんすべての個人に S の給付を行うため，それに応じて必要財源も大きくなり，その結果，課税による厚生損失も増大すると考えられる。これに対処する方法として，労働所得が低額であるときのみに給付する制度が考えられる。そのような給付方法は，アメリカの勤労所得税額控除（EITC）やイギリスの勤労家族税額控除のような，広く還付型（給付付き）税額控除と類型される制度に見ることができる。

　還付型税額控除の典型とされるアメリカの EITC では，**図25-5** のように所得水準に応じて 3 段階の給付が行われる。まず所得が一番低い O から Y_L のフェーズイン段階（図の線分 BE に対応）においては，働いて得た所得 1 単位に対して定率 s の給付が与えられる。したがって，この区間における実質賃金率は $(1+s)w$ となり，図のように予算線は急峻になる。なお，賃金率 w のもとで Y_L の稼得所得に対応する労働供給量は $h_L = Y_L/w$，余暇消費量は $l_L = L - h_L = L - Y_L/w$ となる。

　次に，補助前の所得 $Y = wh = wL - wl$ が Y_L を超えると，フラット段階（線分 ED）に移る。この段階の給付はフェーズイン段階の最高額 sY_L に固定され，

その予算線は補助前の予算線が，sY_L に相当する部分（EF もしくは DG）だけ上方にシフトしたものとなる。したがって，この部分の予算線の傾きは本来の予算線の傾き $-w$ と等しくなり，給付による歪み（厚生損失）は発生しない。

最後に，補助前の所得がフラット段階の上限となる水準 Y_M を超えると，フェーズアウト段階（線分 DC）に移行する。この場合，フラット段階で与えられる補助金 sY_L が Y_M からの労働所得の増加（$w_h - Y_M$）に応じ，定率 t で減額され，この段階は給付がなくなる所得 Y_H（点 C）で終了する。

この給付の仕組みが労働供給に与える影響は段階によって異なる。①フェーズイン段階（BE）では，賃金に定率で上乗せされた補助により予算線の傾きは急峻になる。ここで代替効果は労働供給を増加させ（余暇需要を減少させ），所得効果は（余暇が正常財であるならば）労働供給抑制（余暇需要増大）に働く。しかし，労働供給が少ない部分では所得効果は相対的に小さいため，総体として労働供給は増加すると考えられる。②フラット段階（ED）では，定額給付であるから代替効果は存在しないし，歪みもない。しかし，所得効果によって（余暇が正常財であれば）労働供給は抑制される。③フェーズアウト段階（DC）では限界税率は正であるから，余暇価格の低下を通じて，代替効果は労働供給を抑制する。しかし，余暇価格の低下は余暇需要に所得効果を与える。また，給付を受け取ることによる所得効果も存在する。余暇が正常財であれば，これらの所得効果も労働供給の抑制の方向に働くため，総体として労働供給は抑制される。しかし，この制度において③はそれほど重要ではなく，①の低所得部分での就業促進効果や②の定額給付による歪みの不在がより重要とみなされる。

▣ 生活保護と老齢年金

日本の高齢者に対する所得保証は，拠出にもとづいた公的年金による支援が中心となっている。そして，年金給付を受けても最低限度の生活が維持できない場合のみ，資力調査のうえ，生活保護が給付されている。公的年金は高齢者の所得保証に一定の役割を果たしているが，**図 25-6** に示すように，生活保護を受給する高齢者世帯数は，高齢化の進行と公的年金制度の不備により年々増加している。しばしば，このような生活保護の存在が，老後に備えるための，貯蓄を抑制したり，国民年金の保険料の未納につながったりすると議論される。以下ではこの点について考察しよう。

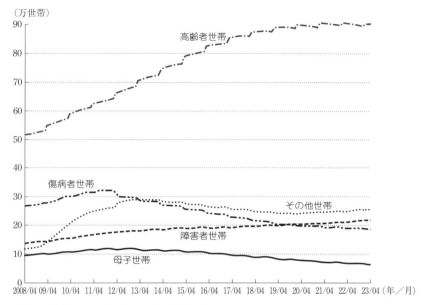

図 25-6　類型別保護世帯推移（月次保護世帯数）

（注）　毎月のデータをプロットして作成した。
（出所）　厚生労働省「被保護者調査」より作成。

**過小貯蓄と保険料
未払い問題**

　生活保護などの公的扶助制度は，貧困に陥った人々を救済することを目的としている。このような制度を有する政府は，人々を助けることに喜びを見いだす利他主義者（unit 8 参照）として考えることができる。もちろん，利他的であっても，政府は人々が自立することを最も望むであろう。しかし，利他的であるがゆえに，その最も望む結果が達成されない場合がある。この問題は後述するようにサマリア人のジレンマと呼ばれ，その考え方は，老齢期に備えて若壮年期に貯蓄や保険料支払いをしようとする人と，その人の幸せを願う利他主義者（政府）との関係に適用できる。

　ここで，人々の選択が自分の老後生活のために十分な金額を貯蓄するか否かであるとしよう。政府が最も望むことは，個人が適切に貯蓄を行い，老齢期に政府の援助なしに自立することである。しかし，この個人が若壮年期にすべての所得を使い切り，蓄えのないまま老齢期を迎えるとしても，政府は利他的で

┌─────────────────────────────────────┐
コラム⑭

還付型（給付付き）税額控除

　ここでは，日本語で「還付型（給付付き）税額控除」（refundable tax credits）と訳される制度についてもう少し解説を加えよう。この制度のもとでは，他の給付制度と同様に給付が行われるのであるが，なぜ，わざわざこのような名称になっているのだろうか。その理由は，バッチェルダーらによる考察にもとづけば，次のように考えることができる（Batchelder, L. L., F. T. Goldberg and P. R. Orszag (2006) "Efficiency and Tax Incentives: The Case for Refundable Tax Credits", *Stanford Law Review*, 59（23）: 23–76）。

① 　国（アメリカの場合は連邦）の租税法によって規定されて租税システムを通じて（全部もしくは部分が）運用される。これが，「税額控除（tax credits）」と呼ばれるゆえんである。

② 　税負担額より控除額が大きい場合，差額分が現金で還付される（refundable）。refundable という言葉は「給付付き」と訳される場合があるが，この趣旨からいうと，ここでそうしているように「還付型」もしくは「還付付き」がより適切である。

③ 　納税者に一定の行動をとらせる（＝インセンティブを与える）ことを意図して設計されている。したがって，このバッチェルダーらによる規定に従えば，しばしば還付型税額控除の1つとして区分される，「消費税の逆進性を緩和するための還付」を還付型税額控除の代表例とすることは適切ではないかもしれない。

　したがって，「税額控除」を通じた「給付」を行う場合，社会保障関連法を通じた福祉事務所や地方公共団体による「給付」ではなく，国の租税法の枠内での税務署による「還付」という形をとることになる。もちろん，日本での実施形態は日本独自のものであってもかまわないが，欧米（とくにアメリカ）において「還付型税額控除」と呼ばれるものは，上の特徴を意識して構築されていることは認識されてもよいであろう。
└─────────────────────────────────────┘

あるがゆえに放置するよりも救済することを好むことになる。一方，老齢期に政府によって救済されるならば，人々は老齢期に備え自分で貯蓄するよりも，若壮年期に所得をすべて消費することを望むかもしれない。もちろん，老齢期の困窮時に救済されないことは最も避けたい結果であるが，人々は利他的な政府の選好を知っているため（生活保護制度が存在しているため），そうはならない

コラム⑮

現物給付と現金給付

しばしば所得保証は、現金給付としてではなく、住宅や食事などの現物給付としても行われる。本書では残念ながら説明していないが、経済学では伝統的に、政府によって用途が限定される現物給付よりも、受給者が用途を自由に決定できる現金給付のほうが望ましいとされてきた。しかし、現金で給付が行われている場合、政府が受給者の所得を完全に把握することができないならば、本当は十分な所得があるのに、所得を隠したり偽ったりすることによって不当に給付を受けようとする者が存在するかもしれない。

アメリカの経済学者であるニコルスとゼックハウザーは、そのような不正受給がある場合、現金給付ではなく現物給付が有用な手段となりうることを示している。たとえば、住宅を現物給付することで、政府は受給者の住宅消費を統制できる。住宅の質が正常財であるならば、本当は多くの所得をもつ不正受給者が望む住宅の質はかなり高いはずである。したがって、政府が現物給付として与える住宅の質を十分低くすれば、所得を偽ってまでも住宅供給を不正受給しようとは思わなくなる。もちろん、住宅の質を低くすることは、本来給付を受けるべき低所得者の効用を下げることにつながる。ただ、それにより不正受給者が減ることによって、財源に余裕ができ、その分を低所得者に対する支出に充てることで、住宅の質の低下を補うことができる。厳密には数式を使った分析が必要となるが、そうすることによって、低所得者が以前よりも高い効用を得ると示すことができる。

とわかっている。その結果、人々は貯蓄することを選択しない。このような議論から、老齢期の公的扶助の存在は、しばしば、民間貯蓄を過小水準に抑制する効果をもつと批判されている。

これと同様の議論は、国民年金（unit 22 参照）の保険料納付に対しても応用できる。国民年金は皆保険であり、その保険料は強制徴収が可能ではあるが、その建前と異なり、実際の保険料納付は任意性が高い。したがって、保険料をまじめに支払って、将来、国民年金を受給するか、もしくは、保険料を支払わず無年金者になって、生活保護を受給するかという選択が可能となり、上記の貯蓄と同様の議論が適用できる。とくに、高齢者世帯に対する生活保護の給付額は国民年金の給付額を上回る場合があり、たとえば、高齢者単身世帯（68歳以上、1級地-1）の2023年度における生活扶助は月額で9万5760円、年額で93万1760円となるが、老齢基礎年金の給付額は年額で79万2600円（2023年

モラル・ハザードとサマリア人のジレンマ

しばしば，「困ったときの援助をあてにして現在の努力を怠る」ことをモラル・ハザードと呼ぶ場合がある。したがって，本 unit でサマリア人のジレンマと説明している状況も「モラル・ハザード」と呼ばれることがあるかもしれない。しかし，本来の経済学的な意味では，保険市場の分析で用いられるモラル・ハザードが示す問題（unit 8 参照）とサマリア人のジレンマが示す問題では基本的な設定がまったく異なる。

まずモラル・ハザードは情報の非対称性の問題であり，保険の利用者（被保険者）の行動が保険会社（保険者）に観察されないことが問題の根源となっている。一方，サマリア人のジレンマでは情報の非対称性は存在せず，両者とも相手がどのように行動するかがわかっている。ここの問題は，まず受給者が行動し，その結果をみて，給付者が事前に最適としていた行動から逸脱するという，動学的非整合性にある。

次に，給付主体の性質も異なる。モラル・ハザードの場合，保険者は利他的ではない。むしろ，情報の非対称性が存在せず，保険者が被保険者の行動を観察できるならば，危険に対して十分な注意を払わない被保険者により高い保険料を課したり，ときによっては保険金を支払わなかったりする契約を結ぶであろう。一方，サマリア人のジレンマでは，給付者は利他的である。そうであるがゆえに，相手が困窮状態に陥ると，その理由が何であろうとも助けざるをえない。

度における 68 歳以上で満額の場合）となっている。さらに生活保護では借家の場合は住宅扶助が給付され，医療費は医療扶助で，介護保険は介護扶助で自己負担なくカバーされる等の追加の給付もある。

したがって，生活保護を受給するには資力調査をパスしなければならないものの，少なくない人々は国民年金の保険料を支払わずに生活保護をあてにしたほうがよいと考えるかもしれない。

強制貯蓄と保険料　このような老齢年金に関わる問題の解決策の 1 つは，強制的に貯蓄させることである。現行の制度では保険料の支払いという形で強制貯蓄に似た仕組みがとられているが，未納・未払い問題が顕在化しているように，保険料体系やその徴収体制は十分ではない。したがって，保険料をより強制力の強い租税として徴収し，基礎部分に充てることも一案であろう。その場合は，社会保険としての国民年金と公的扶助として

の高齢者に対する生活保護の境がぼやけることになるが，現在でも，基礎年金の原資の２分の１には国税が充てられ，保険料と租税の壁はすでに明確ではなくなっている。また現行制度の建前のように保険料が強制力をもつのならば，すでに機能的には租税との区別は困難である。

サマリア人のジレンマ　既述のように，上記の貯蓄や保険料支払いに関わる問題は，**サマリア人のジレンマ**と呼ばれる問題の一例として理解できる。まず，ここの「サマリア人」とは『新約聖書』の「ルカ福音書」に登場する「善きサマリア人」に由来する。当時，サマリア人はユダヤ人から蔑視の対象になっていたが，それでもこのサマリア人は善意から，追いはぎにあってけがをしている（おそらくユダヤ人と思われる）旅人を助けたという。ここから「サマリア人」という言葉は，善意ある利他主義者をたとえる場合に用いられている。

次に，このサマリア人＝利他主義者の「ジレンマ」とは，利他的であるがゆえに人が困窮すると助けざるをえないことが，自身が最も望む結果（相手が自立すること）につながらないことを示している。自分が助けないと相手が信じれば相手は自立することになるが，自分が利他的であると相手がわかっているがゆえに相手は援助を期待して困窮に陥る。つまり，自身は利他的であるがゆえに，相手がいったん困窮に陥ったならば，自立を促進しないとわかっていながらも助けざるをえないという苦悩である。

サマリア人のジレンマは，公共部門の再分配政策を考えるうえで普遍的に生じる問題である。たとえば，unit **16** の**図16-1**（193頁）で考察した中央政府と地方政府の間のソフト・バジェット問題は，サマリア人のジレンマの一例である。そこでは利他主義者の代わりに中央政府，受給者の代わりに地方政府が用いられていたが，相手の選択いかんで政策当局が望む選択が変化するという動学的非整合性を有している点では同一の構造を有している。

要　約

□　生活保護はわが国の代表的な公的扶助制度である。ここで公的扶助とは，①拠出要件がなく，②租税のみによって賄われ，③ナショナル・ミニマムを保証（障）することを目的とする仕組みと定義される。

☐　わが国の生活保護給付は，単に所得が少なくなっただけでは受給できない。同制度は補足性の原理にもとづいており，保護申請者が利用できる資力（資産，所得，稼働能力）や他の援助を活用しても，最低生活水準が満たされない場合のみに給付される。したがって，生活保護の受給には厳しい資力調査をパスする必要があり，十分な稼働能力を有する世帯は生活保護制度から排除される。

☐　そうであっても，いったん受給が認められると生活保護制度は受給者の就労を阻害することになる。これは，受給者が就労によって労働所得を得る場合，給付額が労働所得の増額に近い値で減少し（勤労控除が存在するため 100% ではないが）100% に近い限界税率が労働所得に課せられるからである。

☐　また，老齢期に貧困になれば生活保護を受給することができるため，若壮年期に就労し生活保護を受給していなくても，老齢期のための貯蓄を十分に行うことはないかもしれない。したがって，しばしば老齢期の公的扶助の存在は民間貯蓄を過小にすると批判される。この解決策としては，強制的な貯蓄が考えられる。

確認問題

☐　*Check 1*　生活保護制度における補足性の原理と生活保護受給世帯の実態（図 25-6）を関連づけながら説明しなさい。

☐　*Check 2*　公的扶助と社会保険の違いを，生活保護制度と国民年金制度の違いを例にして説明しなさい。

☐　*Check 3*　一定水準の所得を保証する政策は低所得者の労働所得に 100% の限界税率を課すことと同義である。この意味を解説しなさい。

☐　*Check 4*　サマリア人のジレンマを説明しなさい。

☐　*Check 5*　個人の若壮年期における貯蓄と政府の行動（放置，救済）に関する問題を図 16-1（193 頁）のソフト・バジェットの図に沿って図示・説明しなさい。

第 **7** 章

財政赤字の負担

▶国債の債務上限に達して始まったアメリカの債務上限危機について記者会見するジャネット・イエレン米財務長官（2023年5月）（提供：時事）

この章の位置づけ

　本章では，財政赤字を中心とした財政運営について，また財政運営の舵取りによって生じる将来世代の負担について解説していく。これらの議論の大前提として，まず財政収支の見方を確認する（unit 26）。次に，財政が持続可能であるように運営を行っていくことの意味（財政の持続可能性）について学ぶ（unit 27）。最後の unit では，財政赤字による将来世代の負担が発生しない可能性を論じた中立命題に関連する議論を紹介する（unit 28）。

　unit 26 から unit 28 までを順番にすべて読むと，財政赤字や将来世代の負担に関する基本的な考え方が身につくだろう。すでに統計における財政収支の見方に慣れている場合には unit 26 を読み飛ばしてもよい。また，中立命題の議論をすでに学んでいる読者は unit 28 を読み飛ばすことができる。

財政赤字と財政収支

財政赤字とは？

第4章において地方財政の健全化指標として「実質赤字」が登場した。歳入決算額から歳出決算額を引いた金額が形式収支であり，そこから用地取得や工事の遅延等によって翌年度に繰り越す財源を除いたものが実質収支である。実質収支がマイナスになると実質赤字ということになる。国の財政においても歳入決算額から歳出決算額を引いた金額を剰余金と呼んでおり，これは上記の形式収支に対応する。

予算は歳入と歳出が一致するように策定されるので，決算において生じる差額は当初の予想（予算）から外れたものである。形式収支や実質収支の赤字とは予想から外れて資金不足が生じたことを意味する。それでは，形式収支や実質収支が均衡していれば資金は足りているのだろうか。第1章で見たように，財政の歳入には予算の段階で借金（公債）の増加による調達が含まれている。これが公債金である。形式収支の赤字や実質収支の赤字に借金の増加はカウントされないのである。

しかし，個人や家計の赤字について議論するとき，赤字とは借金の増加につながるものとして認識される。財政のケースでいえば，たとえ決算段階で形式収支が均衡していても，予算の段階で歳入の多くが公債金からなっていると財政は借金漬けとなってしまうかもしれない。そこで，本章では政府の借金増加に対応する財政赤字について議論する。上述したように，これは形式収支や実質収支の赤字とは異なることに注意してほしい。

🗔 財政収支と政府債務

近年の日本において巨額の**財政赤字**が発生していることがしばしば話題になるように，財政の収入と支出は必ず等しいとは限らない。この財政の収入と支出のバランスを**財政収支**と呼ぶ。財政収支がプラスであれば財政黒字，マイナスであれば財政赤字である。つまり，次式のように，財政赤字とは，財政収支にマイナス符号をつけて表すことができる。

$$財政赤字＝－財政収支$$

家計や企業の収支と同様に，ある年の財政収支が黒字であれば政府は資産を増やすことができるし，財政収支が赤字であれば新たに借金をしなければならないため債務が増える。現在，日本の財政収支は赤字が続いているため，政府債務が雪だるま式に増える状況にあるといえる。

このような状況を正しく理解するためには，フローとストックの区別が重要である。財政収支のように一定の期間（たとえば1年間）を対象として計算されるものを**フロー**と呼ぶ。それに対して，一時点における残高のことを**ストック**と呼ぶ。資産や債務はストックということになる。フローがその時々の財政状況を教えてくれるのに対して，ストックはフローの蓄積であり，これまでの歴史の積み重ねであるといえる。

財政赤字が発生している状況を念頭に置くと，ストックとフローの関係は次のように表すことができる。

$$今年末の政府債務＝昨年末の政府債務＋今年の財政赤字$$

すなわち，新たに発生した赤字の分だけ政府の債務残高は増える。逆に，財政収支が黒字の場合には債務を減らすことができる。また，上式の左辺と右辺の項を入れ替えると，下のように書き換えることができる。

$$今年の財政赤字＝今年末の政府債務－昨年末の政府債務$$

つまり，財政赤字とは政府債務の変化を意味していることになる。

🗔 政府債務の種類

発生した債務（債券）はどのように消化されるのであろうか。まず，国が発

行した債券と地方公共団体が発行した債券の区別がある。前者を**国債**，後者を**地方債**（unit 14 参照）と呼ぶ。財務省によると，2022 年度末の見込みでは主に国債からなる中央政府の長期債務残高はおよそ 1068 兆円，主に地方債からなる地方公共団体の長期債務残高はおよそ 188 兆円，合計で 1257 兆円に達する（小数点以下を四捨五入しているため合計は一致しない）。

国債はいくつかの異なる視点から分類することができる。1 つは発行から償還までの期間の長さによる分類である。国債発行によって調達した資金を返済することを償還というが，発行してから償還までの期間が 10 年超のものを超長期国債，5 年超 10 年以下を長期国債，1 年超 5 年以下を中期国債，1 年以下のものを短期国債と呼んで区別する。

いま 1 つの重要な分類は財政法にもとづくもので，建設国債と赤字国債に区分することができる。**建設国債**は財政法第 4 条に依拠しており，投資的経費の調達を目的とする。それに対して，人件費や事務費を国債発行で賄うことは財政法で認められていないため，特別立法にもとづくことになる。特別立法に従って発行されたものを**赤字国債**または特例国債と呼んで区別するのである。

また，財投機関（財政投融資の出口機関）に対する貸付を目的として発行される国債のことをとくに**財投債**と呼ぶ（unit 2 参照）。財投債は国債と同じ金融商品として市場に出回っているが，償還や利払いの資金を財政投融資からの回収金によって賄うことになっている。先述した長期債務残高には，この財投債は含まれておらず，2022 年度末でおよそ 100 兆円ほどの残高がある。

このほかに，比較的短期の資金調達を目的とした政府借入金や政府短期証券といった債務もある。2022 年度末時点で政府借入金は 50 兆円弱，政府短期証券は 84 兆円強の残高となっている。また，政府自身の債務ではないが，財投機関など公的機関の債務を保証した政府保証債務と呼ばれるものも存在し，2022 年度末時点でおよそ 29 兆円の残高がある。

基礎統計による財政収支の見方

予算と財政収支　冒頭で述べたように，一般会計予算の歳入と歳出は必ず等しい。それでは，予算の資料から財政収支を把握するためにはどうすればいいのだろうか。

まず，一般会計の予算項目を確認するために**表 26-1** を見よう。歳入のうち

表26-1　一般会計の当初予算

（単位：億円）

		2022年度	2023年度
歳　入	租税及び印紙収入	652,350	694,400
	その他収入	54,354	93,182
	公債金収入	369,260	356,230
	合　計	1,075,964	1,143,812
歳　出	一般歳出	673,746	727,317
	地方交付税交付金等	158,825	163,992
	国債費	243,393	252,503
	うち債務償還費	160,733	167,561
	うち利払費等	82,472	84,943
	合　計	1,075,964	1,143,812
赤　字	公債金収入−債務償還費	208,527	188,669
	公債金収入−国債費	125,867	103,727

（注）　1億円未満を四捨五入しているため，合計が一致しない場合がある。

（出所）　財務省「財政関係資料」より作成（「赤字」は筆者計算）。

最も多いのは「租税及び印紙収入」である。「その他収入」には独立行政法人からの納付金などが含まれるが，量的な重要性は高くない。目を引くのは「公債金収入」である。これは新たな借金をするために国債の発行などを行って資金調達することを意味し，上述した財政赤字に対応している。つまり，予算のなかには財政赤字に対応する項目が組み込まれており，そのために歳入と歳出は等しくなっているように見えるのである。しかし，公債金収入＝財政赤字であると考えることは正しくない。

そこで，次に歳出に注目してみよう。「一般歳出」に加えて地方に対する移転となる「地方交付税交付金等」がさまざまな政府サービスを賄うための項目である。これらに加えて「国債費」と呼ばれる項目が存在する。「国債費」はすでに発行された国債のうち今期中に債務返済を行うための債務償還費，国債の「利払費」などから構成される。

ここで，本unitの冒頭で学んだように財政赤字が政府債務の増加分を意味するということを思い出そう。公債金収入が政府債務の増加に対応し，国債費のうちの債務償還費は政府債務の減少に対応しているから，

$$財政赤字＝公債金収入－債務償還費$$

が成り立つ。他方，歳入の合計と歳出の合計が等しいので，

$$租税及び印紙収入＋その他収入＋公債金収入$$
$$＝一般歳出＋地方交付税交付金等＋国債費$$

となるから，国債費のなかに債務償還費が含まれていることに注意して財政赤字に対応する「公債金収入－債務償還費」を左辺にまとめると，

$$（財政赤字＝）公債金収入－債務償還費$$
$$＝一般歳出＋地方交付税交付金等＋利払費等$$
$$－（租税及び印紙収入＋その他収入）$$

である。このようにして計算した赤字額が，**表26-1** の下から2行目に示してある。

貯蓄・投資バランス やや異なる視点から，財政赤字を政府部門の貯蓄と投資のバランスとして理解することも有益である。

いま，公債金収入にあたる歳入を除く収入を政府収入と呼ぶことにしよう。また，債務償還費を除く歳出を政府支出と呼ぶと，政府支出は国債に対する利払費，年金給付等の移転支出，経常的な支出（**政府消費**）と社会資本形成に対する支出（**政府投資**）に大別できる。これらのうち政府消費には防衛や治安サービスといった公共サービス（集合消費支出）のほかに，医療費や教育費などの個人に対して直接的に現物給付が与えられるための費用（個別消費支出）も含まれる。政府投資は社会資本として蓄積されるものであり，道路や橋の整備などが代表的である。

ここで，歳入の合計と歳出の合計は等しいから，

$$政府収入＋公債金収入＝政府支出＋債務償還費$$

が成り立つ。すでに確認したように，公債金収入から債務償還費を差し引くと財政赤字に等しいので，財政収支は政府収入と政府支出の差であり，

$$財政収支＝政府収入－政府支出$$
$$＝政府収入－（移転支出＋政府消費＋政府投資＋利払費）$$

と書ける。ここで，政府収入から移転支出と利払費を差し引いたものが政府の可処分所得，さらに，この可処分所得から政府消費を差し引くと政府貯蓄が得られる。すると，財政収支は次のように書き直せる。

$$財政収支＝政府貯蓄－政府投資$$

すなわち，財政赤字が発生する状況とは，政府貯蓄がマイナスの場合，またはプラスの政府貯蓄があるとしても政府投資に対して政府貯蓄が過小になっている状態と考えることができる。このように，ある部門の収支を貯蓄と投資の差額としてとらえる方法はしばしば用いられ，**貯蓄・投資バランス（貯蓄・投資差額）**と呼ばれる。

**プライマリー・バランス
（基礎的財政収支）**

借金に対する利払いは，これまでの財政運営の結果として不可避的に発生するものである。財政状況が苦しいからといって，利払費を自由自在に削減することはできない。このような点を重視して，財政運営を考えるうえでは利払費を除いた収支尻に注目すべきであるとの主張がなされることがある。

すでに見た財政収支の式の両辺に利払費を足し合わせれば，次式のように利払費を含まない財政収支を計算することが可能となる。

$$財政収支＋利払費＝政府収入－（移転支出＋政府消費＋政府投資）$$

上式のように財政収支に利払費を足し合わせたものを**プライマリー・バランス（基礎的財政収支）**と呼ぶ。プライマリー・バランスは政府収入と利払費を除いた政府支出の収支尻を見たものといえる。ただし，政府は利子を支払うだけでなく，保有資産に対する利子を受け取っているので，実際のプライマリー・バランスは，

$$プライマリー・バランス＝財政収支＋（支払利子－受取利子）$$

として計算される。歴史的には支払利子から受取利子を差し引いたネットの利払費はプラスで推移してきたため，財政赤字が発生して財政収支がマイナスに

表 26-2　SNA における財政収支

（2021 年度，単位：10 億円）

項　目	説　明	中央政府	地方政府	社会保障基金	合　計
1　可処分所得（純）	可処分所得	−16,669	52,318	54,636	90,286
2　最終消費支出	政府消費	18,962	49,478	50,528	118,968
3＝1−2　貯蓄（純）		−35,631	2,840	4,108	−28,682
4　資本移転（受取）		4,011	6,049	123	10,183
5　(控除) 資本移転（支払）	政府貯蓄	7,098	3,085	222	10,405
6＝3＋4−5　貯蓄・資本移転による正味資産の変動		−38,717	5,805	4,009	−28,904
7　総固定資本形成		7,527	14,977	102	22,606
8　(控除) 固定資本減耗	政府投資	6,626	13,299	22	19,948
9　在庫品増加		−82	0	0	−82
10　土地の購入（純）		413	699	−16	1,097
11　受取利子	受取利子	2,198	196	3,034	5,428
12　支払利子	支払利子	7,361	1,141	2	8,503
13＝6−(7−8＋9＋10)　純貸出(＋)／純借入(−)	財政収支	−39,950	3,429	3,945	−32,576
14＝13＋(12−11)　プライマリー・バランス		−34,786	4,374	912	−29,500

（注）　10 億円未満を四捨五入しているため合計は一致しない場合がある。
（出所）　内閣府経済社会総合研究所「2021 年度 国民経済計算」。

なっている場合には，プライマリー・バランスの赤字額（収支の絶対値）は通常の財政赤字額よりもプラスの利払費の分だけ小さくなる（財政赤字から利払費を引けばよい）。予算データを用いた場合には，

$$
\text{プライマリー・バランスの赤字} = \text{公債金収入} - (\text{債務償還費} + \text{利払費})
$$
$$
= \text{公債金収入} - \text{国債費}
$$

となる（**表 26-2** 最下行）。

国民経済計算（SNA）における財政収支　　上の議論は単純化のために，細かな部分を無視している。ここでは，実際の統計における財政収支の取扱いを見るために，SNA を用いて財政収支がどのように計算されるのかを確認しよう。**表 26-2** は，SNA における政府部門の所得支出勘定，および資本調達勘定の一部を抜き出したものである。項目の順番は SNA の掲載表に登場する順番に従っている。

　まず，**表 26-2** の 11 と 12 は財産所得の利子に関する受取りと支払いであり，

最後にプライマリー・バランスを計算する際に使う。1は可処分所得にあたり，（純）とあるのは固定資本減耗（生産活動や老朽化による資本価値の目減り分）が除かれているという意味である。ここから政府消費にあたる2の最終消費支出を差し引くと3の貯蓄が得られる。これは政府貯蓄に対応していると考えてよいが，現実の世界では他の部門との間に資本の移動が生じているため，4と5の資本移転の受取りと支払いを考慮して計算された6が政府投資の原資となる。

7から10は政府投資に関わる項目である。7の総固定資本形成は最も投資のイメージに近いものであるが，固定資本減耗が含まれているため，純概念の貯蓄と対応していない。そこで，8の固定資本減耗を投資額から控除する。9は在庫投資に対応し，10は資本形成のために必要な土地購入の費用を表す。これらから得られる純概念の政府投資を用いれば，13の純貸出（＋）／純借入（－）（財政収支）が得られる。最後に，純利払額（12−11）を足し合わせると，14のプライマリー・バランスとなる。

🔲 より進んだ統計による財政収支の見方

構造的財政収支と循環的財政収支 　財政赤字の発生は景気循環と密接に関連している。好況時には税収は増加しやすく，景気対策のための財政支出拡大は重視されないから，財政収支は黒字方向へ傾く。これに対して，不況時には税収は減少する傾向にあり，景気対策のための財政支出拡大が要請されることが多くなるから，財政収支は赤字方向へ振れやすくなる。このように景気循環を唯一の源泉として財政赤字が生じているのであれば，好況と不況の中間では財政収支は均衡しているはずである。

仮に景気循環がないものとして推計される財政収支のことを**構造的財政収支**と呼ぶ。通常の財政赤字と同様に，構造的財政収支にマイナスを付したものが**構造的財政赤字**である。もし構造的財政赤字が発生していれば，そのときの財政赤字は景気循環だけに依存しているわけではないことになる。これに対して，景気循環に反応して決まる収支を**循環的財政収支**と呼ぶ。循環的財政収支にマイナスを付したものが**循環的財政赤字**である。定義上，次式が成り立つ。

$$財政収支＝構造的財政収支＋循環的財政収支$$

財政政策のスタンスを統計的に検討するためには，財政収支を構造的部分と

表 26-3　SNA における一般政府のバランスシート

（暦年末，単位：10 億円）

	1995 年	2000 年	2005 年	2010 年	2015 年	2020 年	2021 年
1　非金融資産	594,589	654,662	673,304	689,938	723,522	781,472	811,615
2　金融資産	370,030	466,452	558,254	518,310	612,832	699,234	729,594
3＝1＋2　期末資産	964,618	1,121,114	1,231,559	1,208,248	1,336,354	1,480,705	1,541,209
4　負債	490,083	734,309	939,416	1,055,386	1,244,034	1,412,271	1,422,072
5＝3－4　正味資産	474,536	386,805	292,143	152,862	92,320	68,435	119,137

（注）　10 億円未満を四捨五入しているため，計算が一致しない場合がある。
（出所）　内閣府経済社会総合研究所「国民経済計算」。

循環的部分に分割することはきわめて有益である。このようにして得られた構造的部分は先に述べた構造的財政収支のほかに完全雇用財政収支（余剰），高雇用余剰などさまざまな名称で呼ばれ，この動きを財政政策のスタンスを示す指標として注視する論者は多い。ただし，構造的財政収支を推計するためには，マクロ経済と政府部門に関する詳細な計算作業を必要としており，計測誤差もかなり大きい。たとえば，代表的な推計である OECD の値と IMF の値はかなり異なる。

**政府のバランスシート
と暗黙の債務**
　財政の状況を見るために，毎年度の収支尻（フロー）を把握することは重要であるが，同時に資産と債務の残高（ストック）にも目を向けるべきである。このような動きが強まってきた背景には，財政赤字が拡大した結果として巨額の政府債務が積み上がったという事実がある。そこで，効率的な財政運営をめざして企業経営の考え方を導入しようという**ニュー・パブリック・マネジメント**（NPM）が注目され，その一環として民間企業と同様に政府部門についてもバランスシート（貸借対照表）を活用しようという試みが始まっている。

　すでに SNA において**表 26-3** のようなバランスシートが公表されている。政府は 1 の非金融資産（土地や建物）と 2 の金融資産をもち，この合計が 3 の期末資産と呼ばれる。他方，主に公債（国債や地方債）から構成される 4 の負債があり，期末資産と負債の差額が 5 の正味資産（純資産）である。**表 26-3** によると，公債の増加を反映して負債が急増する一方で，期末資産はあまり伸びず，正味資産が大幅に減っていることがわかる。

　ところが，政府の財務状況を理解するという目的に照らすと，SNA のバラ

ンスシートははなはだ不十分なものである。なぜなら，**暗黙の債務**と呼ばれる，将来の年金給付や退職金の支払いといった約束済みの支出を債務として計上していないからである。その意味で，現行のバランスシートは実際に発生した現金のやりとりのみを考慮する**現金主義**から完全に脱却していない。財政運営をチェックするためには，支出の約束が行われた時点で債務として計上するほうが望ましく，このようなバランスシートの作成方法を**発生主義**と呼ぶ。

要　約

- □　財政赤字はフローであり，政府債務はストックである。ストックとフローの関係から，財政赤字は政府債務の変化を表している。
- □　財政赤字とは，予算では「公債金収入−債務償還費」にあたる。また，財政赤字とは政府部門の貯蓄・投資バランスのことである。
- □　支出から利払費を除いて計算した財政収支のことをプライマリー・バランスという。プライマリー・バランスは国民経済計算にも表れる。
- □　景気循環によって生じる財政収支のことを循環的財政収支，景気循環に影響されずに発生する財政収支のことを構造的財政収支という。
- □　将来の年金給付などはすでに約束されているという意味で政府の債務であるが，現金主義では債務として計上されない。このように約束された将来の支出を債務として把握するためには発生主義にもとづく会計が必要である。

確 認 問 題

- □　*Check 1*　読者自身の預金通帳の残高（ストック）の推移から，ある月（または年）の自身の収支（フロー）を計算しなさい。
- □　*Check 2*　一般会計予算のデータを入手し，財政赤字を計算しなさい。
- □　*Check 3*　財政収支よりもプライマリー・バランスが重要視される場合があるのはなぜか，説明しなさい。
- □　*Check 4*　構造的財政収支が赤字であるということは，循環的財政収支が赤字であることと，どのような点で異なる意味をもつのか，説明しなさい。

unit 27

持続可能性と財政再建

🗗 政府債務の累増

　景気循環の波を長いスパンで見渡すと，財政収支は好況時に黒字方向へ，不況時に赤字方向へ大きく振れる。もし長期で黒字と赤字のバランスがとれていれば，政府の債務が増加の一途をたどることはない。しかし，日本ではバブル崩壊以降の財政収支の悪化が著しく，周期的な改善はあるものの，一貫して赤字の状態が続いている（**図 27-1**）。

　このようなフローの収支悪化が長期にわたって継続することは，債務残高の膨張をもたらす。国民経済計算（SNA）で見た一般政府の債務（SNA 表記では負債）残高は 1996 年末には 500 兆円を超える水準となり，2010 年末には 1000 兆円を超えた。GDP 比で見ても，1980 年には 50％ 以下であったものが，1990 年代後半には 100％ を超え，近年では 250％ を超える水準となっている。翻って G7 の国々を見ると，いくつかの国では 1980 年代に債務の累増を経験したものの，EU 統合に関わる政治的環境の影響もあり，日本に比べると抑制の効いた水準で推移している（unit 0 **図 0-2** を参照）。

　これらの国々と比較すると，日本の政府債務残高の対 GDP 比が突出して高いことがわかるだろう。未曾有の領域に突入した政府債務残高を危険視する意見は後を絶たず，政府や財務省にとって最大の懸案事項の 1 つが財政再建となったことも不思議ではない。政府債務の累増によりこれまで通りの財政運営ができなくなることを財政が**持続不可能**（維持不可能）であるといい，逆に債務の累増が問題にならないケースを**持続可能**（維持可能）であるという。1990 年代後半以降，学界においても財政赤字の持続可能性が大きな話題となり，多くの研究が行われた。以下では，経済学的な考え方にもとづき，財政赤字の持続可

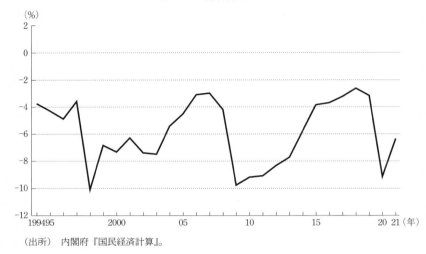

図 27-1　財政収支／GDP

（出所）　内閣府『国民経済計算』。

能性について考えてみよう。

🔲 財政危機説への反論・再反論

　このような状況を受けて，財政当局が財政再建の必要性を説くのは当然であろう。しかし，多くのマスメディアが無批判に同調し，世論の動向に対して多大な影響を及ぼしていることには懸念もある。まず，政府は相当な額の金融資産も保有していることに注意を向けるべきである。いくら借金が多くても，それに見合うだけの資産があれば，返済能力は十分にあると考えられる。このような状況で，債務額のみに目を向けることはフェアとはいえまい。一般政府の純債務残高（＝負債－金融資産）を対 GDP 比で見ると，2021 年末で 130% 弱にすぎず，グロスで見た場合とはイメージが大きく異なる。

　もちろん，このような反論を素直に受け入れることにも問題がある。政府の保有する金融資産の一部は公的年金の積立金であり，将来の給付に対する備えであって，財政赤字の償還に充てることはできないからである。社会保障基金の金融資産が一般政府の金融資産に占めるシェアを計算すると，4 割程度にもなる。

　また，政府が赤字だとしても，民間部門は大幅な貯蓄超過であるから問題な

いという反論もある。実際，日本の家計部門の貯蓄率は歴史的に高く，その保有資産額も 2000 兆円を超える。しかし，高い貯蓄率を背景として民間部門の貯蓄・投資バランスが黒字だから，政府は赤字でもかまわないと結論づけることは危険である。たとえば，因果関係は逆かもしれない。unit 28 で説明する中立命題によれば，政府の赤字は同額の家計貯蓄の増加をもたらす。また，中立命題が成立していないとしても，財政赤字が民間投資をクラウディング・アウトした結果，民間部門の貯蓄・投資バランスは黒字になっているのかもしれない。民間部門の大幅な貯蓄超過は所与の条件ではないのである。

さらに，人口構造の高齢化の影響も無視できない。第 1 に，高齢化に伴って家計貯蓄率は低下するという予想もあり，将来にわたって民間部門の黒字に頼ることは難しくなってくるかもしれない。第 2 に，高齢化によって経済成長率が低下するならば，政府収入の確保はますます困難になる。第 3 に，高齢化が進むと，社会保障費を中心に公共サービスへの需要が増えるので財政収支は逼迫する。このように高齢化の進行を重視すると，今後の財政状況は非常に厳しいものとなることが予想される。

🔲 財政の持続可能性

発散と収束　　財政の持続可能性を考えるうえで重要なことは，政府債務の将来にわたる推移の予測である。直感的に考えても，政府債務が雪だるま式に増えていくケースに問題があることはすぐに理解できるだろう。ただし，借金の多いことが直ちに持続可能性を阻むとは限らない。たとえ借金が多くとも，それ以上に稼ぎがあれば返済は容易だからである。政府債務の返済の元手は税金であり，その原資は国民の所得である。政府債務残高の額を評価するためにしばしば GDP 比が利用されるのは，そのような理由による。

このように考えると，政府債務残高の対 GDP 比が将来にわたって安定的に推移するのであれば，財政運営は持続可能であるといえるだろう。しかし，政府債務残高の対 GDP 比が上昇の一途をたどると予想される場合には，財政運営は持続可能であるとはいえない。一般に，時間の経過とともに，ある変数の値が一定値に収まることを**収束**，際限なく上昇（または低下）することを**発散**と呼ぶ。このことを図に描けば，**図 27-2** のようにイメージできる。

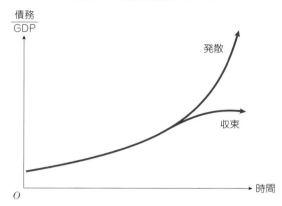

図27-2 発散と収束のイメージ

財政赤字の持続可能性に関する古典的な議論として有名なのが**ドーマー命題**である。いま問題になる政府債務残高の対 GDP 比は，GDP の伸びに比べて政府債務の増加のスピードが速ければ大きくなっていく。また，GDP 増加のスピードと政府債務の増加のスピードが等しければ，政府債務残高の対 GDP 比は一定の値となり，前述した収束の状況を見るはずである。ここで，t 年の政府債務残高を B_t，t 年の GDP を Y_t とし，政府債務残高の対 GDP 比を b_t（$=B_t/Y_t$）とする。われわれが知りたいことは b_t の行き先にほかならない。ここで，GDP の成長率（経済成長率）を ρ（ロー）で一定とすると，b_t の分母の増加スピードは決まる。残る分子の政府債務残高 B_t は財政赤字の額だけ増えることを思い出そう（unit 26 参照）。ドーマー命題においては財政赤字の対 GDP 比が一定であると仮定されており，これを α とおくと，毎年の財政赤字額は αY_t となる。このとき，政府債務残高の増加率は $\alpha Y_t/B_t$ であるから，分子と分母を Y_t で除せば，政府債務残高の増加率は α/b_t と表せることになる。

　この政府債務残高の増加率 α/b_t は b_t に依存して変化する。b_t を横軸，α/b_t を縦軸にとって図示してみよう（**図 27-3**）。図の中央部には増加率が GDP 成長率 ρ と等しくなる水平線を引いた。この線上では B_t の増加率 α/b_t と Y_t の増加率 ρ が等しいので，b_t は変化しない。つまり，この $\alpha/b_t=\rho$ となる水平線上では，政府債務残高の対 GDP 比は安定し，この状態が続けば収束すること

ドーマー命題

図 27-3　ドーマー命題における政府債務残高の増加率

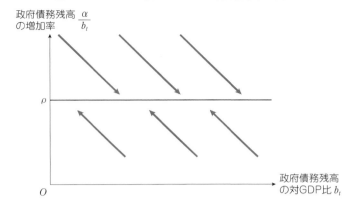

になる。それに対して，財政状況が $a/b_t = \rho$ となる水平線よりも上側に位置するとどうだろうか。このとき $a/b_t > \rho$ である（政府債務残高の増加率が GDP 成長率よりも高い）から，政府債務残高の対 GDP 比 b_t は上昇する。ここで，a/b_t が b_t に依存して変化することに注意しよう。このような b_t の上昇に伴って政府債務残高の増加率 a/b_t は低下する。したがって，水平線よりも上側に位置する点は次第に右下へ移動し，最終的には $a/b_t = \rho$ となる水平線に到達する。逆に，$a/b_t < \rho$ となっており，水平線よりも下側に位置する点は，これとは逆のプロセスにより次第に左上へ移動し，最終的には $a/b_t = \rho$ となる水平線に到達する。つまり，財政は $a/b_t = \rho$ の水平線上で安定し，政府債務残高も一定値に収束する。

　財政赤字の対 GDP 比が一定のとき，上のようなプロセスによって政府債務残高の対 GDP 比は一定値に収束し，財政は必ず持続可能となる。しかし，政府債務残高の対 GDP 比 b_t がどのような水準に落ち着くのかは，財政の置かれた状況によって異なることに注意が必要である。当初の政府債務残高の対 GDP 比が高ければ，すなわち出発点が**図 27-3** の右側にあればあるほど，政府債務残高対 GDP 比の収束値は高くなる。また，財政赤字の対 GDP 比 a が高いと，すなわち出発点が**図 27-3** の上側にあればあるほど，政府債務残高の対 GDP 比の収束値は高くなる。さらに，GDP 成長率が低いと，水平線の位置が下にシフトするので，政府債務残高の対 GDP 比の収束値は高くなる（逆の場

合も含めて図上で確認せよ)。

拡張されたドーマー命題　財政赤字の対GDP比を一定に保つことができれば，政府債務残高の対GDP比が持続可能となる理由は利払費の扱いにある。財政赤字には政府債務の利払費が含まれているから，財政赤字のGDP比を一定に保つことができれば，利払費の増加によって政府債務が雪だるま式に増えてしまうことを避けられるのである。しかし，すでに政府債務の蓄積が進み，利払費が増加しつつある状況において，利払費を含む財政赤字の対GDP比を一定に保つ政策は現実的とはいえない。そこで，利払費を除いたプライマリー・バランス赤字の対GDP比を一定に保つケースを考えてみよう。これが**拡張されたドーマー命題**（ドーマー条件）である。ただし，このような拡張はドーマーによるものではなく，1980年頃に広島大学の米原淳七郎や一橋大学の荒憲治郎によって初めて考察された。

　この設定のもとでは，プライマリー・バランスの赤字に加えて，利払費の分だけ政府債務が増加していく。いま，プライマリー・バランス赤字の対GDP比を β，政府債務の利子率を i としよう。このとき，政府債務残高はプライマリー・バランス赤字 βY_t に加えて，利払い分 $i B_t$ だけ増えていく。したがって，政府債務残高の増加率は $(\beta Y_t + i B_t)/B_t$ で表され，これは $\beta/b_t + i$ と書き直すことができる。このとき，政府債務残高の対GDP比 b_t の動向は経済成長率 ρ と利子率 i の大小関係によって異なる様相を見せる。

　まず，**図27-4（a）**に従って，経済成長率 ρ が利子率 i よりも高いケースを考えよう。この場合，利子率 i を表す水平線は経済成長率 ρ の水平線よりも下側にある。プライマリー・バランス赤字の対GDP比を一定にしているから，β はプラスの一定値であり，政府債務残高の増加率 $\beta/b_t + i$ は利子率 i の水平線よりも上にある。もし，政府債務残高の増加率 $\beta/b_t + i$ が i の水平線と ρ の水平線の間にあると，b_t が低下し，β/b_t が上昇するので，財政は最終的に ρ の水平線で落ち着いて b_t は一定値に収束する。政府債務残高の増加率 $\beta/b_t + i$ が ρ の水平線よりも上にある場合には，b_t が上昇し，β/b_t は低下するので，やはり財政は ρ の水平線で落ち着いて b_t は一定値に収束する。なお，プライマリー・バランスが黒字で一定の場合には，財政は i の水平線よりも下に位置することになり，政府債務残高の増加率 $\beta/b_t + i$ は経済成長率よりも低いので，b_t は際限なく低下していくことになる。

図 27-4 拡張されたドーマー命題における政府債務残高の増加率

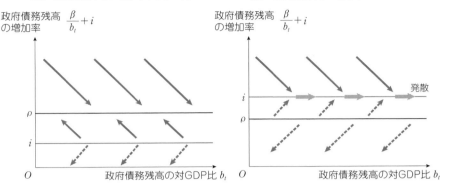

(a) 経済成長率 ρ >利子率 i のケース　　　　**(b)** 経済成長率 ρ <利子率 i のケース

次に, **図 27-4 (b)** に従って, 利子率 i が経済成長率 ρ よりも高いケースを考えよう。この場合, 利子率 i を表す水平線は経済成長率 ρ の水平線よりも上側にある。前と同様に β はプラスで一定値となっているので, 政府債務残高の増加率 β/b_t+i は利子率 i の水平線よりも上にある。このような増加率は ρ よりも高いので, b_t は上昇し, β/b_t は低下する。しかし, β/b_t はマイナスにはならないので, 右下への動きは i の水平線で止まってしまい, ρ の水平線までは到達しない。このとき政府債務残高の増加率は i で経済成長率 ρ よりも高いので, b_t は際限なく上昇し発散することになる。プライマリーバランスが黒字 (β<0) の場合, 2 つのケースに分かれる。1 つは黒字が少なく, 政府債務残高の増加率 β/b_t+i が i と ρ の間のケースである。このとき政府債務残高の増加率が ρ より高いため b_t は上昇する。β/b_t が負であることに注意すると, 政府債務残高の増加率 β/b_t+i も上昇することがわかる。この右上への動きは i の水平線に到達し, b_t は際限なく上昇する。2 つめのケースは黒字が多く, 政府債務残高の増加率 β/b_t+i が ρ より小さいケースである。このとき政府債務残高の増加率が ρ より低いため b_t は下降する。β/b_t が負であることに注意すると, 政府債務残高の増加率 β/b_t+i は低下するので, b_t は際限なく低下する。

以上をまとめれば, 拡張されたドーマー命題においては, 利子率 i が経済成長率 ρ よりも低いと持続可能性は保持されるが, 利子率 i が経済成長率 ρ より

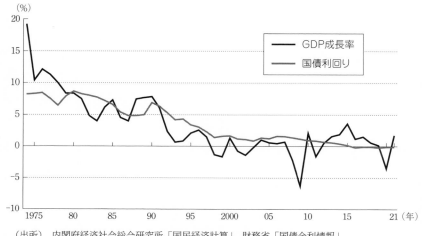

図 27-5　経済成長率と利子率

（出所）　内閣府経済社会総合研究所「国民経済計算」，財務省「国債金利情報」。

も高いと財政は持続可能ではなくなる。利子率 i が経済成長率 ρ よりも高いケースで持続可能となるためには，財政が ρ の水平線よりも下に位置する必要があり，そのためには β は負になる必要がある。つまり，プライマリー・バランスが十分大きな黒字であると，政府債務残高の増加率 $\beta/b_t + i$ が低下し，それに伴って b_t が低下する。

日本の財政は持続可能か　拡張されたドーマー命題の示唆する経済成長率と利子率の大小関係はドーマー条件と呼ばれることがある（既述のように，ドーマー条件の導出はドーマーによるものではない）。ここで，経済成長率と利子率の相対的な関係を確認しておこう。

　図 27-5 は，経済成長率に名目 GDP 成長率，利子率に国債流通利回りを用いて図示したものである。いずれも名目データであるが，インフレ率が共通であれば，実質化しても差の計算結果は変わらない。図によると，1980 年頃までは経済成長率が利子率を上回っているが，1980 年代以降 2010 年頃まではバブル期を除くほとんどの時期で利子率のほうが高い状況にある。このような経済環境では，プライマリー・バランス赤字の対 GDP 比を一定に保っても，政府債務残高の対 GDP 比を収束させることはできない。

　上のような検証は非常に簡単なものであるが，近年では計量経済学的に持続

コラム ⑰

ネズミ講と持続可能性

ネズミ講は無限連鎖講とも呼ばれ，法律で禁じられた行為である。ネズミ講の新規参加者は，すでに会員になっている者に対して金品を支払うことにより加入したうえで，新たな参加者を探し出して，彼らから金品を得る。新たな参加者を 1 人得れば収支は一致し，2 人得れば儲かる仕組みである。このシステムは，金品の支払いを将来の加入者に向けて先送りにしており，新規加入者がみつからなくなった時点で必ず破綻する。つまり，持続可能ではないのである。

英語でネズミ講のことをポンジー・ゲーム（ポンジー・スキーム）と呼ぶ。20世紀前半，イタリアからの移民であるチャールズ・ポンジー（Charles Ponzi）がネズミ講による詐欺商法を行ったことに由来する。ポンジーは高額の収益を約束して投資家を募り，新たに参加した投資家の出資金をすでに参加している投資家への配当に流用したが，このような自転車操業は長くはもたずに破綻した。

財政運営についても同じことがいえる。公債の借換えを無限に繰り返すことはできない。財政が持続可能であるためには，現時点で存在する借金は将来の負担（増税）で必ず返済される必要がある。このとき財政の長期的な収支は均衡しているはずである。大学院レベルのマクロ経済学のテキストでは，長期的な収支の関係を異時点間の予算制約として解説し，異時点間で予算制約が守られていることを非ポンジー・ゲームと表現している。いうまでもなく，これはポンジーの故事に由来する。

可能性を検証する試みも数多く見られる。このタイプの研究によると，アメリカにおいてはレーガン政権時代に持続可能性が攪乱されたものの，長期的には持続可能性が維持されてきたと考えられる。日本においても分析対象期間の違いが重要である点はアメリカと似ている。分岐点はおよそ 1998 年頃であり，1998 年以降のデータを含まない計測では日本財政の持続可能性は肯定されるが，より最近のデータを含む場合には持続可能性が否定されると主張する研究もある。

🔲 財政再建の影響

財政再建の功罪　　ここまでの議論から，日本財政の持続可能性を回復するためにはプライマリー・バランスを改善する必要があり，遅かれ早かれ政策対応が必要である可能性は否定できない。プライマリー・バランスを黒字化するためには，増税か歳出削減，またはそれらを組み合

わせた財政再建策が考えられる。しかし，unit 9 で見たように，増税や歳出削減は負の乗数効果を通じて景気を悪化させる可能性がある。マクロ経済の状況によっては，財政再建策は歓迎されない政策になってしまうのである。これは財政再建のマイナスの側面といえよう。

そうはいっても，巨額の政府債務を放置すれば，将来に負担を先送りすることになる。この負担が将来のある時点に集中してしまうと，負担を引き受ける世代に及ぼす影響は甚大である。また，財政破綻の可能性が現実味を帯びると，政府収入を補うための貨幣増発によるインフレの昂進や国債価格の下落（＝国債利回りの上昇）に伴う利子率の上昇などを通じてマクロ経済に好ましくない影響がもたらされる。政府債務を削減することによって将来の負担が軽減されること，インフレ率や利子率の上昇が回避・抑制されることは，財政再建のプラスの側面である。ただし，政府債務が本当に将来の負担になるか否かについては議論の余地がある（unit 28）。

このように財政再建策は功罪両面を有していると考えられている。したがって，長期的には財政収支の改善が必要であることが認識されていても，短期的には景気対策を重視して拡張的な財政スタンスを維持すべきであるという主張も根強い。この議論に従うと，財政再建策の発動は景気がよくなるのを待ってからということになる。しかし，最近では，次に述べるように財政再建と景気対策が両立する可能性が指摘されている。

非ケインズ効果　　　　財政の持続可能性が脅かされている場合，過重な将来負担（増税）が予想される。一般に課税のほとんどは経済活動に歪みをもたらすので，財政が持続可能でないと考えられている状況では，過重な増税によって将来における経済活動水準の低下や社会厚生上の損失が生じることが予想される。さらに家計や企業が将来の経済状況の悪化を勘案して意思決定を行うと，現時点における経済活動にもマイナスの影響が及ぶ可能性がある。このような状況で，現時点において追加的な政府支出の増加や減税などの政策が講じられると，ますます将来負担の増加を意識させることとなり，民間需要は減少してしまう可能性がある。unit 9 で財政政策による総需要拡大効果がクラウディング・アウトによって相殺される可能性を指摘したが，このケースではクラウディング・アウトが財政政策のプラスの効果を凌駕していると考えればいいだろう。

　このような通常のケインズ政策とは正反対の効果のことを**非ケインズ効果**と呼ぶ。非ケインズ効果が支配的な状況では，増税や歳出削減による財政再建策が将来負担の軽減を予想させ，その予想形成に伴って民間需要が増大する。言い換えると，非常に大きなクラウディング・アウト効果が生じているので，緊縮財政に転じることによって民間需要が呼び戻されるのである。このとき，財政再建策は景気対策となって，両者は相反しない。

　1990年代に入ってから発表されたいくつかの実証研究は，1980年代のアイルランドやデンマークにおける非ケインズ効果の存在を支持している。その後，OECD加盟国を中心に非ケインズ効果の実証分析が行われ，いくつかの国では非ケインズ効果が確認された。非ケインズ効果の存在については反論もあるものの，財政状況が悪化しているときに，人々が将来負担に伴う厚生上の損失に対してきわめて敏感に反応するという指摘は重要であろう。

財政再建の阻害要因　現実に財政再建策の発動が必要だとしても，政策決定過程において多くの壁に突き当たることは容易に想像できる。歳出の抑制は利益団体の既得権益を削ることを意味するし，増税は人々の負担感に直結するからである。利益団体も含めて国民は，できるだけ自分の権益を維持しながら財政再建を実現したいから，フリーライドの誘惑を排除することは難しい。皆が自分の権益を減らそうとせず，負担を増やそうとしなければ，財政再建は遅々として進まないことになる。このような状況では，いったん財政再建のプランを決めたら，そのスケジュールを弾力的に見直したりせず，プランに拘束力をもたせることが望ましい。見直しを認めてしまった途端に，フリーライドの誘惑が表面化するからである。

要　約 ━━━━━━━━━━━━━━━━━━━━━●─●─●

- □　1990年代以降，日本の政府債務残高は増加の一途をたどり，21世紀に入る頃には政府債務残高の対GDP比は主要国のなかで突出した水準となった。
- □　ドーマー命題によると，財政赤字の対GDP比を一定にできれば政府債務の対GDP比は一定値に収束する。
- □　プライマリー・バランスの赤字を対GDP比で一定に保つ場合には，政府債務の対GDP比が一定値に収束するために，経済成長率が利子率を上回る必要がある。

□　財政再建は将来への負担の先送りを減らすことによりマクロ経済を安定させると考えられるが，他方で財政再建に伴う増税や歳出削減は景気後退を招くおそれがある。財政再建を進めるうえでは功罪両面を検討する必要がある。

確認問題

□　*Check 1*　政府の財政状況を評価するとき，債務を見るだけでは十分でないのはなぜか，説明しなさい。

□　*Check 2*　図 27-3 において経済成長率 ρ が上昇すると，政府債務残高の対 GDP 比の落ち着く先が低下することを確認しなさい。また，経済成長率 ρ が低下すると，逆の結果になることも確認しなさい。

□　*Check 3*　図 27-4 においてプライマリー・バランスが黒字のとき，政府債務残高の持続不可能性を回避できる可能性について考えなさい。

□　*Check 4*　非ケインズ効果は，どのような点でケインズ効果の逆なのか，説明しなさい。

中　立　命　題

財政赤字の負担

伝統的議論　　　　財政赤字ないし公債（国債や地方債）の負担について，一般に広く信じられている見解は政府の借金を家計の借金にたとえるものである。この議論に従えば，借金は将来時点において必ず返済されなければならないから，財政赤字に伴う公債の発行は将来に負担を転嫁するということになる。もちろん，借金は常に不健全なわけではなく，その使途が重要である。家計の場合でいえば，住宅等の耐久財を購入するために借金をすることは必ずしも問題視されない。同様に，政府が公債発行によって調達した資金を有益な社会資本整備などに充てれば，将来時点において負担に見合った便益が得られることになる。このように財政赤字の負担を家計の借金と対比する議論は，政府部門を主体として考える場合には妥当である。しかし，国民にとって公債発行が負担か否かを考える場合には，政府の借金と家計の借金を対比することは妥当ではない。

　1950 年頃，ラーナーが一国全体としては公債の負担がないことを簡潔に説明している。いま，政府支出を租税か公債発行で賄うという選択に直面しているとしよう。仮に公債発行を増やすと，その分だけ租税負担は軽くなるが，国民にとって公債購入のために減税分と同額の資金が必要であるから，国民の利用可能資源は変わらない。また，公債の償還時には租税負担が重くなるが，償還により増税と同額の資金が国民へわたるので，やはり利用可能資源は不変である。別の視点から見ると，国民全体として見れば，公債は債務であると同時に資産なのである。しばしば，「現在，国の借金は国民 1 人当たり〇〇円」というような議論が見られるが，これは公債保有の資産としての側面を無視した

ものである。

将来世代の負担　しかし、1960年頃にはいくつかの反論が見られるようになった。たとえば、ボウエン＝デービス＝コップは**世代間移転**の可能性を考慮して公債の負担に関する重要な反論を行った。もし、発行時に公債を購入する家計（現在世代）と将来に償還資金のための課税を負担する家計（将来世代）が異なれば、現在世代は減税の恩恵のみを受け、将来世代は増税の負担のみを被る。これは将来世代から現在世代への移転が生じるのと同じことであり、将来世代への負担転嫁が発生していることになる。

　また、同じ頃、モディリアーニは、公債の発行が民間資本蓄積を阻害し、将来の経済成長を低下させる可能性を指摘した。そこでの主張の核は、民間投資の**クラウディング・アウト**である。つまり、財政赤字が発生すると、貯蓄の一部が公債購入に充てられるので、（原資となる貯蓄が減って）民間投資が抑制され、その結果として資本蓄積が阻害される。このようなケースでは、一国全体としても経済成長の低下による負担を負わざるをえないというわけである。

将来世代の負担に関する数値例　ここまでの議論を簡単な数値例で確認してみよう。いま、現在世代の家計Aと将来世代の家計Bを考えることとする。家計は若年期と老年期の2期間生存するが、両家計の生存時点は1期だけずれており、家計Aが老年期にあるとき家計Bは若年期にある。両家計は若年期に110万円の所得を獲得し、老年期には所得がない。また、政府は各時点で支出を賄うために10万円の税収を必要としており、各時点において若年期にある家計から10万円の税を徴収している。ただし、政府支出は純粋に必要経費であり、家計に何らの便益ももたらさない。このとき、各家計の手元には100万円の可処分所得が残り、若年期と老年期で半分ずつ消費する。利子の存在を無視すると、公債を発行しない場合の各家計の消費・貯蓄は**表28-1**のようになり、各時点における各家計の消費は50万円である。

　次に、政府が第1時点において10万円分の公債を発行して政府支出を賄い、家計Aが10万円の減税の恩恵に浴するケースを考える。発行された公債は第2時点において老年期にある家計Aに対する課税で償還され、次世代への負担の先送りはなされない。この場合の各家計の行動を**表28-2**にまとめてある。議論するまでもなく、家計Bの行動は公債を発行しない場合と変わらない。

表 28-1　公債を発行しない場合

		時点		
		1	2	3
家計 A	所得	110	0	—
	税	10	0	—
	可処分所得	100	0	—
	消費	50	50	—
	貯蓄	50	−50	—
家計 B	所得	—	110	0
	税	—	10	0
	可処分所得	—	100	0
	消費	—	50	50
	貯蓄	—	50	−50
政府	支出	10	10	10
	税収	10	10	10
	公債	0	0	0

表 28-2　公債を発行する場合（世代内完結）

		時点		
		1	2	3
家計 A	所得	110	0	—
	税	0	10	—
	可処分所得	110	−10	—
	消費	50	50	—
	貯蓄	60	−60	—
家計 B	所得	—	110	0
	税	—	10	0
	可処分所得	—	100	0
	消費	—	50	50
	貯蓄	—	50	−50
政府	支出	10	10	10
	税収	0	20	10
	公債	10	−10	0

（注）　第 3 時点には新たな家計が登場し税を負担するが，ここには示さない。

他方，家計 A は第 1 時点において減税により可処分所得が増加するが，第 2 時点において 10 万円の増税に直面する。したがって，生涯で利用できる可処分所得は 100 万円で変わらず，若年期と老年期の消費は依然として 50 万円ずつである。また，第 1 時点の可処分所得が 110 万円に増えているので，消費を差し引くと貯蓄が 60 万円となるが，このうち 10 万円は公債の購入に充てられるため，資本蓄積の原資は 50 万円で不変である。家計 A は老年期に 60 万円の貯蓄を取り崩し，10 万円の税を納めた後，50 万円の消費を行うことになる。この例では，60 万円の貯蓄取り崩しのうち，10 万円は公債償還に伴うものである。以上の例はラーナーの議論に対応している。

　次に，公債の償還が世代内で完結しないケースを考えよう。この場合も，前と同様に，政府が第 1 時点において 10 万円分の公債を発行して政府支出を賄い，家計 A は 10 万円の減税の恩恵に浴する。ただし，このケースでは発行された公債が，家計 A に対する課税ではなく，第 2 時点において若年期にある家計 B に対する課税で償還される点が異なる。このとき，減税の恩恵のみを受ける家計 A の生涯可処分所得は 110 万円に増えるが，公債償還に伴う増税

表28-3　公債を発行する場合（次世代先送り）

		時点		
		1	2	3
家計A	所得	110	0	—
	税	0	0	—
	可処分所得	110	0	—
	消費	55	55	—
	貯蓄	55	−55	—
家計B	所得	—	110	0
	税	—	20	0
	可処分所得	—	90	0
	消費	—	45	45
	貯蓄	—	45	−45
政府	支出	10	10	10
	税収	0	20	10
	公債	10	−10	0

　の負担のみを被る家計Bの生涯可処分所得は90万円に減少する。依然として若年期と老年期で可処分所得を折半して消費するものとすれば，各家計の消費は**表28-3**のように変わり，家計Aの消費は増えるが，家計Bの消費は減ってしまう。つまり，家計Aの税負担が家計Bに先送りされたのである。また，第1時点における家計Aの貯蓄は55万円であるが，このうち10万円は公債の購入に充てられるから，資本蓄積の原資は差し引き45万円に減少する。つまり，民間資本蓄積に対するクラウディング・アウトが発生するのである。この例は，将来世代の負担を重視するボウエン＝デービス＝コップやモディリアーニの議論に対応している。

🔲 リカード＝バローの中立命題

遺産による世代間移転　　1970年代半ば，バローは遺産を通じた世代間移転に注目して，公債の発行・償還が世代をまたいで行われる場合でも家計の行動が変化しない可能性を指摘した。バローの想定のもとでは，租税による資金調達と公債発行による資金調達は家計にとって何ら変わるところはなく，公債の発行は経済にまったく影響を及ぼさない。いわゆる**リカード＝バローの中立命題**（等価定理，等価命題）である（**コラム⑱**参照）。この主張

表 28-4　遺産が存在する場合

		時点		
		1	2	3
家計 A	所得	110	0	—
	税	0	0	—
	可処分所得	110	0	—
	消費	50	50	—
	貯蓄	60	−50	—
	遺産	0	10	—
家計 B	相続	—	10	0
	所得	—	110	0
	税	—	20	0
	可処分所得	—	100	0
	消費	—	50	50
	貯蓄	—	50	−50
政府	支出	10	10	10
	税収	0	20	10
	公債	10	−10	0

のポイントは現在世代から将来世代への遺産にある。

　仮に家計 A が家計 B に先送りされた負担を見かねて，家計 B の追加的な税負担に見合うだけの財産を残すと，家計 A の生涯可処分所得は遺産額だけ減少し，家計 B の生涯可処分所得は相続額だけ増加する。つまり，家計 A と家計 B の生涯可処分所得は公債の発行前と変わらなくなるのである。当然，家計 A と家計 B の消費行動も公債発行の影響を受けなくなると考えられる。

中立命題の数値例　　以上のことを数値例で示したのが**表 28-4** である。この場合，家計 A の若年期の可処分所得は 110 万円であるが，老年期に遺産のための 10 万円を必要とするので，実際に使えるのは100 万円となってしまう。したがって，若年期と老年期の消費は 50 万円ずつであり，公債が発行されない場合と同じになる。また，若年期の貯蓄は 60 万円になるが，そのうち 10 万円は遺産となる。他方，家計 B は償還に伴って総額で 20 万円の税負担を被るが，遺産相続により 10 万円を獲得するので，可処分所得は 100 万円である。したがって，家計 B の消費もやはり従前のままである。

　このとき，民間資本蓄積も公債発行の影響から中立となることに注意が必要

リカードの中立命題とバローの中立命題

1974 年の発表当初，バローの中立命題に関する論文はあまり注目を集めなかった。注目のきっかけは，1976 年に**公共選択**（ヴァージニア）**学派**（unit 12 参照）のブキャナンによる批判論文が同じ雑誌に掲載されたことであった。ブキャナンの批判の骨子はバローの主張に現実性が乏しいという点にあったが，ほかにも重要な指摘があった。同様の議論が 19 世紀のイギリスの経済学者リカードによってすでになされていたのである。バローは当該論文中でリカードに言及していないが，後になって中立命題にリカードの名前が冠されることは正当であると述べている。

一方，リカードの中立命題とバローの中立命題の間には違いがあると指摘されることがある。リカードが世代交代を考慮していないのに対して，バローは世代交代を考慮して遺産を導入したというのである。しかし，この理解は事実に反する。確かに，リカードの主著 *On the Principles of Political Economy, and Taxation*（1817 年，『経済学および課税の原理』）において中立命題に該当する箇所には世代交代に関する議論は表れない。だが，別の論説 "Funding System"（1820 年，「公債制度論」）には，世代交代の議論を含む以下の記述がある。

> 「金額はいくらでもいいのだが，かりに 2 万ポンドを所有している人に年額 50 ポンドを永久に支払いつづけることと，1000 ポンドの租税を一度に支払うのとは負担としては同額だと信じさせるのは難しいであろう（引用者注：利子率が 5% であると想定されている）。彼は，年額 50 ポンドが子孫によって支払われるのであり彼が支払うのではないであろう，という漠然とした考えをもつのである。しかし，もし彼がその財産を息子に残し，しかもその財産とともに永久的な租税をも残すとすれば，<u>彼がこの租税負担付きの 2 万ポンドを息子に残すことと，租税負担なしの 1 万 9000 ポンドを残すことにどんな違いがあるというのであろう？</u>」（磯村隆文訳「公債制度論」『リカードウ全集Ⅳ 後期論文集』雄松堂書店，1970 年，227〜228 頁。下線は引用者）。

下線部からわかるように，リカードは将来の租税負担つきの遺産に言及しており，その意図するところはバローの中立命題と本質的に同じである。ただし，1977 年の論文でオドリスコルが指摘したように，他の箇所の記述からリカードは中立命題を現実的とは考えていなかったことが読み取れる。リカードが生きていれば，リカーディアン（リカード派）ではなくヴァージニアン（ヴァージニア学派）になっていたのかもしれない。

である。家計 A の第 1 時点の貯蓄は 60 万円であるが，そのうち公債購入費用が 10 万円なので，差し引き 50 万円が民間資本蓄積に充てられる。結局，各家計の消費行動においても，民間の資本蓄積においても公債発行は何らの影響も及ぼさない。言い換えると，家計 A が将来の税負担を（家計 B への世代間移転を通じて）自らの負担と認識しているため，家計 A にとって公債発行による減税は自らの可処分所得増加とみなされず，消費は不変となるのである。

🔲 中立命題の現実性

公債の負担を考えるうえで，中立命題が理論的に重要なことは疑いがない。しかし，中立命題の成立にはいくつかの条件が必要であり，現実の経済で命題が成り立つかどうかは別問題である。以下では中立命題成立のための代表的な条件を説明し，その現実妥当性を考える。

世代間のつながり　中立命題が復活した後，その成立条件として人々の時間的視野が重視された。人々が行動するにあたって公債の償還時期までを視野に入れていれば中立命題は成立すると考えられたのである。しかし，個人の時間的視野が十分に長くなくとも，バローの指摘のとおり親世代が子世代の負担を考慮に入れるならば，公債の負担は間接的に親世代に正しく認識される。むしろ重要なのは，親世代が子世代の負担をどの程度考慮に入れるのかという点にある。遺産行動による世代間のつながりである。つまり，世代交代に直面しながら中立命題が成立するためには，遺産によって公債の負担が相殺される必要がある。それでは，現実の遺産行動は公債の負担を相殺できるほど活発なのであろうか。

この点については，資本蓄積の半分以上が遺産絡みの貯蓄であるという実証研究もあり，量的には遺産の重要性はかなり高いといえそうである。ただし，遺産のなかには死亡時期の不確実性のために意図せずに残ってしまうもの（**偶発的な遺産**）もある。また，子どもに老後の世話を期待するという**戦略的遺産動機**にもとづき，老後の世話の対価として残されるものもあるだろう。しかし，中立命題が成立するためには，子どもからの対価を期待しない**利他的遺産動機**が必要である。なぜなら，子どもから対価を得ると，子どもは老後の世話のコストを負担することになるため，公債の負担を相殺できるほど豊かになれないからである。

遺産動機について実証的に検討した研究によると，多くは偶発的な遺産であって，利他的遺産動機にもとづくものはそれほど多くないようである。実証研究の結果には幅があり，現段階で確かな結論は述べられないが，中立命題が完全に成り立つほど世代間のつながりは強いとはいえない可能性が高い。

流動性制約　　中立命題によると，政府が公債を発行した時点では税負担が軽くなるが，税負担は償還時点に繰り延べられるだけであり，家計は将来（子ども）の負担のために貯蓄する。しかし，現時点において生活するために必要な消費を賄うのに必要な所得が不足していたらどうだろうか。このような場合，公債発行によって税負担が減免されても家計は貯蓄を増やさずに消費を増やしてしまうかもしれない。

　もちろん，今期の所得が不十分ならば，借入（負の貯蓄）を行うという選択肢もある。借入で消費を賄っている家計は公債の発行による減税が実行されると，その分だけ借入を減らして将来の負担に備える。つまり，借入を減らすということは貯蓄が増えることと同じであり，このような借入が可能であれば中立命題は依然として成り立つ。しかし，一般に貯蓄に比べて借金をすることは難しい。可能だとしても，貯蓄に付される利子よりも高い利子を支払わなければならないことが多い。

　このように資金繰りに制約がある状況を**流動性制約**と呼ぶ。現実経済において流動性制約が重要だとすると，公債と租税の選択は経済にとって中立ではなくなる。減税が資金繰りを改善するために，それまで抑制されていた消費が拡大するからである。消費が拡大してしまうので，貯蓄は将来の公債償還に対応した増税負担を賄うのに十分な水準に至らない。いくつかの実証研究によると量的に見て流動性制約の影響は無視できない。したがって，この観点からも中立命題が完全に成立しているとはいえない可能性が高い。

歪みのある課税　　これまでの議論で導入されてきた税負担は所得や消費の水準に依存せず，定額で徴収されるもの（**一括固定税**）であった。実は，中立命題が成立するためには税は一括固定税でなければならず，**比例税**や**累進税**のもとでは中立命題は（厳密には）成立しないことが知られている。たとえば，比例的な所得税が採用されているとしよう。現時点で減税を行って公債を発行し，次の時点で増税を行う場合，減税時点では税率が低下し，増税時点では税率が上昇する。ところが，このような税率の変化は家

計の労働供給行動に影響を及ぼし，家計の所得の経路（時系列パターン）を変えてしまうのである。一般に税率低下の効果と税率上昇の効果が対称であるとは考えにくく，公債発行前後で家計の生涯可処分所得は変化してしまう。当然の帰結として消費行動も変化する。

このようなケースでは，消費から得られる効用を最大化するような税率の経路が存在する。そのような税率の経路のもとでは，望ましい公債の発行パターンも特定化される。すなわち，社会厚生を最大化するような財政赤字の経路が存在し，そこからはずれる財政赤字の経路を選択すると，税率の変化に伴って厚生損失が発生する。いうまでもなく，このとき公債発行は経済にとって中立ではない。ある仮定のもとでは税率を一定に保つ経路が厚生損失を最小化し，このとき決まる財政赤字の経路が経済にとって最適となる。このような考え方を**課税平準化仮説**という。

不確実性　数値例では将来の所得や課税の経路が完全に予想できることを想定した。しかし，現実にはそうではない。課税の時間的経路が不確実だと，人々は将来負担を確定できないから，家計は公債償還の将来負担を正しく認識できないかもしれない。また，所得の不確実性は遺産行動に影響を及ぼし，中立命題の成立を阻む可能性がある。現実の経済において不確実性が重要であることはいうまでもないから，このことからも中立命題が完全に成立しているとはいえないだろう。

🔲 中立命題と世代会計

中立命題が成立しないとすると，異時点間における課税の違いは世代間移転を発生させる。これはボウエン＝デービス＝コップの想定した状況であり，338頁の**表28-3**に対応するケースである。この状況下では，異時点間の課税パターンにより，得する世代や損する世代が生まれる可能性がある。そこで，財政との受け渡し，すなわち税や補助金，社会保険料や給付などを通じて，各世代がどのような損得勘定に直面しているのかを会計的に計算する手法が存在する。最もわかりやすい例は，公的年金の保険料と給付について生涯でのバランスを見たものであろう。公的年金についてはさまざまな計算が存在するが，最近の世代ほど保険料負担総額に対する給付総額の比が小さくなる傾向は共通している。

　このような会計的手法を公的年金だけでなく，税や公共サービスの受益までカバーする範囲を拡大して適用するのが**世代会計**である。世代会計は，アメリカの経済学者アゥアバックとコトリコフを中心に発展し，多くの国で分析が進められた。これらの研究結果を比較すると，日本は世代間の不均衡が最も大きい国であり，その最大の要因は急速な高齢化，次に巨額の政府債務であることがわかる。

　世代会計に対してはいくつかの批判もある。第1に，中立命題が成立するケースでは意味をなさない。第2に，公共財のように便益のスピルオーバーがあり，便益の帰属する世代を正確に特定できないケースは計算から除外されている。第3に，家計行動の内生性が考慮されていない。言い換えると，人口成長率や経済成長率などの諸要因を外生的に与えて計算されるものであり，課税や財政政策の変化によって成長率が変化する可能性は排除されている。第4に，政府支出等の将来予測や割引率の設定に恣意性が残る。

　このような限界はあるものの，世代間の不均衡について概要を知るための出発点として，世代会計は有益であろう。

要　約 ━━━━━━━━━━━━━━━━━━━━━━━━━━━━━━━●●●

□　ラーナーは公債発行が国民の負担にならないと主張した。これに対して，ボウエン＝デービス＝コップやモディリアーニは，公債発行が将来世代の負担になると論じた。

□　将来世代への負担の先送りが生じる場合，公債発行時の世代は減税によって得をするが，公債償還時の世代は増税によって損を被る。このような資金の移転によって各世代の消費行動は変化し，資本蓄積も影響を受ける。

□　バローは，遺産の存在が公債発行による世代間移転の影響を相殺する可能性を指摘した。これがリカード＝バローの中立命題である。

□　中立命題が成立するためには，遺産動機のあり方，流動性制約，租税制度，不確実性などの諸条件について厳しい制約が必要である。したがって，中立命題が厳密な意味で現実に当てはまるとは考えられない。

□　中立命題が成立しない世界では，世代間の不均衡が生じる可能性がある。このような世代間の不均衡を計算する手法が世代会計である。

●●━━━━━━━━━━━━━━━━━━━━━━━━━━━━━━━━━━━━

☐ *Check 1*　国民にとって公債発行の問題とは，家計内で夫婦が貸し借りを行うことと同じだといわれる。この対比について説明しなさい。

☐ *Check 2*　表 28-2 から表 28-4 において，第 1 時点で増税し（税収を 10 から 20 へ増やし），第 2 時点で減税する（税収を 10 から 0 へ減らす）場合について説明しなさい。

☐ *Check 3*　戦略的遺産動機のもとでは中立命題が成立しないことを表 28-4 にもとづいて説明しなさい。

☐ *Check 4*　人々が流動性制約に直面しているとき，政府が公債発行によって減税を行うことは人々の借入を代わりに実行しているのと同じである。このことを数値例で説明しなさい。

🔲 財政学・公共経済学

本書と同様に経済学をベースにした入門レベルの財政学の教科書として，以下のものを挙げておく。

- ◻ 土居丈朗［2021］『入門 財政学（第 2 版）』日本評論社
- ◻ 麻生良文・小黒一正・鈴木将覚［2018］『財政学 15 講』新世社
- ◻ 赤井伸郎編［2017］『実践 財政学――基礎・理論・政策を学ぶ』有斐閣

同レベルの公共経済学の教科書もいくつか挙げておこう。一般に公共経済学の教科書では制度の説明は少なく，経済学的な解説が主となっている。

- ◻ ジョセフ・E. スティグリッツ＝ジェイ・K. ローゼンガード（藪下史郎訳）［2022］『スティグリッツ 公共経済学（第 3 版）上・下』東洋経済新報社
- ◻ 小川光・西森晃［2022］『公共経済学（第 2 版）ベーシック＋』中央経済社
- ◻ 佐藤主光［2017］『公共経済学 15 講』新世社

入門レベルを終えて，より進んだ内容を学習するには以下の教科書が役に立つだろう。

- ◻ 林正義・小川光・別所俊一郎［2010］『公共経済学』有斐閣アルマ
- ◻ 土居丈朗［2018］『入門 公共経済学（第 2 版）』日本評論社
- ◻ アリエ・L. ヒルマン（井堀利宏監訳）［2006］『入門財政・公共政策――政府の責任と限界』勁草書房

林・小川・別所［2010］，土居［2018］は，入門レベルの教科書を終えた後，理論の理解を一歩進めるために適しているだろう。ヒルマン［2006］は政治経済学的な手法を多用している点に特徴があり，政府の役割と限界について深く学ぶのに有益である。

🔲 経済学

経済学の基本的な知識が不足していると感じたら，以下の経済学の入門書を参考にするとよい。いずれも非常に簡明に書かれており，甲乙はつけがたい。また，いずれも同著者・同出版社よりミクロ経済学とマクロ経済学の教科書も出版されており，続けて読むことができる。

- ◻ 伊藤元重［2015］『入門経済学（第 4 版）』日本評論社
- ◻ N. グレゴリー・マンキュー（足立英之・石川城太・小川英治・地主敏樹・中馬宏之・柳川隆訳）［2019］『マンキュー入門経済学（第 3 版）』東洋経済新報社
- ◻ ダロン・アセモグル＝デヴィッド・レイブソン＝ジョン・リスト（岩本康志監訳）［2020］『入門経済学』東洋経済新報社

とくにミクロ経済学について学びたい読者のために，以下を紹介しておこう。

- 神戸伸輔・寳多康弘・濱田弘潤［2006］『ミクロ経済学をつかむ』有斐閣
- ポール・クルーグマン＝ロビン・ウェルス（大山道広・石橋孝次・塩沢修平・白井義昌・大東一郎・玉田康成・蓬田守弘訳）［2017］『クルーグマン ミクロ経済学（第2版）』東洋経済新報社
- 神取道宏［2014］『ミクロ経済学の力』日本評論社
- 荒井一博［2012］『ミクロ経済理論（第2版）』有斐閣アルマ
- 八田達夫［2008–2009］『ミクロ経済学Ⅰ──市場の失敗と政府の失敗への対策，Ⅱ──効率化と格差是正』東洋経済新報社
- ハル・R. ヴァリアン（佐藤隆三監訳）［2015］『入門ミクロ経済学（原著第9版）』勁草書房

神戸・寳多・濱田［2006］はトピックを必要最低限に絞り，懇切丁寧な解説を行っている。もう少しカバーする範囲が広い入門書として，クルーグマン＝ウェルス［2013］が挙げられる。次に取り組むべき教科書は，神取［2014］である。同書はミクロ経済学を比較的高度なレベルまで直観的理解を養うための工夫をしながら丁寧に解説している。荒井［2012］や八田［2008–2009］も大学院入門レベルまで視野に入れた教科書である。ヴァリアン［2015］はミクロ経済学の世界標準と言ってもよい著名な教科書であり，非常に広いトピックをカバーしている。

マクロ経済学を学ぶためには，以下の教科書が有用である。

- 平口良司・稲葉大［2023］『マクロ経済学──入門の「一歩前」から応用まで（第3版）』有斐閣ストゥディア
- 福田慎一・照山博司［2023］『マクロ経済学・入門（第6版）』有斐閣アルマ
- 齊藤誠・岩本康志・太田聰一・柴田章久［2016］『マクロ経済学（新版）』有斐閣 New Liberal Arts Selection
- 二神孝一・堀敬一［2017］『マクロ経済学（第2版）』有斐閣

平口・稲葉［2023］はマクロ経済学を学ぶための基礎知識を丁寧に解説している入門書である。福田・照山［2023］は，データや現実の解説を豊富に揃えた入門書であり，叙述は平易だが扱うトピックはかなり広い。齊藤・岩本・太田・柴田［2016］は大部だが，カバーする範囲が広く学部レベルの学習の集大成として有益である。二神・堀［2017］は動学モデルを中心に構成された中級テキストであり，大学院への橋渡しとして最適な教科書である。

統計・制度

統計の読み方や探し方について理解を深めるためには，以下の図書が有益である。

- 小塩隆士［2013］『誰にも聞けなかった新聞によくでる経済データのよみかた』日経ビジ

ネス人文庫

☐ 畑農鋭矢・水落正明［2022］『データ分析をマスターする 12 のレッスン（新版）』有斐閣アルマ

☐ 中村隆英・新家健精・美添泰人・豊田敬［1992］『経済統計入門（第 2 版）』東京大学出版会

　小塩［2013］は対話形式のきわめて平易な本であり，最初の一歩として最適である。畑農・水落［2022］はデータ分析を行うため，統計学的な知識だけでなく，分析の準備段階であるデータの収集や見方について詳述したテキストである。中村ほか［1992］は経済統計の考え方を詳しく解説しており，今でも読む価値のある名著である。

　また，現実や制度を中心に学びたい場合には，以下の本の役に立つだろう。

☐ 関口祐司編著［2023］『図説 日本の財政（令和 5 年度版）』財経詳報社

☐ 内閣府『経済財政白書』各年版

　関口編著［2023］は，制度の解説として毎年刊行されるシリーズの最新版である。『経済財政白書』は，数ある白書のなかでも最も有名なものであり，内閣府の HP から PDF 版を無料でダウンロードできる。制度の仕組みや統計情報については，関係省庁のホームページも有力な情報源である。財政全般については**財務省**，政府の施策全般については**内閣府**，公共投資については**国土交通省**，地方財政については**総務省**，税については**国税庁**，社会保障・福祉については**厚生労働省**，教育については**文部科学省**などが代表的である。

事 項 索 引

(太字の数字は，キーワードとして太字で表示されている語句の掲載頁を示す)

【テキストブックス[つかむ]】

財政学をつかむ〔第3版〕

The Essentials of Public Finance, 3rd Edition

2008 年 6 月 25 日　初版第 1 刷発行	2024 年 3 月 20 日　第 3 版第 1 刷発行
2015 年 9 月 30 日　新版第 1 刷発行	

著　者　畑農鋭矢，林 正義，吉田 浩

発行者　江草貞治

発行所　株式会社有斐閣

　　　　〒101-0051 東京都千代田区神田神保町 2-17

　　　　https://www.yuhikaku.co.jp/

装　丁　デザイン集合ゼブラ＋坂井哲也

印　刷　株式会社理想社

製　本　大口製本印刷株式会社

装丁印刷　株式会社亨有堂印刷所

落丁・乱丁本はお取替えいたします。定価はカバーに表示してあります。